大川周明「世界史」

——『亜細亜・欧羅巴・日本』及び『近世欧羅巴植民史』（抄）

大川周明

毎日ワンズ

大川周明「世界史」――『亜細亜・欧羅巴・日本』及び『近世欧羅巴植民史』（抄）　目次

〈凡例〉

1　本書は大川周明著『大東亜秩序建設』（昭和十八年、第一書房）及び『近世欧羅巴植民史』（昭和十六年、慶応書房）を底本とし、『大川周明全集』（昭和三十六年、岩崎書店）やその他の資料等も参照した上で編集しました。

2　本書はサブタイトルにある大川周明氏の著作二篇を毎日ワンズが一書となして刊行するものであり、メインタイトルは毎日ワンズ編集部が付けたものです。

3　編集に際しては読みやすさを優先し旧字を新字に、旧仮名遣いを新仮名遣いに改め、明らかな誤記は修正しました。また原文の表現をそこなわない範囲で現代表記法に基づいて一部の漢字を仮名にし、文字表記を現代的に改め、ルビや註も施しました。その際、当編集部が加えた註釈には著者註釈と区別するため「＊」を付しました。

4　西洋の国名や地名は原則として、例えば「葡萄牙」を「ポルトガル」とするなど慣用に従い、人名は原著のカタカナ表記のみを使用し原語表記（英独仏語等）は省略しました。ただし姓だけの表記をフルネームにしたところがあります。

5　本書第一部は原著『亜細亜・欧羅巴・日本』及び『大東亜秩序建設』収録の「序」「大東亜秩序の歴史的根拠」「大東亜圏の内容及び範囲」の全文を所収しました。第二部は原著全体で六〇〇ページを超える分量のため、基本的に各国史の「準備」すなわち「総論」に相当する部分に限り所収し、他は割愛しました。

6　本書には、今日では差別的と解釈されかねない表現をそのまま表記した箇所がありますが、作品の世界観をそこなわないためであり、その他の意図は一切ないことをお断わりいたします。

毎日ワンズ編集部

第一部　亜細亜・欧羅巴・日本

序

過去一年の間、予は諸処における十数回の講演において、もっぱら大東亜秩序建設の根拠を明らかにするに努めてきた。今それらの講演において吐露せるところの精神を、主として力を注げる目標に従って二篇の文章にまとめ、一を『大東亜秩序の歴史的根拠』と名付け、他を『大東亜圏の内容及び範囲』と題した。前者において予は東亜新秩序の理念が、決して支那事変以後に発案せられたる軍事的標語にあらず、夙《はや》く既に明治維新前夜において、幾多の先覚者によって堅確に把握せられ、維新このかた三代を通じて常に日本大陸政策の基調となり、ついに大東亜戦争によってその実現を見るに至りし径路を辿った。而《しか》して後者においては、いわゆる大東亜圏とは如何《いか》なる地域を意味するか、その地域において如何なる民族と文化とが興亡起伏せるか、日本は大東亜圏と如何なる関係に立つかについて、予の考え且つ信ずるところを述べた。予は前後両篇において、大東亜新秩序の建設ということが、決して単なるスローガンにあらず、日本及び東亜の民族にとりて、最も真摯《しんし》なる生活の問題と切実なる課題とを含むものなることを明らかにせんとした。

第三の『亜細亜《アジア》・欧羅巴《ヨーロッパ》・日本』は、大正の末年、空虚なる国際主義や巾幗《きんかく》（＊臆病）的平和論が一世を風靡《ふうび》せるときに当たり、第一には戦争の世界史的意義を提示し、第二には言葉の真個の意味における世界史とは、東西両洋の対立・抗争・統一の歴史に外《ほか》ならぬことを示さんとし、第三には世界史を経緯し来《きた》れる如上両者の文化的特色を彷彿《ほうふつ》せしめんとし、第四には全アジア主義に向かって論理的根拠を与えんとし、最後に第五には来るべき世界新秩序実現のために戦争のついに避け難《がた》き運命なることを明らかにし、日米戦争の必至を述べたるものである。二十年以前の旧著であるが、前両篇の論旨を補充するものなるが故に、改めてこれを集録した。

昭和十八年六月　　大川周明

大東亜秩序の歴史的根拠

一　明治維新前夜に孕まれたる大東亜理念

もし予が日本近代史を書くことありとすれば、予は佐藤信淵《のぶひろ》の思想の叙述から筆執り始めるであろう。そはこの偉大なる学者の魂の中に、新しき日本が既に最も具体的なる姿をとりて孕《はら》まれていたからである。

幕末日本の堕落・沈滞を、恐らく佐藤信淵ほど切実深刻に看取していた者はない。政治家の無能、町人の放肆《ほうし》、農民の困苦、一として彼の心を痛ましめざるはなかった。彼はまた当時の何人《なんぴと》よりも善く西洋諸国の富強を熟知していた。さればこそ彼は謙虚にして勤勉なる弟子として、西欧文明の摂取のために蘭学に刻苦すること前後八年の長きに及んだ。故に彼は世界の事情に関してほとんど誤りなき知識を有し、西洋諸国の武器の精鋭、その戦艦の強大を知り、世界地図の上において日本が有るか無きかの一小列島に過ぎぬことを知っていた。而して西洋諸国が恐るべき野心を抱いて東亜に殺到しつつあることをも知っていた。彼は日本の内憂外患が、人力をもって打開し難く思われるほどの危局に当面せるを見て、並み居る門人の前で「ああ哀しいかな哀しいかな」と長嘆することさえあった。しかも彼は表面一切の腐敗・糜爛《びらん》の背後に潜む荘厳《そうごん》なる日本精神を把握した。而してこの精神によって学び、信じ、且つ行なった。彼は今を距《へだ》る百年以前、夙く既に日本の根本動向を洞察し、その進路を的確に指示している。命脈絶えなんとする幕末封建の空気を呼吸しながら、彼の精神には全く新しき日本が孕まれていた。

佐藤信淵は、まず日本をもって「世界の根本」となし、もし日本がよく「その根本を経緯（＊立派に治めること）」するならば、世界をもってことごとく吾《わ》が郡県たらしめ得《う》べしと信じた。彼はこの「世界を一新する大業」を遂行するために、最も徹底せる日本国内の政治的革新と、万国統一の順序とを説いた。彼は「皇国より他邦を開くには、必ずまず支那（＊シナ）国を併呑《へいどん》するより肇《はじ》むることとなり。……支那の強大をもってなお皇国に敵すること能《あた》わず、いわんやその他の夷狄《いてき》をや。……支那既に版図《はんと》に入るの上は、その他西域・暹羅（＊シャム）・印度亜の国、……漸々《だんだん》に徳を慕い威を畏れ、稽顙匍匐《けいそうほふく》して臣僕に隷せざることを得ん哉」とし、且つシナを経略するためには「満洲より取り易きはなし」とした。同時に彼はヨーロッパ列強、わけても「諳厄利亜《アングリア》（＊イギリス）」の北上に備えるため、フィリピン群島を手始めとし「南海数千里の地」をことごとく吾が版図とし、かくて「シナ・安南・チャンパ・カンボジアよりしてインド地方及びインド海中の諸島を漸々に経略」せねばならぬとした。而して彼は、この雄渾無比なる世界政策の実現のために、理想国家の組織制度を巨細に立案し、わけてもその経済的方面においてさえ、近世ユートピア社会主義思想のいまだ生まれ出《い》でなかったときに、かくの如き徹底せる経済体制を創案せることは、彼の魂が如何に自由であり、彼の頭脳が如何に独創的なりしかを示すものである。当時の東洋においては、シナにもインドにも、かかる荘厳なる規模において国家と世界とを考えた者は、ただの一人もいなかった。

佐藤信淵がシナの「併呑」を主張したことは、恐らくシナ人の耳に快く響かないであろう。けれども信淵の大陸政策または領土拡張論は、近代欧米資本主義国家の無理想なる植民地征服主義と、全くその本質を異にしている。彼の至心に志せるところは「世界万国の蒼生《そうせい》（＊人民）を救済すべき産霊《むすひ》の教」をもって、天下の民草《たみくさ》の苦しみを救うことに外ならなかった。故にその併呑とは、シナを日本と同様なる政治体制の下《もと》に置き、「昊天《こうてん》の神意を奉り、食物衣類を豊かにし黎民《れいみん》を安んずるの法」によって、万世人君の模範たる「堯舜《ぎょうしゅん》の道」を実現するという意味であった。彼は永眠の前年に『存華挫狄論《ざてきろん》』の一書を著している。この書はその題名が既に物語る如く、シナを存して狄を挫《くじ》くべきことを高調せるものにして、狄とは取りも直さずイギリスを指せるものである。彼はイギリスがモーガル帝国を亡ぼしてインドを略取してより、さらに侵略の歩武を東亜に進め来り、ついに阿片戦争の勃発を見るに至ったが、もし清国にしてこの戦敗に懲《こ》り、大いに武備を整えて失地を回復すればよし、然《しか》らずして今後益々衰微するならば、禍《わざわい》は必ず吾が国に及ぶであろうと洞察し、シナを保全強化してイギリスを挫き、日支提携して西洋諸国の東亜侵略を抑えねばならぬと力説したのである。彼のいわゆる併呑が、決して侵略征服の意味でないことは、これによって観るも明瞭であろう。

信淵のかくの如き思想は、儒学・蘭学の素養に加えるに国学の研究から生まれたものであり、甚だ多くを平田篤胤《あつたね》の学問に負えることは、主著『経済要録』の序言において彼自ら語るところによって明白である――「予既に隠者となりて、郷人（＊同郷人）平田篤胤らが唱えるところの皇国古道の学に従事し、深く天神地祇《ちぎ》の遺説を精究するに、本正《もと》しく末明らかにして、天地の万物を化育するの理、渙然《かんぜん》として解釈することを得て、もって家学を成就するに至れり」。国学はいうまでもなく日本独創の哲学であり、近代日本の国民的統一の最も重要なる基礎理念の一つである。而してこの理念が、既に明治維新の前夜において、早くも国内の政治的革新と相並んで、東亜統一の理想を国民の心に抱かしめたことは、吾らの最も記憶せねばならぬ事実である。東亜新秩序または大東亜共栄圏の理念は、決して今日事新しく発案されたものでない。それは近代日本が国民的統一のために起ち上がれるそのときから、綿々不断に追求し来れるものに外ならない。

されぱこそ明治維新の志士は、尊皇攘夷の標語の下に、日本の革新とアジアの統一とを、併せて同時に理想とした。吉田松陰は久坂玄瑞に与えたる書簡の中に「蝦夷を墾《ひら》き、琉球を収め、朝鮮を取り、満洲を拉《らっ》し、シナを抑え、インドに臨み、もって進取の勢を張るべし」と書き送った。真木和泉は大原三位（＊重徳）に上《たてまつ》りし献策及び西郷南洲に送りし書簡の中に、日本は朝鮮・琉球を版図に収め、満洲・清国を外藩とし、もって欧米の侵略に当たらねばならぬと述べている。平野二郎は島津久光に上りし「尊攘英断録」において、同様の意見を烈々火の如き文章をもって高調している。徳川幕府内部においても、有為の士が抱懐せる対外政策は、東亜の統一を積極的理想とせる点において、討幕志士と異なるところなかった。のちにいわゆる日本の大陸政策となりて現われ、ついに今日の大東亜共栄圏の建設にまで具体化された理念は、実に明治維新の前夜において、早くも当時の先覚者によって把握されていたのである。国民の魂に深く且つ強く根を下ろしていたこの理念があればこそ、日本の大陸政策は、内外幾多の難局に当面したにかかわらず、これを全体より観れば歩々積極的に解決し得て、ついに今日に至ったのである。

二　明治維新以後における大東亜理念の追求

明治維新は、いうまでもなく尊皇攘夷を二大綱領とした。攘夷論はもと開港論に反対して起これるものである。然るに徳川幕府の大政奉還によって、尊皇の大義は一応実現されたけれど、開港は啻《ただ》にそのままに続きたるのみならず、天皇が外人に謁見を賜るようになったので、昨《きのう》の攘夷は一朝の夢と消え去ったかの如く見えた。現に明治新政府に向かって、鼓を鳴らしてその非を責めた者もある。しかしながら、攘夷と開港とが相容《い》れざる如く見えるのは、ついに表面皮相のことであり、鎖国はただ攘夷の消極的反面に過ぎない。攘夷の真個の意義は「万里の波濤を拓開し、国威を四方に宣布《せんぷ》し、天下を富嶽《ふがく》の安きに置かんことを欲す」と宣《のたま》える明治元年の大詔において、最も適切にいい尽くされている。而してこの精神は、既に述べたる如く、佐藤信淵以来維新先覚の魂に明白に孕まれていた。かくて攘夷の積極的半面すなわち国威宣布の理想は、大陸政策の名の下に着々実現されていった。

日本はまず琉球の所属問題を解決してこれを確実なる領土となし、琉球を廃して沖縄県を置いた。幾多の紆余曲折ののちに韓国との間に特殊の親善関係を結んだ。日清戦争の勝利によって台湾を版図とした。日露戦争によって明治初年に失える樺太の南半を回復し、且つ南満の諸権益をロシアより接収した。次いで日韓合邦《がっぽう》によって鶏林八道（＊朝鮮全土）の蒼生を皇民とした。而して最後に満洲事変によって、満洲帝国の建設を見るに至った。

日本のかくの如き発展は、決して単なる領土的野心の追求でない。吾らの最も銘記せねばならぬ一事は、それが常に東亜新秩序確立のための準備として行なわれてきたということである。近代日本の先覚者は、繰り返し述べたる如く、単に日本国内の政治的革新をもって足れりとせず、近隣諸国の改革をも実現し、相結んで復興アジアを建設するにあらずば、明治維新の理想は徹底すべくもないと確信していた。それ故に維新精神の誠実なる継承者は、実に燃ゆる熱情をもって隣邦のことを自国のことの如く考えてきた。頭山翁は「南洲先生が生きておられたならば、日支の提携なんぞは問題じゃない。実にアジアの基礎はびくともしないものになっていたに相違ないと思うと、一にも二にも欧米依存で暮らしていた昔が情けない」と長嘆している。その大西郷は常に下《か》の如くいっていた——「日本はシナと一緒に仕事をせねばならぬ。それには日本人が日本の着物を着てシナ人の前に立っても何にもならぬ。日本の優秀な人間は、どしどしシナに帰化してしまわねばならぬ。そしてそれらの人々によって、シナを立派に道義の国に盛り立ててやらなければ、日本とシナとが親善になることは望まれぬ」。

その大西郷が征韓論に敗れて薩南に帰臥《きが》せる頃、年少海軍士官曽根俊虎は、フランスの安南に対する野心を看取して、同志を糾合して興亜会を起こし、一身をこの国のために抛《なげう》たんとした。

明治十八年、朝鮮の秕政《ひせい》（＊悪政）を一挙に革《あらた》めて、鶏林八道の民を塗炭《とたん》の苦しみから救うために、爆弾を抱いて海を渡らんとせる一団の同志のうちには、妙齢十九歳の一女性さえも加わっていた。明治十九年、同志三十余名とともにシナにおいて活動を始めた荒尾精が、その本拠たる漢口楽善堂の二階に掲げたる綱領は、下の如きものであった——「吾が党の目的は、東洋永遠の平和を確立し、世界人類を救済するにあり。その第一着手としてシナ改造を期す」。而して辛苦十年、台湾の逆旅（＊旅館）にペストに冒され、貴くして短き三十八年の生涯を終えんとしたとき、昏々悪熱《おねつ》の間に彼が遺せる最後の叫びは、実に「嗚呼《ああ》東洋が、東洋が……」という悲壮なる言葉であった。

それ故に変法自強の運動がシナに起こったときも、また滅満興漢の革命運動が起こったときも、日本は満腔《まんこう》の同情をもってこれを援《たす》けた。その援助は、シナの復興を切望する以外、また他意なかった。而してシナの復興を切望せるは「偕《とも》に手を携えて東洋保全の事に従う」ためであった。明治二十九年、密かに横浜に亡命し来れる無名の孫文を、如何に日本は温かに庇護したか。中山《ちゅうざん》という彼の号さえも、当時横浜より彼を東京の旅館に案内し来れる平山周が、途上中山侯爵邸前を過ぎたるより思いつきて、仮に宿帳に書きたるに由来せるものである。今日の国民党がその組織の基礎を築いたのは東京においてであり、孫文がシナ革命の指導権を握るに至ったのは、実に日本の先覚者の無私なる援助によるものである。しかもその援助は、決して単なる主観的同情たるに止《とど》まらず、幾多の志士が自らシナに渡りてあるいは屍を戦場に曝《さら》し、あるいはシナ革命のために終生を捧げて一切の艱難を厭《いと》わなかった。彼らの心にはシナと日本との隔ての垣《かきね》がなかった。シナと日本とを併せたる広大なる地域が、彼らの活動すべき舞台、同感の空気を呼吸し得べき場所であった。彼らにとりては、日本の国民的統一とシナの復興、及び両者の結合による東亜新秩序の実現は、一体不離の課題であった。アジアの辿るべきこの運命を、アジアのいずれの国よりも先んじて自覚し、そのために拮据《きっきょ》経営し、且つそのために最も多くの犠牲を払ってきたからこそ、大東亜共栄圏の指導権が日本に与えられるのである。

今吾らは、アジアの桂冠詩人にしてインドの忠僕たりしラビンドラナート・タゴールが、既に二十年以前にマンチェスター・ガーディアン紙の特別通信員に向かって、憚《はばか》るところなく日本は当然アジアの指導者となるであろうと公言して、下の如く告げたことを想起する——「日本がアジアを糾合し、且つこれを指導するをもって国家の使命と考えることに何の不思議もない。ヨーロッパ諸国はその間に幾多の相違あるにかかわらず、その根本的観念並びに理解においてまさに一国である。彼らのヨーロッパ以外の国民に対する態度は、これを一大陸といわんよりはむしろ一国というを至当とする。例えば仮に蒙古人種にしてヨーロッパ大陸の片土を侵すとせよ。然らば全欧はこぞってこれが撃退に協戮《きょうりく》するであろう。日本は孤立することができぬ。日本一国をもって連合せるヨーロッパ列強と角逐するは、ますますその滅亡を招く所以《ゆえん》である。さればとて日本は真個の味方をヨーロッパに求めることは難《かた》い。然りとすれば日本がその味方をアジアに求めることは当然である。日本が自由なるシャム、自由なるシナ、而して恐らく自由を得ずば止《や》むまじきインドと提携するに何の不思議があるか。提携して起てるアジアは、仮に西亜のセム民族（＊ユダヤ人）の協力を除外しても、まことに力ある連合である。もとよりかくの如きは遠き将来のことであろう。その実現には幾多の困難が横たわるであろう。言語の相違、交通の困難も障害となろう。さりながらシャムより日本に至るまで、そこには親近なる血縁がある。インドより日本に至るまで、そこに共通なる宗教あり芸術あり哲学がある」と。最も激しきシナの抗日要人も、恐らくその心の奥底《おうてい》において、タゴールの言葉に含まれたる真実を肯定するであろう。

三　日清日露両役の世界史的意義

シナの愛国者は「シナは十九カ国の半植民地たる状態にある。植民地はただ一人の主人に仕えれば足る、吾らの主人は十九人だ」と悲憤する。けれどもかくの如き状態を招くに至りしシナ自身の責任については、毫《ごう》も深刻に反省せざるのみならず、今なお前車の覆轍《ふくてつ》を踏まんとしている。

まず日清戦争を回顧せよ。この戦争は何故に戦われたか。そは表面においては日支両国の戦争であるが、その本質においてはヨーロッパの東亜侵略に対する日本の第一次反撃であり、日本はヨーロッパ侵略主義の手先たりしシナに対して、武力的抗議を敢行したのである。長く鎖国状態にありし朝鮮が、明治初年よりその国を開いた。やがて京城における欧米列強の外交代表は、アジアの他の国々においてなせると同じく、朝鮮においても独占的利権の獲得及び政治的勢力の扶植を目指して、あらゆる陰謀を逞しくした。彼らはその常套手段を用いて、朝鮮の内政紊乱《びんらん》と人民の反抗とを使嗾《しそう》した。京城の外国公使館は、かくして陰謀の策源地となり、政治犯人の避難所となった。しかしながら朝鮮半島を欧米の一国に委ねることは、日本にとりて匕首《あいくち》を心臓に擬せられるに等しき脅威である。それ故に日本は、朝鮮に地歩を築かんとする欧米のあらゆる策動に反対した。

　このときに当たりて日支両国は、欧米の東亜侵略に対し、相結んで共同戦線を張るか、然らずば互いに敵国となるか、二者その一を択《えら》ぶべき関係に置かれていた。而してシナの腐敗せる政治家は、愚かにも後者を択んだ。一身あるを知りて国家あるを知らず、如何にいわんや東亜の興廃の如きはその念頭にも置かざりし彼らは、朝鮮を護るためにあらず、実に朝鮮を売るために、朝鮮に対する宗主権を主張した。而して朝鮮政府に詢《はか》ることなくして、北鮮（＊朝鮮北部）の沿海地帯をロシアの海軍根拠地として割譲し、朝鮮海峡の要衝巨文島《きょぶんとう》のイギリス占領を承認するに至った。日清戦争はかくの如くにして誘発された。そはシナを傀儡《かいらい》とせるヨーロッパの朝鮮侵略に対し、国家の安危を脅《おびやか》されたる日本の反撃に外ならなかった。

日清戦争がヨーロッパの東亜侵略に対する日本の反撃なりとすれば、戦後の三国干渉は来るべきものが来ただけである。しかも東洋平和の名において露独仏三国を日本に干渉せしめながら、日本より奪回せる遼東半島を直ちにロシアに与えることを密約せる李鴻章及び張蔭桓《いんかん》が、それぞれ五十万金ルーブル及び二十五万金ルーブルの賄賂《わいろ》を受け取ったことが、無慚《むざん》にもウィッテの『回想録』に暴露されている。ロシアが黄金をもってシナ政治家を買収したのは、恐らくこのときが初めてではなかったろう。愛琿《あいぐん》条約によって黒龍江以北の広大なる地域を獲得したときも、また北京条約によって烏蘇里江《ウスリーコウ》東・黒龍江南、すなわちウラジオストクを含む今日の沿海州を獲得したときも、シナ政治家に多額の贈賄が行なわれたことであろう。独りロシアのみならず、その他の列強もまた同一手段を用いなかったと誰が保証し得るか。イギリスと緬甸（＊ビルマ）国境条約を、フランスと南方境界条約を結ぶときも、恐らく同様の醜き取引があったであろう。清朝末期の政治家が、ヨーロッパ列強の贈賄を受けて、自国の領土並びに権利を彼らに売り、彼らの勢力を東亜の天地に誘致して顧みざりしことは、如何なる弁護をも許さぬ政治的罪悪である。

日清戦争及び三国干渉は、清末政治家のアジアの運命に関する無自覚と不純極まる動機によって誘発されたものである。かくて三国干渉は、日本に対してよりシナ自身にとりて一層大なる禍であった。そは日本にとりては暫時《ざんじ》の退却であったが、シナにとりてはヨーロッパ列強のために領土分割の楔《くさび》を打ち込まれたるに等しかった。日清戦争を通してシナの無力と腐敗とを確実に知り得た列強は、今やこの国に対して如何なる遠慮の必要も認めなくなった。当時年少の陸軍大尉、のちにチベット遠征によって世界にその名を知られたるイギリス軍人ヤングハズバンドは、シナは土地広く物多く、しかも最も人の住むに適する温帯に位《くらい》している、かくの如き地域を一民族の占有に委ねておくことは「Against God's will（神意に背く）」とさえ公言した。アングロ・サクソン人が太陽没せざる領土を擁して幾億の蒼生を奴隷とするを是認し、シナ人がその故国に住むことを怒《いか》るとすれば、ヤングハズバンドの神は不思議至極の神である。ただし列強のうち最も露骨にその野心を遂行せんとしたのはロシアであった。ロシアは啻に満洲に占拠してシナ本部の侵略を意図せるのみならず、朝鮮半島を奪取して吾が国を脅威せんとした。それ故に日本は敢然起ってロシアと戦い、見事にその野望を挫いた。もし日露戦争における日本の勝利なかりせば、満洲と朝鮮とは確実にロシアの領土となり、シナ本部もまた列強の俎上《そじょう》に料理され尽くし、恐らく北京にロシアの極東総督府が置かれることになったであろう。

かくして日露戦争は、ヨーロッパの東亜侵略に対する日本の第二次反撃であると同時に、直接ロシアと戦いてこれを破れることによって、アジア諸国の覚醒を促す警鐘となった。奉天の会戦は、古《いにし》えのサラミスの戦い、またはトゥール・ポアティエの戦いに比ぶべき深刻なる世界史的意義を有することが、年とともに明瞭になった。まことに日露戦争における日本の勝利によって、世界史の新しき頁が書き初められたのである。日本のロシアに対する勝利は、四百年来侵略の歩みを続けて、いまだかつて敗衂《はいじく》の辱めを異人種より受けざりしヨーロッパに対する最初の而して手酷《ひど》き打撃であった。彼らの長き間の勝利の歩みは、このときにおいて最初の蹉跌を見た。このことは白人圧迫の下にある諸国に希望と勇気とを作興し、列強横暴の下に苦しむ諸民族に理想と活力とを鼓吹《こすい》した。日本の名は、冬枯れの木々に春立ち帰りて動き来る生命の液の如く、総じて虐げられ辱められたる民の魂に、絶えて久しき希望の血を漲《みなぎ》らしめた。

アジア人のアジアという合言葉が、いつとはなしに東洋諸民族の間に唱えられ始めた。インドの家々の神壇に、彼らの宗教改革者ヴィヴェーカーナンダの肖像と相並んで、明治天皇の御真影が飾られた。インドの不安はこの頃よりようやくイギリス政府の憂慮の種となり、インド駐屯のイギリス軍隊は、日曜の礼拝にも小銃には弾丸を込め、剣は鞘を払ったままで行なわれるようになった。ペルシアの新聞は、テヘランに日本公使館の設置、日本将校の招聘《しょうへい》、日波貿易の促進を高調し「強きこと日本の如く、独立を全うすること日本の如き国家となるために、ペルシアは日本と結ばねばならぬ。日波同盟は欠くべからざる必要になった」と力説した。エジプトにおける国民主義の機関紙アル・モヤドは、日本が回教（＊イスラム教）国たらんことを切望し「回教日本の出現とともに、回教徒の全政策は根本的に一変するであろう」と論じた。エジプトの独立運動、トルコ及びペルシアの革命運動、インドの独立運動、及び安南の民族運動など、一として日露戦争によるアジア覚醒の現われにならざるはない。

当時における彼らの感情を、最も切実に表白せるものは、エジプトの国民主義者ヤヒヤ・スイツディクがその著『回暦第十四世紀における回教諸国の覚醒』を結べる下の文章である――

「堅く信ぜよ、希望せよ、希望せよ、希望せよ。吾らは明らかに一歩を踏み出した。吾らをしてここに出でしめたるは、実にヨーロッパの横暴そのものに外ならぬ。而して吾らの進歩を促し、必然吾らの復興を促すものも、また実にヨーロッパとの不断の接触である。そは簡単明瞭に世界史の循環である。神意は一切の障害を打破して、必ずその実現を見ずば止まぬ。ヨーロッパのアジアに対する監督は、日に日に名目のみとなり、アジアの諸々の鉄門は、彼らに対して鎖《と》ざされつつある。吾らは世界史のいまだかつて知らざる革命の出現を、明白確実に吾らの前に洞見《どうけん》する。げに新しき世は近づいた」と。

日露戦争は、東洋諸国の覚醒を促したと同時に、西洋諸国に対しても深刻なる実物教訓を与えた。例えばこの戦争においてコサック軍に従軍して日本の捕虜となれる一イギリス人は、その『従軍記』の中に下の如く述べている――「かつてはロシア兵のために獣畜の如く待遇され虐使された満洲のシナ人は、奉天会戦後、豚の如く無蓋車《むがいしや》に積まれて、矮小《わいしよう》なる日本兵に監視されながら、陸続として南方に送られる多数のロシア兵を目撃し、あるいは停車場付近の露天の垣根の中に密集して収容されているロシア捕虜を実見して、これまで彼らが受けてきた人種的差別待遇の道理なきことを知った」と。また同じくこの戦争に従軍し、最初に日本に上陸せるロシア捕虜を見るために雲集した日本人の態度を目撃せる一フランス記者（＊ルネ・ピノン）は、その著『太平洋の争覇』の中に、躍動する筆致をもって、彼及び全ての白色人に与えたる当時の光景の深刻なる印象を、下の如く記している――「そは矮小なる日本人が甚だ厭悪《えんお》せるロシア人否《いな》ヨーロッパ人である。これらの巨大なる素晴らしき者どもが、かくの如く辱められている光景を見ることとは、日本人にとりて何たる勝利、何たる復仇《ふっきゅう》であろう。この瞥見《べっけん》されたる悲劇の場面、喜悦の中の悲痛、この思いのままに戦勝気分に湧き立てる黄色人種を前に、隊伍を組んで進み行くこれらの辱められたる白色人種の捕虜、この光景は日本によって打ち破れたるものはロシアでないこと、他国民による一国民の敗北に止まらぬことを示している。それは新しき、非常なる、驚くべき惑事である。それは一つの世界に対する他の世界の勝利である。それはアジアが屈辱を忍べる数世紀を抹殺せる復仇である。それは東洋の覚醒しつつある希望である。それは多年にわたりて他の人種に無造作に勝ち誇りし呪われたる西洋人種に対する最初の打撃である。そこにいた日本人群衆はこれらの全てを感じていた。而して居合わせた少数のアジア人も、またこの戦勝気分を味わった。白人の受けたる屈辱は、厳粛にして恐怖すべきものであった。予はこれらの捕虜がロシア人なることを完全に忘れ去った。而して予は、そこに居合わせた他のヨーロッパ人が、反ロシア的ではありながら同一の屈辱を感じたことを付言したい。彼らもまたこれらの捕虜が、彼らと同一人種に属することを感ぜざるを得なかった。神戸に向かう列車の中で、一つの本能的連帯感が、吾らを駆りて同一室内に寄り集まらせた」と。かくして彼は、非白人のためには暁の鐘であり、白人のためには入相《いりあい》の鐘なりし日露戦争に、既に諸行無常の響きを聞き、ヨーロッパ世界制覇のようやく影薄からんとするを看取して、下の如き警告を同書の中で与えている――「現代ヨーロッパは、日露戦争の教訓を学ぶ用意なく、またこれを理解もしない。その日暮らしの政策に満足し、総合的識見すなわち精神主義を無視し、目前の利益に安心し、遠大の計画を樹て得ないのが、現代ヨーロッパの本質より来る当然の結果である。今日のヨーロッパにおいて、何処《いずく》に協同の原理を求め、何に協力の基礎を置くことができるか。余りに多くの異なれる利害関係、余りに多くの相容れざる野心、余りに根強き嫉妬憎悪、余りに跋扈《ばっこ》する魂なき人間、これらのものが相結んでヨーロッパ精神の真個の声を葬る。日本の実力は、その連隊と軍艦とに存せず、実にヨーロッパの不和に存する。然り、ヨーロッパ諸国に眼前の利害を超越せる一個の理想なきこと、共同の感情にその胸を躍らしめ得ざることに存する。まことの黄禍は実に潜んで吾らの衷《うち》にある」。

日露戦争以後のヨーロッパは、まさしくルネ・ピノンが憂えたる方向をとりて進み、ついにその後十年ならずしてヨーロッパ大戦の勃発を見るに至った。ヨーロッパ大戦は、古えのギリシアにおけるペロポネソス戦争に比ぶべきヨーロッパの内乱であった。而してペロポネソス戦争がギリシア文明の自殺、その没落の前提なりし如く、ヨーロッパ大戦は実にヨーロッパ覇権没落の前提となった。この悲惨なる戦争によって、ヨーロッパはその長所とともにその欠点をも遺憾なく暴露した。かくてその世界的覇権に対する昔日の自信がようやく動揺し始め、ヨーロッパの前途を悲観する幾多の著書が相次いで公にされるに至った。試みにその二、三を挙ぐればストッダードの『有色人の昂潮』、ミュレの『白人の黄昏《たそがれ》』、グレゴリの『有色人の脅威』、ドマンジョンの『ヨーロッパの衰頽』、ライスの『アジアの挑戦』、ラパートの『黄禍論』、シュペングラーの『西洋の没落』等がある。

四　アングロ・サクソン世界制覇機関としての国際連盟

もとよりヨーロッパには多くの偉大なる思想家あり、勇健なる精神主義者がある。フランスの一哲人は、世界戦のまさに終わらんとする頃、既に下の如き言葉をもって切実痛烈にヨーロッパを警《いまし》めている――「ヨーロッパを腐敗せしめたる禍根は、実にヨーロッパが世界の独裁者たるべき神聖なる使命ありと考えたことにある。世界は長くヨーロッパの独裁に苦しんだ。而して万国の主がしばらくこれを許したのは、ヨーロッパをして若干の福利を世界に弘布させるためであった。然るにヨーロッパの所有せる至上の宝すなわち科学は、今や万国皆これを所有するに至った。故にもし今後ヨーロッパを挙げて亡び去ることありとしても、人類はこれによって何ら根本的に失うところがない。これ実にヨーロッパの時代がまさに去らんとする所以である」

「ヨーロッパは新たに生まれて新しき生命を獲得するために、深く自ら反省して、四方に分散せる自己の力を集約せねばならぬ。而して今こそ実にそのときである。他を縛り且つ自ら縛れる羈絆《きはん》を解くべきときである。けれどもヨーロッパはついに断行を肯《がえ》んじない。それ故にその支配の力は分散し、かえって己自身に向かって加えられんとしている。見よ、かつては他国に加えたる剣戟が、今はかえって己に加えられんとしている。見よ、他国のために作れる鉄鎖が、今はかえって己の上に落ちてその首を縛らんとしている」

「いずれの交戦国も、真個の戦争目的を言明しない。けれども今ヨーロッパを頽廃せしめつつある戦いは、全地を挙げて己が領有たらしめんとするための必死の決闘である。この決闘は敵と味方とを等しく死に至らしめずば止まない。それは彼らの死滅によって人類を蘇らしめるためである」

「この大戦はまことに彼らが声明する如く解放のための戦いである。ただ解放の意味が、彼らの解するところと異なるだけである。今の解放は、往年の亜米利加（＊アメリカ）における黒人の解放の如きものにあらず、実に一切有色民族の解放である」

「植民帝国、これ実にヨーロッパにとりて致死の罪悪である。この罪悪のためにヨーロッパは今地獄の火に投げられている。それ故にこの苛責を脱せんとするならば、その隷属の民を解放せねばならぬ。今ヨーロッパが投げ入れられたる煉獄《れんごく》は、かつて彼らが他国を投げ入れたるその同じ煉獄である。この地獄の火、今彼らの五体を焦《や》く」

しかしながらヨーロッパは、これらの預言者の声に耳傾け、深刻なる反省によって正しき道を踏まんとしなかった。大正十年六月二十八日、ヴェルサイユ宮殿鏡の間における対独講和条約の調印をもってパリ平和会議は終了し、第一次世界戦争は一応終局したけれど、それは啻に旧《ふる》き問題に解決を与えざりしのみならず、一層紛糾せる幾多の新しき問題を惹起した。世界戦は「戦争を止めるための戦争」と呼号せられたるにかかわらず、世界戦を惹起せる根本の諸原因は毫末も除き去られなかった。平和会議がなおパリにおいて進行しつつありし間に、イギリスのハルデーン卿はブリストル大学の卒業式に臨み、戦後のイギリスを負荷すべき青年に向かって、世界戦の最大の教訓は「イギリスが次の戦争に備えねばならぬということだ」と演説している。それ故にこの平和は、二度の行軍の間にしばらく諸国民を休息せしむべき一停歩に過ぎなかった。

さてヨーロッパ大戦以後の秩序を維持するために組織されたのが、取りも直さず国際連盟である。国際連盟は、一つは旧く、一つは新しき、二つの相異なる思想感情の所産であった。第一は戦争の悲惨に対する世界的反感であり、かくの如き禍悪を再びせぬために、何らかの方法が講ぜられねばならぬという要求が、諸国の民衆の間に強烈に台頭した。第二は勝利者の利己的動機であり、甚大なる代価を払って獲得せるものを永久に確保するために、何らかの組織を立てねばならぬという欲求が、戦勝国指導者の精神を支配した。国際連盟はこれらの二つの要求に応えるために企てられたものであるが、両者の矛盾は幾ばくもなくして明らかになった。勝利に満足せる国家は、現状維持が平和維持のための最善の途であると主張した。連盟規約は満足せる国家によって起草し解釈された。かくして国際連盟は圧制者のシンジケート、帝国主義諸国家のトラストたるに至った。一層具体的にいえば、国際連盟は、大正八年ドイツが連合国に降伏せるときのそのままの状態、連合国の中軸たりし英仏両国が、ドイツ降伏当時に領有していた国土及び資源を、永久不変の状態に置かんとする機関たるに至った。そは取りも直さずアングロ・サクソン世界制覇の現状を、永久に釘付けするための機関たることを意味する。

さてアングロ・サクソン世界制覇に対して「不屈至極なる挑戦」を試みたるものは、今一敗地に塗《まみ》れたるドイツに外ならぬ故に、国際連盟は人間の考え得る一切の方法をもってドイツの復興を不可能ならしめんとした。いわゆるヴェルサイユ体制は、弱体無力のドイツの礎《いしずえ》の上に、ヨーロッパ平和の殿堂を築かんとせるものである。これと同時に国際連盟は、世界戦争において失うところ最も少なく、得るところ最も多しと考えられたる日本を抑圧することをもって、第二の重大なる目的とした。世界戦中に日本の商品が飛躍的に世界市場に進出したことと、東亜における日本の地位がとみに拡大強化されたこととは、アングロ・サクソン世界制覇に対する危険なる脅威であった。さればこそ英米は、休戦喇叭《らっぱ》のなおいまだ鳴り止まぬうちに、早くも日本を第二のドイツと呼び、その抑圧に必死となった。西においてはドイツ、東においては日本、英米の最も憎み且つ恐れたるものはこの両国に外ならなかった。

英米がドイツを憎むのは、彼らの覇権を覆《くつがえ》さんとせる当面の敵なりし以上、決して道理がないとはいわぬ。ただ日本を憎んでこれを抑圧せんとするに至っては、沙汰の限りといわねばならぬ。日本は啻に青島《チンタオ》を攻略して東洋におけるドイツの根拠を覆せるのみならず、その精鋭なる海軍をもって東洋、南洋の全海面を警護し、さらに地中海より南米沖にまで出動して、連合国側に甚大なる貢献をなしている。然るにその詳細については、従来ほとんど世に知られていない。予もまた竹越三叉《さんさ》（＊与三郎）翁の『日本の自画像』を読みて初めてこれを知り得た。すなわちこれを左に引用して、如何に日本が忠実に連合国側のために尽くしたかを示し、同時に連合国側の勝利に貢献することかくの如く大なりし日本に対して、戦争終結とともに直ちに抑圧の態度に出たる英米が、如何に理不尽なるかを示すこととする。

「一九一四年。イギリスの請求により伊吹・筑摩の両巡洋艦をインド方面に出し、イギリスの艦隊と協同作戦してドイツのエムデン号を駆逐し、オーストラリア、ニュージーランドから英本国を応援すべく遠征する軍隊を保護して、西部戦線に送った。また巡洋艦金剛、装甲巡洋艦浅間・出雲を南米沖に出動せしめて、ドイツのシュペー艦隊を追撃せしめた。

一九一五—六年。巡洋艦利根・対馬の二艦を派して、オーストラリアとアラビアのアデンの間を警衛し、さらに巡洋艦新高・明石の二艦及び松・杉・柏・榊の四艘よりなる第十一駆逐隊を派出して、マラッカ海峡とスルー海とを警備せしめた。

一九一七年。巡洋艦明石、第十・第十一駆逐隊八艘を地中海に出動せしめたが、この地方はドイツの潜航艇の得意の壇場であるので、連合国側の小国は最も深く日本の軍艦に信頼し、その影を望んで意を安んずるという状態であった。この間に駆逐艦榊はドイツ潜水艇の襲撃を受けて艦の前部は沈没し、艦長以下多数の将士が戦死した。別に巡洋艦筑摩・平戸の二艦をして、オーストラリア・ニュージーランドの警備に当たらしめた。さらに巡洋艦利根・出雲の二艦をしてセレベス海・南シナ海に出動し、ドイツ商船の脱出を警戒せしめ、巡洋艦須磨・矢矧《やはぎ》・吾妻・日進・春日の五艘及び第二駆逐隊四艘をシンガポールとセレベス海に出動せしめた。

一九一八年。春日・八雲・須磨・淀の四軍艦及び第六駆逐隊四艘を出してシンガポール方面を警戒せしめ、矢矧・筑摩の二艦をオーストラリアに遊行せしめてこれが警備に当たらしめ、別に巡洋艦対馬を喜望峰に出動せしめて警備に当たり、また巡洋艦出雲と第十五駆逐隊四艘を地中海に派遣した。これより先巡洋艦明石は第十・第十一駆逐隊とともに、地中海に活動しつつあったが、この増勢によって地中海には、日本の巡洋艦二艘、駆逐艦十二艘が活躍するに至ったのである。このときイギリスから、さらに日本の主力艦及び軍人の借用を申し込んできたが、これに応ずることができぬので、便法を講じ、左の如くイギリスの船舶を利用して、これに日本風の名称を付し、日本の軍艦旗を掲揚し、日本の将兵が乗り込み馳駆《ちく》するに至った。

第一、イギリスのトローラー（＊武装トロール漁船）二艘を仮装巡洋艦とし、東京・西京と仮称して地中海に出動せしむ。第二、イギリスの駆逐艦二艘に、日本の将兵が乗り込み日本軍艦旗を掲揚して、栴檀《せんだん》・橄欖《かんらん》と仮称して、同じく地中海に出動せしめた。これによって吾が軍艦が、如何にドイツを恐怖せしめ、如何に連合国側に信頼せられたるかを見るべし。

別に一九一六年と一七年に、イギリス政府の請求に応じて、イギリス政府の金塊五千六百万ポンドを、左の如く軍艦をもって、ウラジオストクからカナダまで輸送した。

第一回、常磐・千歳。第二回、日進・春日。第三回、薩摩・日進・出雲・磐手。第四回、常磐・八雲。

右はイギリスがロシアに売った兵器の代償で、イングランド銀行がロシア政府から受け取ったものである。

またフランス政府の請求により、駆逐艦十二艘を日本で急造し、日本の将兵をもって、これをポートサイドまで廻航して、フランス海軍に引き渡した」

然らば英米は日本に対して何をなしたか。彼らはまずワシントン会議において、東亜における日本の地位を、彼らの希望する如く限局することに成功した。イギリス外務省情報部長たりしサー・アーサー・ウィラートはその著『世界における英帝国』において、実に下の如く公言している――「世界戦の清算は、日本の場合においては二度行なわれた。すなわちパリ講和会議とワシントン会議とにおいてである。ワシントン会議は、英米全権の指導の下に、しかも英米外交関係史上いまだかつて見ざるほどの緊密・完全・効果的なる共同動作によって、英米及び英米の理想にかなう如く極東を処理した。日英同盟も葬られた。イギリスはもはやドイツ海軍の脅威を受けなくなったので、この同盟を葬り去ってアメリカの甘心を買うを得た。巧妙なる談判によっておもむろに加えられたる英米の重圧の下に、日本はシナにおける自国の地位の解消を明らめた。山東における日本の特殊権益は放棄させられた。而してその上に主力艦に対する五・五・三比率の海軍力制限を受けた。精神的にも物質的にも、ワシントン条約は、二個の友邦（＊英米）が一個の第三国に与え得る限りの最大の打撃を日本に与えたるものである」と。まさしくこの言葉の通りである。しかも英米はこれをもってしてもなおかつ満足せず、ロンドン会議によって一層深刻なる打撃を日本に加えた。想うに英米はこれによっていよいよヴェルサイユ体制を強化し得たものと喜んだであろう。けれどもこの体制は幾ばくもなくして痛烈なる反撃を受けるに至った。その反撃とは取りも直さず満洲事変であり、ここに世界旧秩序の崩壊過程が始まるに至った。

五　ヴェルサイユ体制の対日重圧

既に述べたる如く、日露戦争はヨーロッパ世界制覇の歩みに最初の一撃を加え、且つそのためにアジアの覚醒を促せることによって、やがて来るべき世界維新の序幕なりしにかかわらず、日本自身は遺憾ながらその世界史的意義を悟らず、むしろ世界史の根本動向と背馳《はいち》する方向に国歩を進めた。日本のロシアに対する勝利に感激し、とみに心を傾け始めたるアジアの諸民族に対して、日本はこれを愛護し指導し鼓舞する代わりに、かえってその世界政策において歩調を欧米に合わせることにのみ苦心した。世界戦における連合国側の勝利は、日本の参戦に負うところ大なりしにかかわらず、いったん戦争終わるや日本を第二のドイツと唱えて一切の抑圧を敢えてしたのであるが、日本は啻にその忘恩不信に対して反撃を加えざりしのみならず、かえって益々英米の甘心を買わんと努めた。現に大正十三年初頭、加藤高明伯を首班として成立せるいわゆる護憲三派内閣の外務大臣（＊幣原喜重郎）は、就任当日のステートメントにおいて、実に下の如く声明した――「自分の外交方針は、ヴェルサイユ条約及びワシントン条約に体現せられている国際正義の支持徹底にある」と。この声明は端的に英米の世界制覇をもって国際正義と認めたるものである。イギリスの外交官が、日本に対して与え得る限りの最大の打撃を加えたと公言して憚らざるワシントン条約をもって、国際正義を体現せるものとし、あくまでもこれを支持徹底させるというのである。かかる声明が英米を喜ばせたことはいうまでもない。さればこそウィラートは、前述の著書の中に「ワシントン会議以後の数年間、日本は実に模範的に善良なる世界の市民であった」とほめそやしている。独りウィラートのみならず、アメリカのスティムソンも「ワシントン会議より満洲事変に至る十年間、日本政府は国際団体において例外に善良なる市民としての記録を有する」といっている。かくて英米は日本を思うがままに左右し得たのだ。

日本のかくの如き態度は、必然シナの軽侮《けいぶ》・反抗を招いた。而して日本はシナの抗日・侮日に対し、常にいわゆる親善政策をもって臨んだのであるが、如何に日本が親善を標榜しても、シナの敵意は益々募るばかりであった。この排日運動の背後に、英米の煽動ありしことはいうまでもない。加うるにワシントン会議の翌年、すなわち大正十二年に関東大震災あり、日本の国力は半減し去れるかの如く伝えられたので、日本に対する世界の軽侮は一層甚だしきを加えた。

日本の国際的地位が、馬進まずして四面ただ楚歌を聞くときに当たり、国内の形勢また秋風落莫《らくばく》であった。大震直後に成立せる山本内閣は、何程かの期待を国民からかけられたが、空前の不祥事（＊シーメンス事件）のために総辞職し、その後政友会より分離せる政友本党が、憲政会と合同して民政党を組織してより、政民両党の露骨無慚なる政権争奪戦が行なわれ、天下を挙げてその党争場裡と化し去った。内閣更迭のたびごとに、地方長官はいうに及ばず、判任官や傭人《ようにん》の末に至るまでその影響を蒙らざるはなく、巡査や小学教師までもいやしくも自覚に従順ならざる者はことごとく馘首《かくしゅ》の憂き目にあわせた。而してかくの如き政権の争奪が、空々《そらぞら》しくも憲政の常道と呼ばれていた。憲政の常道とは、アングロ・サクソン流の議会政治を意味する。かくて当時の日本の政治的理想は、英米の個人主義・民主主義・資本主義を根底とする政治機構であった。

加うるに一方にはモスクワに本部を有する第三インターナショナルの宣伝が、内憂外患による国民の不平不満に乗じて、とみに激烈を加え来り、ロシアを祖国と讃え、その指令を仰ぐマルクス宗のバテレンどもが、日本共産党を組織して、国体の根本的変革を目的とする言語道断の運動を始めるに至った。かくの如くにして、祖国をロシアに求め、魂を英米に売れる日本人が、都にも鄙《ひな》にも充満せんとしつつあった。

英米から世界の模範的市民とほめられていた十年間、日本の真実の姿は暗雲に覆われ、明治維新の二大綱領は、天皇機関説の横行、及び現状維持のための平和主義の跋扈によって蹂躙《じゅうりん》され、大陸発展の如きは侵略主義者・軍国主義者の危険なる欲望と考えられるに至った。かくて東亜の経綸を説く者は「国際正義」に弓ひく者として斥けられ、アジアの復興を志す者は白日夢を追う者として嘲《あざけ》られた。日本はたとえ大陸に対して積極的政策に出でずとも、少なくも既に東亜において獲得せる地位だけは、必ずこれを守らねばならぬ。然るに英米の圧迫、シナの反抗、国内における自由主義・民主主義の横行は、内外呼応してついに満洲における日本の地位をさえも覆さんとするに至った。

それ満洲における日本の地位は、世界維新の序幕たりし日露戦争の結果によるものである。日本は満洲に特殊なる地位を占めることによって、満洲・朝鮮・シナを含む東亜全体の秩序と安寧とを維持する重大なる任務を負い、見事にこれを果たしてきた。試みに日本がこの重任を負うてより二十五年間の満洲の歴史を見よ。そは実に世界において比類なき発展の記録である。日露戦争直後の満洲の人口は一千万に過ぎなかったが、二十五年を経たる昭和五年には二千七百万を数えた。貿易の如きはこの間に三十五倍という驚くべき増加を示した。見る影もなかりし寒村が、一切の文化的施設を有する都市となった。旅順は桜の名所となり、乃木将軍が山川草木転《うたた》荒涼と詠じたる金州城外は林檎《りんご》の名産地となった。この二十五カ年の日本の満洲経営は、日本が昂然として世界に誇り得る偉大なる事業である。

然るに翻《ひるがえ》って国内を顧みれば、英米の思想的宣伝に乗り、抽象的なる民族平等主義、感傷的なる平和主義に魅せられたる日本の有識階級の間には、満洲における排日運動が年とともに激化するに及んで、進んでその原因を究めてこれに善処せんとせず、かえってこれをシナに与えてその道理なき怒りを和らげんとする者さえも生じ、満鉄の国際管理が公然として唱道されるに至った。総じてかくの如き思想の最も重大なる源泉となれるものは、世界大戦（＊第一次）を頂点とせる日本資本主義の行き詰まりであり、この行き詰まりに当面せる日本の指導階級は、日本はアングロ・サクソンの優越を承認し、その下風に甘んずることをもって日本国家の安全を保つ所以であると考えたのである。それ故に日本は、決してシナを恐れて大陸政策に消極的となったのではない。事の是非善悪を問わず実力をもってシナと争うこと、而して勢力を大陸に伸張することによって、英米の激怒に触れんことを恐れたのである。

シナはこのことを熟知していたので、満洲における排日は年とともに加わった。昭和初年に至りては、国貨提唱（＊日本製品ボイコット）・経済断交・日本帝国主義打倒等のスローガンの下に、暴慢無礼を極むる各種の不法行為が行なわれ、在満邦人の事業に対する圧迫は猛烈となり、日本の利権駆逐を目標とする運動が加速度的に強化されてきた。而してこの傾向は、昭和三年の夏、張作霖爆死して張学良が満洲の新主人となるに及んで一層激化した。張学良は日本の勧告を無視して満洲に青天白日旗（＊中華民国国旗）を高揚し、三民主義を遵奉《じゅんぽう》して国民政府に服従する旨を宣言した。同時に排日運動は極度に悪性となり、日本商品に対する不当課税、運搬拒否、不法没収、売買妨害、借家借地の禁止、朝鮮人に対する不法の迫害など、一切の方面にわたりて徹底的且つ組織的なる排日を敢行し、在満邦人をしてことごとく窒息せしめずば止まざらんとした。加うるに張学良は、日本国内における政民両党の激しき政権争奪が日本の国論統一を不可能ならしめるものと判断し、且つ皇軍の本質を解せざるが故に、日本の陸軍は久しく実戦の経験を有せず、従って連年の戦争によって鍛錬せられたるシナ軍の敵にあらずとさえ慢心するに至った。而して勢いの極まるところ、ついに柳条湖におけるシナ兵の満鉄線路爆破となったのである。

六　満洲事変の世界史的意義

昭和六年九月十八日夜半、奉天独立守備隊第三中隊の将兵若干が、奉天を距る程遠からぬ柳条湖付近の鉄道巡察中に、ただならぬ爆音を聞いて即刻現場に急行し、線路破壊の事実を認めると同時に満洲兵（＊張学良軍の兵士）の射撃を受けた。よってこれに応戦しながら一方急を本隊に告げてその応援を求め、一挙に北大営《ほくたいえい》の攻撃を開始し、翌十九日朝には早くも北大営から満洲軍を駆逐し、次いで奉天城を占領した。而してこの日の午後には、急を聞いて払暁旅順を出発せる本庄関東軍司令官が、幕僚を従えて奉天に到着し、軍司令部を奉天に移して全軍の指揮統督に任じ、且つ満洲における張学良政権を絶対的に否認し、徹底してこれを膺懲《ようちょう》する旨を中外に宣明して、その断乎たる決意を明らかにした。いわゆる満洲事変の幕は、実にかくの如くにして切って落とされた。

満洲における止まるを知らぬ排日運動が、ついには非常なる事態を招くに至るべきことは、満洲事変勃発以前において、既に日本の心ある人々の深き憂いであった。吾らは事変の前年から、日本の各地に講演会を開き、満洲の実情を国民に報告し、その覚悟を促すに努めた。これを聴ける国民は、異常なる昂奮をもって満洲の前途を憂え、政府の対策が甚だしく柔弱緩慢なることを憤激した。管子は「民衆は個々について見れば愚昧であるが、相集まるときは霊なるものがある」と道破している。まことにこの言葉の如く、国民が相集まって魂が相結ぶとき、偉大なる思想と判断とが何処からとなく生まれてくる。日本の場合においては、昔ながらの荘厳なる日本精神が、平素は意識の奥に潜んで眠っていても、事に接し物に応じて躍如として現われ、田夫野人《でんぶやじん》をもよく霊なるものたらしめるのである。

日本国民は「世界の模範的良民」「例外に善良なる市民」として英米の賞賛を博し来れる日本政府の外交が、消極軟弱に過ぎたることに不満を抱いてきた。もとより国民は具体的なる対外政策を抱いていたのでない。彼らに向かって「然らば何処が軟弱であるか」と質問したならば、恐らく説明に窮したであろう。且つまた暴虎《ぼうこ》馮河《ひょうが》の勇は決して国家の大をなす所以でなく、複雑多端なる世界政局において、国際間の紛糾は江戸っ子の喧嘩の如く簡単に処理せらるべくもない。然らば国民が外交の軟弱を怒って対外硬を唱えるのは、無用の悲憤慷慨であるか。断じて左様でない。国民は外交上の仔細《しさい》の経緯を知らないけれど、政府が何物を犠牲にしても一日の安きを愉《たの》しまんとするにあらざるかと憂慮する。然りを然りといい、否を否というべき場合に、空しく辞令と議論とを弄《もてあそ》んで、大事を誤り大機を逸し去りはせぬかと心配するのである。それ故に国民が外交の軟弱を憤るのは、吾らに最後の決心と覚悟があるぞと叫ぶに等しい。このことは取りも直さず日本民族の発展的精神の現われである。国民の対外硬は、その旺盛なる戦闘的精神、剛健なる向上登高の志、溌剌《はつらつ》たる生命力の発現に外ならない。久しく眠れる日本国民のこの力が、実に満洲事変によって俄然として躍動し始めた。

それ故にかねてより政府の対満政策に不満なりし国民は、柳条湖爆破に対して取りたる関東軍の行動に、魂の奥底から共鳴して熱狂的なる支持をこれに与えた。全国に漲るこの澎湃《ほうはい》たる国民的支持ありしために、満洲事変はその進むべき方向に正しく進み、ついに満洲帝国の建設を見るに至ったのである。当時の日本政府は、武力を満洲に用いることを極度に嫌い且つ恐れていた。それはヴェルサイユ条約及びワシントン条約をもって国際正義の体現と声明していた政府として、当然至極のことである。アメリカから一言でも「日本の野心」などといわれると、甚だしき不面目に感じていた政府は、武力による満洲問題の解決が、世界の主人公たる英米両国、わけてもアメリカの怒りを招かんことを最も恐れた。

蓋《けだ》し満洲事変における神速果敢なる関東軍の行動は、英米の最も意外とせるところである。それは模範的良民としてあるまじき振る舞いである。日本政府は必ず満洲における軍事的行動を制止するであろう。英米は正直にこの通り考えていた。当時のアメリカ国務長官スティムソンはその日記に下の如く書いている。曰く「日本の外務大臣は、日本の国家主義の炎を消し止め、日本をして九カ国条約及びケロッグ条約に忠実ならしめるであろう」と。彼は堅くこのことを信じたるが故に、シナが折柄開催中なりし国際連盟に満洲事変を提訴し、連盟事務総長ドラモンドよりアメリカに対して、アメリカは満洲事変に対するケロッグ条約の適用について如何なる意向を有するかと打診し来れるときにも、彼は「日本の国民的感情を刺激して、日本国民に軍部を支持せしめ、且つ幣原外相を苦境に陥れる如き行動は、これを避けることが賢明である」と答えている。

しかしながら如何にスティムソンが日本外務省を信頼しようとも、久しく抑えられてきた日本の国民的感情は、既に上《のぼ》り潮《しお》の如くに昂《たか》まり、国家主義の炎々たる焔《ほむら》は、もはや外務大臣の手によって消し止むべくもなかった。かくて事態は益々英米の欲せざる方向に進み、彼らにとりては「不快なるニュース」のみが次々に伝えられていった。同時に国際連盟に対しては、シナからの提訴が次から次へと積み重ねられ、ついに日本を弾劾する連盟規約の動員を見るに至ったが、結局昭和六年十二月九日の連盟総会において、現地に赴いて事情を調査し「国際関係に影響を及ぼし、日本とシナとの平和、及び平和の根拠たるこれら両国の親善関係を妨げる全ての事柄について国際連盟に報告する」ため、五名の委員よりなる連盟委員会を満洲に派遣することとなった。幾ばくもなくこの委員会はリットン卿指導の下に東洋に向かって出発した。一行がまず東京に来りて最初の談合を試みたのは、昭和七年二月二十七日のことであるが、満洲における事態は英米の一切の策動及び国際連盟の一切の掣肘《せいちゅう》とは無頓着に、その進むべき方向に進んだ。かくて三月一日には早くも満洲国の建設を見、次いでこの年九月十五日に至り日本はこれを承認した。当初満洲国は立憲共和政体を採り、元首を執政と称《とな》えたが、昭和九年に至りてこれを帝政に改め、この年三月一日、旧執政が満洲国の新皇帝として、厳粛なる即位式を新京に挙げさせられた。

一方国際連盟は、昭和七年三月一日に建設された満洲国に対し、三月十二日早くもその不承認を決議し、同年十一月末、リットン報告に基づいて満洲をシナに還付せよとの宣告を下した。この宣告を巡って長い討論が行なわれたが、翌昭和八年二月十四日の連盟総会は、シナを含む四十二カ国の投票により、リットン報告及びその提案を無条件で採択したので、日本は三月二十七日、正式に国際連盟を脱退するに至った。この任務を果たして帰朝せる松岡代表が、あたかも凱旋将軍の如き熱狂をもって迎えられたことは、日本国民が何を欲し、何を望んでいたかを最も明白且つ有力に物語るものである。

さて日本が、満洲事変を経て満洲建国の大業に当面するに及んで、国民の魂に潜める強烈なる愛国心が、俄然として目を覚ました。これまで一世を風靡し来れる民主主義、次いで跋扈し始めたる共産主義は、ようやくその影を国民の間に潜め、これに代わって国家主義的傾向が空前に旺盛となった。而してこの大業の遂行過程において、英米の激しき圧迫と戦えることによって、従来はその好意に頼って安全を図らんとしてきた日本にとって英米が、実は断じて両立すべからざる東亜の敵であることが、次第に明らかに認識されてきた。かくして日本は、アングロ・サクソン世界制覇の機関、すなわち世界旧秩序維持の根城《ねじろ》たる国際連盟からの脱退を敢行し、一挙英米依存を超克して自主的精神をその外交の上に発揮するを得た。日本は国内におけるアングロ・サクソン勢力を、少なくも原則として蹂躙し去れるのみならず、国際的にアングロ・サクソン勢力に挑戦し、ヴェルサイユ体制に対して最初の且つ甚大なる打撃を加えたのである。

第一次世界戦以後の世界秩序の一角は、かくしてまず満洲事変によって打ち破られた。而して旧世界秩序維持の機関たる国際連盟は、実にこのときより無力となり始めたことは、やがて起これるエチオピア事件の場合に明瞭に暴露された。イタリアのエチオピア攻略に際し、イギリスはこれを圧迫するために、連盟五十二カ国をしてイタリアに対する経済封鎖を行なわしめ、イタリア品の輸入を禁止し、一切の対伊金融関係を断絶し、重要物資の対伊輸出を禁止せしめた上に、七十万トンと称する大海軍を地中海に進めてこれを威嚇したが、ついに何ら得るところなくして終わった。イタリアにかくの如き勇気を鼓吹したのは、満洲事変における日本の前例なりしことはいうまでもない。

加うるにヴェルサイユ条約による極度のドイツ圧迫は、かえってこの強靭有為なる民族の奮起を促し、ついにヒトラー政権の出現を招き、ドイツは飛躍的に復興するに至った。従って元の弱小ドイツを礎として築かれたるヨーロッパ平和の殿堂は、強力ドイツの出現によって当然覆さるべき運命となった。かくてヴェルサイユ体制に対する東西の挑戦者、日独伊三国が相結ぶことに何の不思議もない。

昭和十一年九月のこと、関東軍司令官は満洲建国過程における協和会の使命について、極めて重大なる布告を発し、同時に関東軍参謀長はこの布告について公式に下の如き説明を与えた——「協和会の祈念するところは、第一段において王道満洲国の完成であり、次に来るものは東亜各地の被圧迫・被征服民族を解放して、逐次王道楽土を建設することである」と。支那事変及び大東亜戦争後に声高く唱え始められた東亜新秩序または大東亜共栄圏の理念が、夙く既にこのときに具体的に表明されていることは、吾らの銘記せねばならぬところである。

七　支那事変より大東亜戦争へ

かくの如くにして日本の誤れる進路は、満洲帝国の建設とともに、一挙正しき転向を見た。満洲建国は、日本がアジア抑圧の元凶たる英米との協調を一擲し、興亜の大業に邁往《まいおう》し始めたものとして、まさしく維新精神への復帰である。満洲事変勃発に際して、国民の熱情が火の如く燃えたのも、実にそのためであった。然るに最も遺憾に堪えぬことは、シナが日本の真意とアジアの運命とを覚《さと》らず、満洲建国をもって日本の帝国主義的野心の遂行となし、いやが上にも抗日の感情を昂め来れることである。

吾らはシナの抗日について、決してシナのみを責めようとは思わない。既に述べたる如く、日露戦争以後の日本の国歩は、世界史の根本動向と異なれる方向に進められた。ロシアと戦い勝ちて、表面皮相ではありながら世界一等国の班に入るに及んで、これまで張りつめ来れる国民の心の弦ゆるみ、沈滞苟安《こうあん》の風潮、ようやく一世に漲り始めた。かくて日露戦争における勝利によって、アジアの諸国に絶えて久しき復活の血潮を漲らしめたにかかわらず、日本はかえって彼らを失望せしむる如き方向に進んだ。日本はアジアの友人または指導者たる代わりに、その圧迫者たる欧米に追従したのである。

日露戦争によって「頭脳に新世界」を開かれた安南の青年は、陸続国を脱して東京に留学し、独立運動者としての資格を鍛錬すべく刻苦勉励していたが、日仏協約の締結によってことごとく追放の憂き目を見た。日本に亡命し来れるインド革命の志士は、イギリスの強要によって放逐された。東京外国語学校のインド語教師なりしアタル君が、イギリス大使館の迫害に堪え兼ね、毒を仰いで自殺せることは、吾らの今なお忘れ得ぬ悲惨事である。

シナに対しては、日支両国の堅き結合による以外、またアジア復興の途なき運命を、直覚的に把握し、深き同情と愛着とをもってシナ問題に終始し来れる人々が、シナ浪人の名の下に活動の舞台から斥けられ、もっぱら利権獲得を目的とする商人の冷ややかなる手のみがいたずらにシナに伸びていった。さればこそ孫文一派に対する永年の援助と友誼《ゆうぎ》とにかかわらず、国民党の権力を最後に確立せしめたる北伐革命に際しては、日本は国民党内部に何らの緊密なる連繋を有せず、その革命指導権をロシアに与え去って顧みなかった。このことは日本の不幸であると同時に、一層重大なる意味においてシナの不幸であった。かくてシナの排日は侮日となり、侮日は抗日となりてついに支那事変の勃発を見るに至った。

昭和十二年七月七日、盧溝橋畔一発の銃声を導火線とせる日支両国の悲しむべき争いが、かほどまで長期にわたろうとは、恐らく当初は何人も予想せざりしところである。現に日本政府はこれを北支事件と呼び、暴支膺懲という簡単至極のスローガンを掲げ、いわゆる不拡大方針をもってこれに臨んだ。然るに思いもよらぬ局面の展開は、否応なく事実によって不拡大方針を覆し、名称もまた支那事変と改められ、その名の如く戦線は全シナに及んで今日に至った。昭和十六年十二月八日、対米英戦争の宣戦の大詔下りてより、支那事変は大東亜戦争のうちに包容され、その名称は廃止されたけれど、現に日支両国は激しく戦い続けている。

前後七年にわたる支那事変の経過を一顧すれば、これを二期に大別することができる。初めの一年有半はいわゆる進攻作戦の時期にして、当初の不拡大方針が飛躍的に規模雄大を極むる全面戦争となり、目覚ましき勝利を収めている。次の四年有半は、一面戦争・一面建設の旗印の下に、大体において封鎖戦・建設戦に終始して今日に及んだ。この間にヨーロッパ戦争の勃発あり、日独伊三国同盟の締結あり、ついに対米英戦争の宣言あり、それぞれ東亜及びヨーロッパにおいて戦われつつありし二つの戦争が、必然の帰着として名実ともに一個の世界戦となるに至った。

さて支那事変の本質並びに意義は、戦局の進展とともに次第に明瞭となった。単純にして無内容なる暴支膺懲のスローガンは、いつの間にかその影を潜め、東亜新秩序の建設、次いでは大東亜共栄圏の確立という戦争目的並びに理想が、高く掲げられるようになった。東亜秩序は疑いもなく世界秩序の一部であり、東亜新秩序の建設は世界旧秩序の破壊を前提とする。この論理は青天に白日を指す如く明らかなるにかかわらず、この理想が初めて掲げられし頃、日本のうちには東亜を世界から分離し、ただ東亜だけの新秩序を実現し得るかの如く空想せる者が多かった。さりながら東亜新秩序建設のための最も根本的なる条件は、東亜諸民族が日本と協力提携すること、並びに米・英・仏・蘭の勢力を東亜より駆逐することである。東亜を白人の植民地または半植民地たる現状より解放することが、新秩序建設の第一歩である以上、これらの諸国との衝突はついに免れるべくもない。それ故に日本は、万一の場合にこれらの諸国と決戦する覚悟なくしてかかる声明を世界に向かって発する道理はない。

事情かくの如くなるが故に、支那事変勃発以来、米英両国は日本に対して包み隠すところなき敵意を示してきた。而して彼らの日本に対する態度は、事変当初よりヨーロッパ戦争（＊第二次世界大戦）勃発に至るまでの二年間、ヨーロッパ戦争勃発より日独伊三国同盟締結に至る期間、及び三国同盟成立以後と、前後三段の変化を示した。第一の期間において、彼らはシナにおける自国権益をあくまでも擁護するため、露骨に重慶を援助して日本に抗戦させた。然るにヨーロッパ戦争開始後の第二期においては、彼らは能《あた》うべくんば日本を自己の陣営に誘致するため、少なくとも独伊陣営に参加させまいために、止むなくんばシナにおける権益の一部を犠牲にしても、日本の甘心を買わんとせるかに見えた。イギリスのビルマ・ルート（＊対中支援用道路）遮断はまさしくこの政策の一端である。当時の日本にはなお多くの英米依存主義者がいたので、かくの如き米英の策動は甚だ危険なる誘惑であったが、日本はその策動に乗ることなく、ついに三国同盟の成立を見るに至った。英米の態度はこの条約締結とともに三変し、爾来日本を目するに準敵国をもってし、その重慶援助は俄然として積極的となった。けれども米英は、事ここに至りてもなお日本が直接ヨーロッパ戦争に参加することを欲せず、極力これを牽制し、少なくも参戦を延期せしめることに腐心したが、勢いの極まるところ、ついに大東亜戦争の勃発となった。

吾が陸海空の精鋭が、東西南北、至る所に米英軍を粉砕し、開戦以来半年ならずして大東亜共栄圏の基本地域をことごとく掌裡に収め、さらにこれを外域に拡大しつつあることは、実に世界戦史の奇跡である。かくの如く迅速に、かくの如く偉大なる戦果を挙げようとは、恐らく日本国民の多数さえ予想せざるところなりしをもって、その世界に与えたる衝動、わけても敵国に与えたる驚愕は、深刻にして甚大であった。試みに大東亜戦争勃発直前における重慶の観測を見よ。十一月二十六日の申報《しんぽう》（*国民党広報紙）は「和平か戦争か」と題する社説において、日米相戦えばアメリカが勝利を得ることは百分の百、明瞭であると断言している。また十二月一日には「日本の動向の検討」と題する社説において、日本は四年にわたる支那事変によって、数十年間に蓄積せる資力を消耗し尽くし、その上国際環境は極度に悪化し、対外貿易を喪失して外貨獲得も不可能なる窮地に陥っているとして、日米戦争に対する日本の無力を高調している。重慶は日米交渉において日本がアメリカの強硬なる態度の前に屈服を余儀なくされるだろうと見くびっていた。もし万一日本がアメリカに屈服せず、起って相戦うに至らば、アメリカの武力の下に容易に撃砕されるであろうと信じていた。而してかくの如きは決して重慶のみのことでなく、アメリカ自身もまた同様に推測し且つ信じていた。この憐れむべき推測と信念とは、今や一朝にして覆された。しかもその敗戦によって、シナの対日抗戦は米英にとりて甚だしく重要性を加え、今やシナにおける権益擁護というが如き消極的意味からでなく、米英自身の興廃という切実なる必要の上から、必死に重慶を支援せねばならなくなった。重慶はこの間の消息を熟知するが故に、しきりに米英に向かって援助を強要しつつある。ただ日本の海上制覇がいち早く完成された上に、ビルマ・ルートが閉鎖されたので、かくの如き援助は極めて困難なる状態に陥った。

今翻って支那事変勃発当時の日本の国情を省《かえり》みるに、内外ともに憂うべきことが数々あった。支那事変の先駆となれる満洲事変は、満洲帝国の建設、その資源の急速なる開発、交通の飛躍的発展、工業の異常なる発達によって、吾が国防力の増強に貢献するところ大なりしとはいえ、従来満洲を緩衝地帯として吾が国と相対していた蘇聯（＊ソ連）は、今や日満一体となれるために、日本と面々相対峙するに至ったので、ソ連は急速に東方の軍備を強化して吾が陸軍を凌ぐの勢を示し、浦塩（＊ウラジオストク）には五十隻の潜水艦を集めて吾が大陸連絡を脅威し、ソ満国境には紛擾《ふんじょう》の絶えるときがなかった。加うるに吾が陸軍の軍備拡張は、その頃ようやく五カ年計画が着手されたばかりであり、必要なる重工業並びに軍需工業の拡充もいまだ成らず、飛行機及び戦車の方面において所期の希望を距ること甚だ遠かりしことを思えば、当局の苦心は察するに余りある。而してシナにおける当時の吾が兵力は、北京天津方面において一個師団にも足らぬ僅少の駐屯軍と、上海に少数の海軍特別陸戦隊と、揚子江上に若干の艦船があっただけで、急速にこれを援助すべき兵力の準備なく、幾万の居留民は奥地深く散在し、外交機関の引き上げさえも容易ならぬ状態であった。もとシナを敵国として大規模なる戦争を行なうことは、軍当局はいざ知らず、国民一般のほとんど予想せざりしところである。国民はシナと戦うどころか、国民党が日本に対して狂暴化したあとでさえ、もっぱら親善提携を望んでいた。それ故に支那事変は、日本としては戦いを欲せざる国と、戦いを欲せざるときに勃発せるものであり、政府が努めて不拡大方針を取らんとしたのも無理ならぬ次第である。

恐らく蒋介石もまた日本に対して勝算を抱いていなかった。彼もまた当初は局地解決を望んだことと想像される。しかしながら国民党の狂暴焦燥分子は、もはや彼の手によって制御すべくもなかった。彼らは英米ソ連の支援を頼み、彼らにとりて好都合なる資料のみによって日本の国情を誤算し、ついに「抗戦徹底」を叫ぶに至った。想うに国民党及び彼を支援せる欧米列強は、日本の国力は断じて長期戦に堪えず、三年を出でずして国民生活の逼迫から国内崩壊は必然であると判断していたであろう。然るに事実は完全に彼らの予想を裏切り、国民はよく一切の経済的困苦を克服し来れるのみならず、支那事変の刺激によって、飛行機・戦車その他作戦資材の整備が飛躍的に促進されたために、陸海軍の戦闘力は驚嘆すべき躍進を示した。加うるに長期にわたる戦争の間に、兵士の訓練にも兵器の改良にも、深甚なる工夫が凝《こ》らされた。あるいは厳冬蒙古の原野に、あるいは炎熱南支の山岳に、あるいは湿地に、あるいは密林に、一切の時節と場所において作戦上の最も貴重なる経験を積んだ。それ故に重慶及び米英が、日本の国力はもはや疲弊し果てて、新たに強敵と戦う勇気を失ったであろうと想像せる五年の長期戦が、実はかえって日本を空前に強力なる国家たらしめ、いったん大東亜戦争の勃発を見るや、古今東西に比類なき武威を発揮することができた。かくて支那事変は、一面において最も悲しむべき出来事であったと同時に、他面において大なる利益を日本に与え、東亜全面より米英勢力を駆逐する覚悟と、この覚悟を決行するに足る武力を養わしめることとなった。

もしこれが清朝末期または軍閥時代のシナであったならば、恐らく南京陥落ののちに、然らずば漢口・広東を失ったときに、シナは早くも吾が軍門に降ったことであろう。然るに戦えば必ず敗れながら前後七年にわたりて抗戦を続け、殊に大東亜戦争半年の戦果を目睹《もくと》して、日本の武力の絶対的優越を十二分に認識せるにかかわらず、またその最も頼みとせる米英の援助がほとんど期待し難くなれるにかかわらず、なおかつ抗戦を止めんとせざるところに、吾らはこの四半世紀におけるシナの非常なる変化を認めねばならぬ。もし日本が現在のシナをもって、清朝末期または軍閥時代のシナと同一視しているならば、直ちにその認識を改めねばならぬ。

日支両国は何時まで戦い続けねばならぬのか。これ実に国民総体の深き嘆きである。普通の常識をもってしても、また一層深き反省をもってしても、日支両国は相和して手を握れば測り知れぬ利益あり、戦って相争えば百害がある。わけても世界史のこの偉大なる転換期において、もし両国が和衷《わちゅう》協力するならば、アジアの事、手に唾《つば》して成るであろう。今、日支両国が復興アジアの大義によって相結び、その実現のために手を携えて起つとすれば、インドまた直ちに吾《われ》に呼応し、ここに独自の生活と理想とを有する大東亜圏の建設が、順風に帆を揚げて進行するであろう。

然るに現実は甚だしく吾らの理想と相反する。もとより南京政府は既に樹立せられ、汪精衛氏以下の諸君は、興亜の戦《いくさ》において吾らと異体同心であり、進んで大東亜戦争に参加するに至ったのではあるが、シナ国民の多数はその心の底においてなお蔣政権を指導者と仰いで、反日・抗日の感情を昂めつつある。かくして日本は、味方たるべきシナと戦いながら、同時にアジアの強敵たる米英と戦わねばならぬ破目になっている。

大東亜戦争当面の目的は、大東亜地区より米英その他の敵性勢力を掃討することにあり、その次に来るものは大東亜秩序の確立であるが、そのための絶対的条件をなすものは支那事変の処理、すなわちシナとの和衷協力である。このことは今後戦線が如何に拡大されようが、またその戦果が如何に偉大であろうとも、決して変わるまじき順序である。支那事変が処理せられざる限り、米英の抗戦力が如何に弱り、如何に低くなろうとも、大東亜戦争は決して有終の美をなすことができぬ。

さて日独伊三国同盟が結ばれた頃から、支那事変は世界戦争の連環の一つであり、従ってかくの如きものとして解決せらるべきものであるとの主張が、いろいろなる方面から唱えられ始めた。この主義は半ば正しく、半ば誤っている。すなわち支那事変は単に日支両国だけの関係において考えるべきものでなく、事変の背後には有力なる第三国が、日本を敵として東洋制覇の野心を抱き、あらゆる術策を逞しくしてきたので、事変の進展如何によっては、ついにその第三国とも、具体的にいえば英米とも一戦せねばならぬことを認識せるものとして、この主張は正しくある。而して現に事変は対米英戦争にまで発展した。しかしながらそれ故に支那事変は、世界戦争の一連鎖として、世界戦争そのものの処理とともに解決せらるべきものとする意見は、吾らの決して首肯《しゅこう》し得ざるところである。

日支両国の間に第三国の介在せることが、従来常に両国の溝を深くせることは、歴史の示すところ最も明白である。日清戦争における三国干渉はいうまでもなく、第一次世界戦争に際しても、シナは日本とともに連合国側に参戦し、与国として戦えるにかかわらず、欧米勢力を有力なる決定者として日支両国の間に介在させたので、両国の親善友好を増す代わりに、かえって反日敵意を助長した。満洲事変に際しても、シナは日本との談合を避けて終始英米に泣訴《きゅうそ》したため、一層問題を紛糾させた。支那事変はヨーロッパ戦争に先立ちて、日支両国の間に起これる悲劇である。その解決は決して第三国の介入を許さず、両国直接の折衝によって解決せねばならぬ。加うるに大東亜戦争は、事実によって支那事変の性格を一変し、これをもって東亜における一個の内乱たるに至らしめた。吾らは一刻も早くこの内乱を鎮定してこそ、初めて大東亜戦争の完遂を期し得るのである。

かつて第一次世界戦に当たり、大隈内閣のいわゆる二十一カ条要求が、甚だしくシナを憤激せしめた。けれどもこの要求は、シナの保全を本願とせるものであり、この条約にして一たび締結される以上、世界の如何なる国家といえども、もはや日本と一戦を交える覚悟なくしては、シナ沿岸の一寸一尺の土地をも奪い得ぬこととなる。それ故に条約の精神は明白にアジア復興の要件なりしにかかわらず、これを因縁としてシナの排日運動は、年々広範且つ深刻を加え、それが満洲にまで波及せるため、ついに満洲事変の発生を見るに至った。而して日本は既に述べたる如く、この事変によってその誤れる進路を改め、維新精神に復帰してアジア解放の戦士たる覚悟を決着し、シナとの間にも従前に優りて緊密なる肉親的結合を再建せんと努めたのである。かくの如き日本の精神と理想とは、対米英宣戦によって火の如く瞭然となれるにかかわらず、蒋政権が今なおアジア共同の敵と相結んで、興亜の大義を蹂躙しつつあることは、まことに痛恨無限といわねばならぬ。

けれども今より八十年以前、日本がその国民的統一のために奮起せる当時を回顧せよ。ロシアは対馬の租借を迫り、アメリカは開国を強要し、フランスはそのメキシコ政策の失敗を東亜において回償せんとし、イギリスは貪婪《どんらん》の爪を磨いで近海に出没し、日本の運命累卵よりも危うかりしとき、薩長両勢力は不倶戴天の敵の如く相争っていた。今日本がアングロ・サクソン世界幕府を倒してアジア復興のために獅子奮迅するとき、日支両国はかつて薩長が相争える如く相争っている。シナの国民党には明治維新の研究者多く、蒋介石自身もまたその研究に大なる興味を持ったといわれている。もし彼らにして明治維新の精神を真個に把握し得たならば、日本に対して沙汰の限りなる狂暴を敢えてし、十年の建設を一朝にして空無に帰せしむるが如きことなかったであろう。さりながら維新精神の継承者が明白に自覚し誠実にその実現に努力し来れる日本の国家的統一とシナの革新、この両者の堅き結合によるアジア復興は、両国共同の宿命的課題なるが故に、やがては正しく解決されるであろう。ただ吾らはその解決の一日一刻も速やかならんことを切願して止まない。

佐藤信淵

佐藤信淵がヨーロッパ列強わけてもイギリスの東亜侵略に備えるための国防を強調せる『防海余論』『呑海肇《どんかいちょう》基論《きろん》』『存華挫狄論』の三著は、彼が八十一歳の高齢に達しながら、日本の現在及び将来を「慷慨善思」して筆執り、これを安濃津《あのつ》侯（＊藤堂高猷《たかゆき》）に献ぜんとせるものである。けれども信淵の子信昭が「不肖この書を一見するに、実にこれ世界を混同し、万邦を統一するの大議論にて、八十老翁の壮心感服に堪えたり。然りといえども家厳《かげん》（＊父）は草間の小父（＊田舎者）なり、卑賤にしてかくの如きの大議論をなす者は、往々不測の大患に遭う。……且つまたこの書世上に漏れれば、あるいは越俎《えっそ》（＊越権行為）の罪あらんことを恐れる。願わくば固く辞してこの書を献ずることなかれ」と諫め、実に「書を抱いて悲泣連日」に及んだので、ついにこれを焼き捨てたと信淵自身が述べている。その草稿が幸いに家に伝えられ、写本として坊間（＊世間）にも流布した。彼はこの年の初秋より健康とみに衰えて、身を病床に横たえるに至り、食を摂り難きこと三カ月に及べるにかかわらず、酒をもって飯に代えながら『存華挫狄論』の稿を床中《とこなか》に改め、翌嘉永三年正月六日、ついに八十二歳の長き生涯を終えたのである。爾来春風秋雨百年、今「存華挫狄」の日が到来したのだ。

大東亜秩序建設は、アジア的規模において行なわれる第二維新である。そは惨憺たる経営に終生を託して、一身を国事に倒したる幾多先輩の志業を全うするものである。天上に物見人多し、幽魂皆、還現する。後代に志士あり、長く当年に鑑みんとする。吾らは必ずこの大業を成就せねばならぬ。

大東亜圏の内容及び範囲

一　大東亜圏の範囲

アジア大陸のほぼ中央に位置する葱嶺《そうれい》（＊パミール高原）は、古えより世界の屋根と呼ばれてきた。この高原から四方に山脈が走っている。まずその西南に向かって走るものはスライマン山脈と呼ばれ、インドとアフガニスタンの国境を縫うてインド洋に尽きている。その北に向かって走るものは天山山脈と呼ばれ、いったんズンガリア盆地で中断せるのち、再びアルタイ山脈となって東北に伸び、さらにヤブロノイ山脈・スタノボイ山脈となり益々東北に走り、ついにアジア大陸の東北端東岬（イースト・ケープ）となりてベーリング海峡に突出している。かくてアジア大陸は、南はインダス河口より北はベーリング海峡に至るまで、西南より東北に連なる蜿蜒《えんえん》万里の山脈によって、まさしく両部に分かたれる。

その両部のうち、世界の屋根の東南斜面に当たるアジアの半分は、さらに南北両部に分かたれている。而してこれを分かつものは、ヒマラヤ山脈・崑崙《こんろん》山脈に起こりて東へ東へと伸び、ついにシナ海に至りて尽きるこれまた蜿蜒万里の山脈である。この山脈の北部は満洲・蒙古・シナを含む一地区であり、その南部はインドと総称せらるる一地区である。而してインドはまたバヤンカラ山脈・インドシナ山脈となりてマレー半島に及ぶ一連の山脈によってさらに東西両部に分かたれ、前インド・後インドと呼ばれる。その西半すなわち前インドは、言葉の狭い意味でのインドであり、東半すなわちタイ・仏印（＊仏領インドシナ）を含む後インドは、インドシナとも呼ばれてきた。それは歴史的並びに文化的に、まさしくインドとシナとの中間に位するものなるが故に、この名称は極めて適切である。

次にはアジア大陸の太平洋岸に沿うて、東北より西南に走る山脈を根幹とする島々及び半島が、綿々として遠く海上に連なっている。すなわち北はカムチャッカより日本列島・朝鮮半島・フィリピン・ボルネオ・セレベスを経てジャワ・スマトラに至る無数の島々及び半島であり、これまたアジアの一地区を形成する。

パミール高原以西に位するアジアの西半は、またこの高原より出でて西に走るヒンドゥークシュ山脈・エルブルース山脈・コーカサス山脈によって南北両部に分かたれる。その北半はシベリア・中央アジアを含む一地区であり、南半はイラン高原・小アジア・アラビアを含み、一般に西南アジアと呼ばれる一地区である。

かくの如くアジア大陸は、まず地形的に五大地区に分かたれる上に、気候風土及びこれに伴う動植物界、すなわち地理学者のいわゆる景観によって、さらに別個の地域に区分せられ、それぞれの地域に生活する住民の運命を決する上に、極めて重要なる役割を務めてきた。

景観的区画の第一は、季節風の影響下にある湿潤地帯である。それは北は日本列島・朝鮮半島・南満洲・シナより東南アジアを経て、南はインド・セイロンに至るまでの太平洋及びインド洋に面する地域を含む。ここではこれらの大洋から季節を定めて吹き上げる湿風の影響によって、気候は温暖湿潤であり、且つその多湿なる風がアジアの屋根に当たりて沛然《はいぜん》たる雨となり、インダス河・ガンジス河・メコン河・揚子江・黄河等の長江大河となりて流れ下る。而してこれらの河川によって堆積され灌漑《かんがい》されて、沃野《よくや》遠く開けているので、最も農耕に適している。現にアジア農民の九割が実にこの湿潤地帯に住んでいる。

この湿潤地帯の北方並びに西方には、アジアの屋根によってこの地帯と隔離され、季節風の影響を受けず、従って雨量に乏しきアジア内陸の乾燥地帯がある。そは北は蒙古・青海の高原より中央アジアの盆地を経て、西は裏海（＊カスピ海）・黒海の北岸地方に及ぶ地域である。ここでは満目荒涼たる砂漠と貧寒なる草地がその大部分を占め、わずかに遊牧地として利用し得るに過ぎない。

この乾燥地帯の北部には、東は北太平洋岸から西はウラル山脈に至るまで、東西に延びたる狭長なる亜湿潤地帯がある。ここでは東はオホーツク海から、北は北氷洋（＊北極海）から吹き上げる風が、長白山脈・興安嶺・ヤブロノイ山脈・サーヤン山脈等に当たりて雨雪を降らし、黒龍江・レナ河・アンガラ河・エニセイ河・オビ河・イルティシュ河等となりて流れ出る。そのために上記諸山脈の北斜面及び山麓一帯には、鬱密たる森林が遠く東西に連なっている。而してこの森林は良好なる毛皮の産地であり、また河川は魚類に富むが故に、この地帯は狩猟及び漁撈《ぎょろう》の好適地である。

この森林地帯の北方には、北氷洋に向かって開けたる茫々たる平原があり、寒冷不毛にして人類の住むに堪えざる凍土地帯を形成している。

最後に西南アジアは、大体において中央アジアの乾燥地帯と同様の景観を呈している。ただしここでは、裏海・黒海・地中海・紅海・アラビア海・ペルシア湾が四方を囲んでいるため、沿海地方には局部的に降雨流水に恵まれたる沃野がある。

かくの如くアジア大陸は、景観的に四大地帯に分かたれているが、湿潤地帯と乾燥地帯、及び亜湿潤地帯と乾燥地帯との接触地は、それぞれ両者の中間的景観を呈し、そのために前者においては遊牧と農耕とが、後者においては狩猟と農耕とが併せ行なわれている。

さてアジアに居住せる人類は、上述の如き基本的なる地理条件、すなわち地形的並びに景観的条件によって、その活動範囲を規定され、またその生活様式を支配されながら、幾多の民族に分化していった。今これをその生活様式について観れば、かかる分化は早くも新石器時代あるいは金石併用時代において行なわれ、アジア住民の大部分は湿潤地帯においては農耕民族、乾燥地帯においては遊牧民族、亜湿潤地帯においては狩猟民族、また湿潤・乾燥中間地帯においては半牧半農民族、亜湿・乾燥中間地帯においては半狩半農民族となっていた。

さてアジアの湿潤地帯は、地形的にはその三大地区を包容している。而してこの三大地区を代表するものは、取りも直さず日本・シナ・印度である。吾らが欧米と接触する以前において、吾らの世界とは唐《から》と天竺《てんじく》、すなわちシナとインドとを中心とするアジアの東半を意味し、これらの両国に日本を加えてこれを「三国」と呼んできた。今吾らはこの「三国」を大東亜圏と呼び、新しき秩序をここに実現するために戦う。

大東亜圏はアジア大陸の湿潤地帯なるが故に、ここに興亡せるものは農耕民族であり、その中軸をなせるものは、北においてはシナ、南においてはインドであった。吾らはまずシナ民族発展の跡を辿るであろう。

二　シナ

シナにおいて最も早く農耕民の出現を見、従ってシナ文明発祥の地となりしは、黄河の中流地域すなわち今日の陝西《せんせい》・山西・河南三省を含む一帯の地で、シナ史上のいわゆる「中原《ちゆうげん》」である。何故にシナ文明が、一層生活に好適なる南方温暖の沃野、例えば中支の揚子江流域または南支の珠江《しゆこう》流域に起こらずして、北支をその発祥地としたか。それは多くの人々によって抱かれる疑問であるが、理由はむしろ簡単である。すなわち太古の揚子江または珠江流域は、今日のニューギニアが然る如く、鬱葱《うつそう》たる密林に覆われし瘴烟《しようえん》蛮雨の地であり、これを開拓することがほとんど不可能なりしに反し、蒙古砂漠の南辺に近き黄河中流地方は、広濶なる草原地であり、従って農耕に容易なりし故である。独りシナの場合に限らず、文明はおおむね砂漠縁辺の草地に起こっている。インド文明は広大なるガンジス河流域においてにあらず、かえってタール砂漠の北辺に連なるパンジャブに起こった。エジプト文明も北阿弗利加（＊アフリカ）の大砂漠を流れるナイル河両岸の草原に起こり、小アジア文明も砂漠の間の草地に起こっている。

さてシナ人が黄河中流域に農耕民族として現われたのは、恐らく四千年以前のことであるが、東洋史上の最初の確実なる王朝というべき殷代には、既に聚落《じゅらく》生活より都市生活に発展し、大小幾多の都市国家を形成していた。而してそれらの都市国家群の間に、他を圧して優位を占めたる強国が現われ、諸国をその支配下に置くに至った。夏及び殷がすなわちそれである。殷代の初期まで、シナ人は恐らく牧畜と農耕とを兼ね営んでいたが、その中期において鉄を農具に使用するに及び、農業は著しく発達するに至った。

西紀前約一〇〇〇年の頃、渭水盆地に起こりし周が、殷を亡ぼしてシナに君臨し、その盛時における勢力範囲は、今日の陝西・山西・河南・河北・山東諸省、及び安徽《あんき》・江蘇両省の一部を含む地域に及んだ。周はこの領土を統治するために封建制度を採り、分散せる都市国家をこの制度の下に統一して、ここに、シナ民族の結束を堅め、爾来長久にシナの公私生活を律する規範が、早くも周代においてその基礎を置かれ、シナ文明をして万古不易の方向を取らしめることとなった。

周室の勢威衰えて春秋時代となり、次いで戦国時代に入るや、封建諸侯は互いに抗争を事とし、各自富強の策を講じて国力の充実を図った。諸国のうちシナの東部に位せるものは、海洋に接近せるため領土拡張の途なかったけれど、北・西・南に位せる諸国は、隣接せる異民族の国土を強制的または合意的に併合して開墾植民を行ない、彼らの間にシナ文化を扶植していった。

春秋時代の初期に、漢水の下流すなわち揚子江の中流域に勃興せる楚は、その君主が「我蛮夷也」と傲語《ごうご》せる如く、湖北省宜昌《ぎしょう》地方より起これる異民族であるが、次第に強大となりて北支を脅威する勢を示した。独り楚のみならず、西方及び北方の諸異民族も、しばしば辺境を侵したので、諸侯のうちの有力者が、尊王攘夷を標語として諸侯を糾合し、もってシナ民族を防衛し、シナ文化を擁護するに努めた。いわゆる覇者の業である。而して異民族のうち最も強大なりしは楚なりしが故に、楚に勝てば覇業成り、これに敗るれば覇業また敗れた。春秋末期には楚もまた衰えたが、今や揚子江下流に呉越両国が起こった。これらの国々を建てたる者は、みな異民族なりしにかかわらず、シナの古聖先王の裔《えい》と称えていたことは、この頃に至りてシナ文化が北支より中支に浸潤し来れることを物語る。

戦国時代に入りては、周の封建制度は全く崩壊し、群小国家は次第に統一せられて六大国となり、互いに富国強兵を競いて覇を争うた。而してこの頃には南方の楚・呉・越は皆シナ化し、従って南北の対立抗争の代わりに、東西の対抗を見るに至った。それは陝西に勃興せる秦が年とともに強大を加えたので、函谷関《かんこくかん》以東の六国は、相結んでこれに当たらねばならなくなったからである。この激しき列強対立の間に、周代の階級制度や宗法制度は弛緩《しかん》し始め、身分よりも才能が重んぜられ、匹夫《ひっぷ》より起って将相となる者も生じた。諸子百家が出でてあらゆる思想・学説を唱えた。光彩陸離たるシナの古典はおおむねこの時代に成れるものであり、まさしく世界思想史上の偉観である。同時に農耕の技術も発達し、工業も進歩し、商業も栄え、交通の発達に伴いて諸国間の往来も頻繁となり、ここに新しき時代の出現が必至の勢となった。黄河農耕民族はその発展の一頂点に達したのである。

秦はこの勢に乗じて六国を亡ぼし、天下を統一して一挙郡県制度を布いた。ただその余りに画一的なる官僚専制政治が、東南の旧封建諸国の民衆の不平を激発し、ついにこの地方を代表して起てる漢の高祖のために亡ぼされた。かくて漢は一時封建制度を復活したが、武帝のときに至って事実上消滅した。

秦始皇帝は、北は万里長城を築いて匈奴《きようど》の南下を防ぐとともに、南は遠く福建・広東・広西を征服して、シナ民族南進の端緒を開いた。然るに漢の武帝に至りては、北方異民族に対しても積極的にこれを討伐し、西は遠くトルキスタンにまで武威を及ぼし、西域諸国との通商貿易の路を拓いた。而して南は雲南を越えて東京《トンキン》・安南を経略し、東は水陸より朝鮮を攻め、北鮮に楽浪以下の四郡を置き、朝鮮半島の北半を直轄領土とした。前後両漢四百年の間、朝廷における政変はしばしば繰り返されたが、それは必ずしも民間の繁栄を妨げず、またシナ民族の対外発展の大勢を殺《そ》がなかった。

漢亡んで三国分裂の時代となっても、シナ民族そのものの力は決して衰退せず、三国競って辺境の征服に力を用いた点からいえば、むしろ民族的発展の時代であった。すなわち魏の曹操は陝西・山西の匈奴を討ち、満洲・朝鮮に兵を用い、その勢威は遠く吾が国にも及んだ。蜀の劉備は蛮民なお多かりし四川を根本的に平定せる上、名高き孔明の南征によって雲南を開拓した。呉の孫権は台湾・海南島を略し、さらにサイゴン・カンボジア方面にまで勢力を伸べた。

さてシナ人が黄河流域に農耕民族として現われて以来、常に彼らを脅威せるものは北方剽悍《ひょうかん》の遊牧民族であった。シナ人は常に彼らの侵寇と戦い、これを撃退して彼らの文明を護ってきた。かくて戦国より秦漢時代に至る間は、シナ民族の北方発展時代であった。しかしながらシナの北辺は蒙古の砂漠に連なり、そこに自ずから天然の障害がある。北方において東は既に南満に進出し、西は甘粛・陝西の北部に繁殖せるシナ人は、今や一応北方進展の限界に達せるものである。それ故にシナ民族の発展は、当然南方の開発に向かうべきであった。また北方異民族は、歴代シナ民族に圧迫せられ、またその文化に影響されて、漢代以後には帰順して内地に来り住む者も多く、北支の北部はいわゆる漢蕃雑居の地となった。

これらの異民族は匈奴・鮮卑《せんぴ》・羯《けつ》・氐《てい》・羌《きょう》の五種に分かたれ、総じて五胡と呼ばれた。彼らは魏の後を承《う》けて天下に君臨せる西晋の無力に乗じ、競い起ってこれを倒し、北支を混沌乱離の巷《ちまた》とした。彼らは十六国を建てて対立抗争したので、五胡十六国と呼ばれてきたが、それは決して国という名に値せざる一時的の地方勢力に過ぎなかった。やがて鮮卑族出身の拓跋珪《たくばつけい》が群小勢力を圧倒して北魏を建て、都を平城（山西省大同）に奠《さだ》めて帝位に即《つ》き、その孫の時代にことごとく江北を統一して、ここにシナ史上最初の異民族支配の大国が出現した。而して爾来北朝三百年の間、胡族の北支君臨が続いた。

ただしシナ民族は、たとえ胡族支配の下にありしとはいえ、社会的・文化的にはかえってその征服者を同化していった。加うるに北朝の君主はおおむねシナ文明の崇拝者であり、例えば北魏の孝文帝の如き、都を平城より洛陽に遷《うつ》し、士民の胡服を禁じ、朝廷において鮮卑語の使用を禁じ、姓名をシナ風に改めさせ、且つ盛んにシナの人材を挙用した。しかしながら彼らは、よしシナ文化を尊重したとはいえ、純粋のシナ人の如く旧き伝統に囚われることなかった。彼らは漢代以後不断にシナに伝来せる西域系並びにインド系文化を自由に摂取した。なかんずく彼らは篤く仏教に帰依した。かくして北朝文化は、シナ伝統の文化に外来の要素を加え、とみに国際的色彩を帯びるに至った。

さて江北が異民族の支配に帰するや、江南の地が上流シナ民族の避難所となった。ここには彼らによって開発せらるべき無限の土地と資源とがあった。ここで東晋以下の南朝が、中原の学芸文物を擁して君臨し、北支胡族に対抗して純粋なるシナ文化の護持に努めた。ただし南方の温和清明なる天地は、北支の厳烈なる自然を反映せる秦漢文化に、著しく典雅優麗の趣《おもむき》を与えるに至った。

さて南北分離は隋によって統一せられ、その統一は唐によって完成された。而して唐の盛時において、シナ民族の勢力圏は空前に拡大された。そは北は内外蒙古を越えてバイカル湖畔に至り、西はパミール高原を越えて西トルキスタンに及び、もって西域貿易路を完全に掌裡に収めた。而して南は安南・環王（チャンパ）・真臘《しんろう》（カンボジア）・驃《ひょう》（ビルマ及びタイ）諸国の入貢を受け、東は満洲・朝鮮を越えて沿海州に及ぶ広大なる地域に勢威を振るった。そは実に規模雄大なる帝国主義であり、唐朝はこれを遂行するために、秦漢時代に見るを得ざりし猛烈執拗なる侵略戦争を敢えてした。而してこの帝国主義は、唐朝滅亡以後においても、宋・元・明・清と相伝えて、その主権者がシナ民族たると異民族たるとを問わず、シナ政権の伝統的国是となってきた。ただ宋だけは、相次いで北方に起これる異民族を抑える国力なく、ついに元のために亡ぼされたが、その他の三朝は皆同一の大帝国主義をもって東亜に臨んだ。

さてシナは唐代において明らかに東亜の指導者であり、その指導の下に東亜は一個の共栄圏をなしていた。すなわち唐の盛時においては、日本を除く東亜全域がことごとくその勢力圏内に入り、次いで唐の衰世には国内の諸民族がおおむね独立するに至ったが、彼らは独立以後においてもなお唐の宗主権を認め、唐を中軸としてその存立を保っていた。東洋民族史上におけるこの異常なる事業は、如何にして成し遂げられたか。これを明らかにすることは、現に一層雄渾なる規模において大東亜秩序を建設せんとしつつある日本にとりて、他山の石たることを失わない。

唐がこの偉大なる事業に成功せる第一の原因は、多民族に対して寛容なりしことである。唐はその強大なる国力をもってして、シナ民族の通弊たる排他独尊の固陋《ころう》に陥ることなく、よく他民族を理解し、比較的寛大なる態度をもってこれに接した。蓋し隋唐は漢蕃雑居の地たる北支を地盤として崛起《くつき》せるものであり、隋唐両朝の祖先はともに蕃系の出にして真の漢人にあらずとさえいわれている。それ故に初めより華夷（＊華は中国、夷は未開人）を峻別しなかった上に、創業の功臣に異民族出身の者多く、その後にも文武の高官に重用された者が少なくなかった。かくして唐朝は異民族に対して一般に寛容であり、決して過度にこれを蔑視する如きことはなかった。

第二には唐代文化が著しく国際的性格を帯びていた。北朝文化の国際的性格については既に一言せる如くであるが、その系統を継ぎたる唐朝文化は、一層世界的色彩を濃厚にした。唐の勢力圏が遠くカスピ海沿岸にまで及ぶに至って、世界三大文化中心の一たるシナが、他の二中心すなわちインド、ヨーロッパと連結する路が開かれ、この西北ルートを通じて西方の新文化が滔々としてシナに流れ込んだ。加うるに唐代はシナ史上において例外ともいうべき尚武の時代であり、武人が新興階級として社会の上層を占め、今日その盛名を謳われる学者文人も、当時は名もなき武人の下に逼塞していた。彼らは文人の如くシナ伝統の文化に囚われず、東洋全域に拡大せられたる大唐帝国の一切の文化や、西方より輸入せられる新しき文化を、好むがままに自由に採択した。かくて唐の首都長安は、古えのアレキサンドリアやバグダードにも比ぶべき豪華なる国際的文化都市となった。ここでは世界のあらゆる珍宝が集められ、あらゆる宗教が奉ぜられ、諸国の商人や留学生が来往した。酒楼では西トルキスタンの葡萄の美酒がシリアからの夜光の杯で酌まれ、胡姫が胡楽を弾じ胡舞を舞った。精神界においても純粋のシナ思想たる儒教が、唐の盛時においてかえって萎靡《いび》振るわず、これを前の戦国・漢時代、またはのちの宋・明・清時代に比べて甚だしく寂寞《せきばく》である。これに反して仏教・拝火教（＊ゾロアスター教）・景教（＊古代キリスト教）・摩尼《まに》教（＊古代ペルシアの宗教）等の外来宗教及びその教理が、多くの人々に歓び迎えられた。わけても仏教は、曹操らによって代表せられる功利主義、竹林七賢によって代表せられる虚無思想、ないし民間信仰として台頭せる道教などが、いずれも浅薄卑俗にして精神的要求を満足せしめ得ざりしときに、その大乗化されたる理論と荘厳なる儀礼とをもって、最も多くの信奉者を得た。かくの如くにして唐朝文化は、シナ文化を根幹として、インドの哲学宗教、ペルシアの思想芸術、西域の風俗習慣、安南の音楽舞踊など、一切のアジア的なるものを枝葉華実とせる絢爛無比の国際的文化となった。それは純粋なるシナ文化にあらず、華夷の別なく全アジアの学問・信仰・芸術・風習を混融せる文化なりしが故に、容易に東亜諸民族の受け容れるところとなった。唐がよく東亜全域を統一し、その指導者たるを得たのは、恐らく如上の両原因によるものである。

唐朝亡んで五代混乱ののちに起これる宋朝は、唐末軍人跋扈の余弊に懲りて極端なる卑武政策を採りしため、最初より兵弱くして国威四隣に及ばざりしのみならず、かえって北方の強隣遼・金の異民族に圧迫せられて南渡の止むなきに至り、ついに蒙古人たる元のために亡ぼされた。かくの如き異民族との死活の抗争は、自ずから強烈に宋の民族意識を刺激して華夷峻別の態度に出でしめ、純粋シナ文化の護持を国是とするに至らしめた。而してこのことは、隋唐によって民族的自覚を喚起せられたる東亜諸民族を刺激し、彼らもまた独自の文化を保持するに努めたので、ここに空前の規模における諸民族の分裂発展時代を現出せしめた。

この分裂時代は、元の欧亜に跨《またが》る偉大なる帝国建設によって集結し、全シナはその支配下に帰した。シナに君臨する異民族は、シナ文化を重んずるのを常とするが、元だけはその例外であった。元は往昔の遼や金、または後来の清朝と異なり、毫もシナ文化を崇拝せず、またシナ人に同化せられず、好んで彼らを圧迫した。その理由は元朝がシナを征服する以前、既に中央アジアより西アジアを経略し、進んでヨーロッパの中原を脅して、これらの国々の制度文物に接触していたので、遼・金・清等の夷狄の如く、漢土の文明に驚魂駭魄《がいはく》することなく、従って彼らの如くシナ文明を世界最高のものとして憧憬することなかりし故である。加うるに蒙古軍の鉄騎の向かうところ、都鄙《とひ》の漢人ことごとく草の如く靡《なび》き去ったので、その柔弱無力は彼らの軽蔑を免れなかった。ただしシナ民族そのものは、元の圧政下にありても決して衰えまたは亡んだのではない。よし政権と武力とを失ったとはいえ、元の政令の及ぶところ広大を極めただけ、それだけ彼らもまた雑草の蔓《のび》る如く四方に発展していった。

元を亡ぼしてシナ民族の支配権を蒙古人の手から奪回した明朝は、シナ全土を統一した上に、元の先蹤《せんしょう》に従って四方の経略に従い、その版図は遥かに漢唐時代を凌ぐに至った。ただ中央アジアには時を同じくして英雄帖木児（＊チムール）が崛起したので、西方への発展は漢唐時代の如くなるを得なかったが、東北は満洲より西南はビルマまでも版図に入れ、殊にその海軍遠征隊は、インドネシア・インドシナ・セイロンより、ペルシア湾を越えて東アフリカ海岸を攻略し、マラッカ・セイロンその他の諸小国をはじめ、遠く東アフリカのソマリランドから明朝に朝貢させた。この間にインドネシア及びインドシナ方面へのシナ移民が著しく増加した。

清が明朝を亡ぼすに及んで、シナはまたもや異民族を支配者と仰ぐに至った。しかしながら大清帝国は元と異なり、建国者は満洲人であっても実質においては満・支・蒙・回・蔵五族協力の国家であり、一種の東亜共栄圏でもあった。清朝盛時においては、その版図は明代を凌ぎてほとんど東亜文化圏の全域を覆っていた。かくてシナの人口の如きも、漢唐以来おおむね四、五千万を超えず、明代に入りて初めて六千万を突破せるものが、今や清朝の善政に伴いてとみに激増し、一億二億よりついに三億四億と称せられるに至った。それ故に当時初めて東亜に進出し来れる英露両国の如きも、初めはすこぶる大清帝国の勢威を憚っていたが、その衰勢に乗じて次第に領土的野心を逞しくし来り、ついに欧米列強によるシナ分割が必至の勢となるに至った。これにおいて永年東亜大陸に対してほとんど没交渉の態度を持し来れる日本が、敢然起って東亜保全のためにまずロシアの野心を挫き、今や大東亜戦争によって米英勢力を掃討して、最も雄渾なる規模において大東亜秩序の建設に邁往しつつある。

三　インド

シナ民族の発展を叙し終わりて、次に述べんとするはインドである。既に一言せる如く、インドにおいて農耕民の発祥を見たるはパンジャブの草地であった。そはシナにおけるとほぼ同様の径路を辿りて、経済的・社会的・文化的に発展していったが、西紀前二〇〇〇年頃より、中央アジアの乾燥地帯に半牧半農の生活を営んでいたアーリア人が、恐らくオキサス河畔にあり故郷を去り、ヒンドゥークシュ山脈を越えてアフガニスタンのカブール盆地に入り、さらにカイバル峠によってスライマン山脈の嶮《けん》を横切り、インダス河の上流地方に入り来った。

インダス河流域は古えよりパンジャブすなわち「五河国」と呼ばれ、その肥沃と広袤《こうぼう》（＊面積）とはガンジス平野には及ばないけれど、西方曠漠《こうばく》の間にありて原野美しく開け、気候また清明温和なるが故に、常にインド以西諸民族の垂涎《すいぜん》するところである。初めてこの地に来れるアーリア人は、洋々として海の如き大河に会いてこれをシンドゥすなわち「海」と名付け、居をその諸支流の間に占め、これらの河々に潤される沃野に家畜を牧し農耕を営みながら、常に「富を与える栄誉の信度河（＊インダス河）」を讃えていた。インド最古の思想信仰を知るべき四吠陀《ベーダ》は、アーリアインド人がなおいまだこの地をその国土とせる時代に成れるものである。

インド西隣に興亡せる幾多の民族は、幾度かスライマン山脈を越えてこの沃野に侵入した。スライマン山脈を横断する二個の峡路がある。北なるはカイバル峠、南なるはボーラン峠にして、ともに険峻無双の山道なるにかかわらず、インド無限の富を目指す剽悍好戦の民を阻むに足らなかった。インドは実に上古より西北蛮人の掠奪の目標であった。而して温暖の気候、豊沃の土壌は、やがて侵入者の懶惰《らんだ》淫逸を促し、昔日剛健の民、年とともに柔弱の民と化し去るに及んで、再び西北蛮人の侮るところとなり、その侵入を招きその掠奪を蒙らざるを得なかった。かくて西紀前五三〇年ペルシア王ダリウスのインド遠征軍派遣以来、険路を越えてインドに侵入せるもの実に二十四回に及び、その都度破壊と掠奪と変革とが繰り返された。この地理と歴史とは、インドの民族、インド一切の人事、従ってインドの文化に深刻鮮明に反映している。

今日においてインド人といえば直ちにアーリア人に思到する。インドを活動の舞台とし、インド文化の中心勢力となりし者は彼らに外ならぬ故に、かく考えることに無理はない。しかしながら太古のインド住民は、チベット・ビルマ方面より来りし黄色人種であり、次いでコラリア人もまた東北より入り来りてガンジス河流域に住んでいた。その後ドラヴィダ人が強大なる団結の下にパンジャブ地方に侵入し来り、先住民族を四方に駆逐して肥沃の原野を占領し、アーリア人渡来以前において、高き程度の農耕社会を形成していた。今日コラリア人はわずかに北方の山地及びヴィンドヤ山間に散在するだけであるが、ドラヴィダ人はなお随所に存続し、そのアーリアインド人に及ぼせる影響は甚大であった。わけても行政及び租税制度においてアーリアインド人は彼らに学ぶところ多かりしのみならず、仏教衰微後にインドに興隆せる新婆羅門教（＊バラモン教、ヒンドゥー教の前身）は、ドラヴィダ人の思想信仰に影響されたこと少なくないといわれる。

アーリア人はドラヴィダ人が既にインドに占拠せるあとに、インダス河上流地域に入り来れるものである。彼らは先住土民を征服して、次第にその版図を広めていった。而してこれとともに牧主農副の民から農主牧副の民と変わっていった。その侵入の当初においては、恐らく尺寸の地といえども争闘なくしてはこれを手中に収め難かりしが故に、当時のアーリアインド人は、敢為にして進取的なる遊牧民族の特性を示し、毫も後世に見る如き厭世悲観の風がない。彼らは土民との戦争において常勝の歩武を進め、至る所に村落を造っていった。而して戦争は啻に土着民に対してのみならず、のちにはかくして生じたる彼ら自身の群小村落の間にも激しき生存競争が行なわれた。リグ吠陀のいわゆる「五族」は、かくして大をなせる彼らの間の五大部族であり、その五族の間にもしばしば戦争が行なわれた。その頃の彼らの最も好める娯楽が、狩猟と戦車競走と骰子《さいころ》遊びなりしを見ても、彼らが活発にして好戦、快活にして楽天的なりしことを想像し得る。

かくして彼らは次第に東方にその領土を広め、ガンジス河の広大なる流域に進出するに至った。その頃には彼らの社会は益々農耕的色彩を濃くし、ついに完全に農民化した。而してあたかも殷周時代の黄河流域におけるシナ人と同じく、彼らもまたガンジス河流域に幾多の都市国家を建設し、それらの群小都市国家の間に激しき闘争が行なわれた。吾らをして当時のインドの状態を察知せしむるものは、史詩マハーバーラタである。而してこの間に成立せるインド文化のうち、最も重要なるはその特殊なる社会組織すなわち種姓制度である。

種姓制度は一般にカーストと呼ばれ、血統の純潔を意味するラテン語「Castus」より来り、当初ポルトガル人の命名するところである。ポルトガル人のインドに至るや、彼らは直ちにこの国における特異なる制度に驚異の目を見張った。彼らはインド人が「異なれる種族及び種姓『Castus』に分かたれ、その間に高下貴賤を定め、高き種姓の者は卑しき者と飲食をともにせざるほど、迷信的にこの階級制度を厳守する」と報告した。すなわちポルトガル人は、インド種姓制度の最も人目を惹く一面を、直ちに看取したのである。けれどもこの制度における一層重要にして根本的なるものは、飲食に関する規定にあらず、実に結婚に関するそれである。もし結婚に関する厳重なる規定がなかったならば、恐らくこの制度は早く崩壊し去ったであろう。蓋し種姓制度の期するところは、社会を永久に幾多の階級または団体に分かち、堅くその混淆を禁ずるにある。而してこの目的は、異なれる階級の結婚を厳禁することなくしては遂げられるべくもない。然らばかかる制度は如何にして発生したか。

種姓の梵語「Varna」は「色」を意味する。この語は初め白色人たるアーリアインド人が、先住の有色人と自己とを区別するために用いたもので、恐らく同族間の階級的区別を表わすものでなかった。リグ吠陀には四姓制度の胚芽《はいが》ともいうべき讃歌があるけれど、吠陀時代には決して厳格なる種姓の区別を見なかった。種姓制度がその基礎を置かれたのは、彼らがガンジス河流域に進出して、完全なる農耕民となれるのちのことである。今日の種姓制度は複雑煩瑣《はんさ》を極めているが、その根本原則として今日なお権威を有するは、マヌ法典中の種姓に関する掟である。

マヌ法典を一見すれば明瞭なる如く、この制度は婆羅門を中心として樹てられたるもの、すなわち婆羅門の尊厳を維持するために樹てられたるもの、従って彼らがインド社会に最高の権威を確立せるときに樹てられたるものである。いずれの民族も一度は祭政一致の時代を経過している。而して多くの民族の場合は、政治と宗教とが分化せるのちは、よし宗教家が社会的に高き地位を与えられても、ついに王侯貴族の下位に置かれるようになる。独りインドは然らず、アーリアインド人がガンジス河流域に民族的発展を遂げつつありし間に、万古不易の僧権の確立を見るに至った。

種姓制度はインド人をまず婆羅門・刹帝利《クシヤトリヤ》・毘舎《ヴアイシヤ》・首陀羅《シユードラ》の四階級に大別する。婆羅門はすなわち祭祀を掌《つかさど》る僧侶階級にして、四姓の最高位を占める。もとアーリアインド人が初めてインダス河流域に移れる頃は、家長または酋長が同時に支配者であり且つ祭祀者であったが、吠陀時代の末期に至りて、祭祀は一種特別の職業となった。而してガンジス河時代に入りてよりは、在来の宗教が一面において哲学的思索の母となれると同時に、他面において民間信仰の対象たる儀礼的宗教を生み、しかもその儀礼は年とともに複雑多端となり、加うるに人間は正しき儀式を通してのみ宗教的幸福に与《あずか》り得るものと信ぜらるるに至り、ここにインドの僧侶階級は、王侯庶民の吉凶禍福を掌中に握ることとなった。かくの如き有力なる地位を確保するに及んで、婆羅門の男子は他姓より妻を娶《めと》ることありとしても、女子は決して他姓に嫁《か》してならぬという鉄則が立てられた。

刹帝利はすなわち王侯貴族である。これまた当初は特別の階級を形成していたのでなかったが、民族東漸とともに大小国家の建設を見、王権次第に強大となるに及んで、一般民衆と懸絶《けんぜつ》せる優越階級となり、王侯の子女は民衆に降嫁してならぬこととなった。この種姓成立の過程において、婆羅門と王侯との間に優位争奪の角逐衝突ありしは想像に難くない。僧侶の権力増長に対して、王侯もまたその権力を張りて相争いし事実は、ウパニシャッド並びに二大史詩によって容易に窺い知ることができる。而して幾度かの衝突ののち、勝利はついに婆羅門に帰した。

治者階級たる叙上両種姓を除くアーリアインド人すなわち一般民衆は毘舎である。毘舎は「耕す」を意味する語根より来り、初めは農耕に従事するアーリアインド人の総称であった。叙上三姓は「再生族」すなわち精神的に更生しまたは更生し得る種族として、アーリアインド人以外の異民族と区別せられ、種姓制度成立後においても、当初は後世に見る如き苛烈なる階級的差別なく、僧侶も王侯も平民も、各自祖先以来の仕事にいそしみながら、等しく教学に与り、同じく飲食し、婚姻を通じて、非アーリア人に対して高貴を誇っていた。

第四の首陀羅は、吠陀時代の被征服者の子孫であり、ガンジス河時代には既にアーリア化していたが、征服者からは依然として奴婢《ぬひ》階級として侮蔑的待遇を受け、絶対に前三者に奉仕服従すべきものと定められた。かくの如き根本規定から、時代を経るに従って際限なく種姓の分岐が行なわれた。その分岐は、一は混血により他は新しき職業の発生によって生じた。今日においては実に大小二千以上の種姓があり、互いに婚嫁せず、互いに交際せず、ともに飲食せず、各自それぞれの職業に従いつつインド社会を構成している。

かかる間にガンジス河流域におけるインド民族の発展は目覚ましく、大小の国家互いに富強を競い、その競争の間に百花繚乱たるインド文化の出現を見た。そはインドの戦国時代とも称すべく、且つシナの戦国時代と同じく、思想的にもインド精神の活動は最も溌剌たるものがあった。婆羅門至上主義が確立せられ、正統の婆羅門哲学が深遠なる思想を説いた。やがてこれに対する反動が起こり、耆那《ジャイナ》教・仏教等の新宗教が唱道された。仏典にしばしば十六大国を云々しているが、これらの大国以外に無数の小国ありしはいうまでもない。それらの大小国家群のうち、マガダ、コーサラの両国が次第に四隣を併せて強大となり、互いに対立して譲らなかったが、勝利はついにマガダ国に帰し、ここにやがて生まれるべき偉大なる帝国の礎が置かれることとなった。

さてインドにおける最初の統一帝国の出現を促せるものは、西紀前三二六年に行なわれたるアレキサンドル大帝のインド侵略にして、ナンダ王朝がマガダ国に君臨せるときのことである。アレキサンドルの遠征軍は、疾風枯葉を巻くが如く、容易に西北インドの群小国家を従え、進んでガンジス河流域に進出せんとしたが、将士征戦に倦《う》みて帰心矢の如くなりしをもって、アレキサンドルは心ならずも軍を回《かえ》した。彼はインダス河を下りて海路ペルシア湾に出で、海を渡りてバビロニアに至り、ここで熱病に冒されて長逝した。その訃一たびインドに伝わるや、彼によって征服せられしパンジャブ地方は、たちまち起って反乱し、動揺は延《ひ》いて中央インドにも及んだ。若年の英雄チャンドラグプタが、この機運に乗じ、起ってナンダ王朝を倒してマガダ国王となり、四隣の小国を従えてアレキサンドルの遺将セロイコスと戦い、和議を結んでギリシア人によって征服せられしインド内の領土をことごとく回復し、さらにスライマン山脈の彼方アフガニスタン及びバクトリアを併合した。かくてチャンドラグプタは、ヴィンドヤ山脈以北のインドを版図とせる統一的帝国を建て、いわゆる孔雀王朝すなわちマウリヤ王朝の祖となった。而してその子ビンドゥサーラはさらにその領土を南方に広め、西北はアフガニスタン・バルチスタン等の異域を含み、南はタミル諸国と境を接し、ほとんど全インドを包容する一大帝国となし、これをその子アショーカ大帝の手に委ねた。

仏教の篤信者として著聞するアショーカ大帝は、いわゆる「道をもってする征服Dharmavijaya」を標榜して国民の教化に全力を注ぎ、且つ国外に仏教伝道者を派遣した。かくてアショーカの出現によって、仏教は一地方たるマガダ国より全インドに弘布するに至れるのみならず、彼の信仰を通して変容せられ、やがて世界的宗教たるべき素地が作られた。

ギリシア人の報告によって知られる如く、孔雀王朝治下のインドは、その整然たる行政機構において、その強大なる軍備において、軍事と文治との截然《せつぜん》たる分化において、政治指導原理の優秀において、ないしその首都の規模雄大において、同時代の世界諸国に絶えてその比を見ざる荘厳なるものであり、当時のインド文化が如何に高き段階に達していたかを物語る。ただしこの偉大なる帝国の生命は永続しなかった。大帝の没後、国運はとみに衰え、西紀前一八五年に至り、建国よりわずかに百五十年にして亡び去り、インドはまたもや以前の戦国時代となった。

この混沌たる分裂割拠時代に、インドは頻々として異民族の侵略を受けた。それらの侵略者のうち、もとシナの甘粛省に居住し、匈奴に逐《お》われて西漸し、さらに南進してバクトリアに入り、ここで遊牧生活を棄てて定着せるトルコ人の一種なる月氏族の一部族が、西紀前四〇年頃クシャーナ王国を建て、インドに侵入してカシミール、マガダを含む北インドをその領土とした。この王朝の第三世は、第二のアショーカと呼ばれし仏教の篤信者カニシカ大王であり、ペシャワールに都を奠め、インド・イラン・トルキスタンに跨る広大なる帝国に君臨した。ただしこの帝国もまたわずかに百年にして亡び、インドは再び小国乱立時代に回った。

その後西紀第四世紀に至り、シュリー・グプタなる者が、マガダ国のパトナを都として一小国を建てたが、西紀三二〇年その第三代チャンドラグプタが王位に登りてより国威とみに揚がり、その子サムドラグプタの時代に至りて、実にインド空前の大帝国となり、インド文化もまたその最高潮に達した。

前後二百年にわたるグプタ王朝治下のインドこそ、インド史上に空前絶後の黄金時代であった。国王は婆羅門教の篤信者であったので、一時仏教や耆那教に圧倒された婆羅門教が復興し、社会には種姓制度が再び強調された。けれども王室は仏教や耆那教に対しても極めて寛容であった。名高き世親・無着兄弟の出世《しゅっせい》もこの王朝のときである。帝国の組織制度は、孔雀王朝時代よりも一層整備し、教育は普及し、社会政策が見事に行なわれ、死刑は廃止された。この王朝の最盛時にインドを訪《と》えるシナ僧法顕は、王朝の善政下に平和なる生活を楽しめるインド民衆の状態を叙して「挙国の人民ことごとく殺生せず、飲酒せず、葱蒜《ネギ》を食わず」といっている。生活の豊かなることが当然文化の発達を促して、学術・文学・芸術が爛漫と咲き香った。インドが世界に誇り得る偉大なる詩人カーリダーサもこのときに出た。陸路・海路を通じて西欧との交通も盛んに行なわれた。東方に向かっては既に西紀前第三世紀頃よりインド人は強力なる海軍をもって植民地をインド洋上の島々より、南はセイロン、東はシャムに広げ、紀元第一・二世紀頃にはマレー半島・カンボジア・安南より、ジャワ・スマトラ・ボルネオにまで植民して、これらの地方にインド文化を移植した。而してこれらのインド植民地を経由して海路によるインドとシナとの交通も容易になり、法顕の如きも帰途は海路によっている。

かくの如き滾々《こんこん》不尽の生命と活力とを示したるインド民族も、繚乱たるサンスクリット文明を満開させたあと、またもや萎微凋衰の時期に入り、インドは例の如く四分五裂の状態に陥った。その後西紀第七世紀初頭、ベンガルに崛起せるハルシャすなわち戒日王が、一時インドを統一した。この王の盛時に僧玄奘《げんじょう》が唐より入竺して滞在十数年に及び、当時のインド事情を今日に書き遺している。ただし戒日王の没後幾ばくもなく、インドは再び混沌乱離を極め、爾来、回教徒支配時代に至るまでの五百五十年間、茫々たるインドの天地、ただ大小無数の国家が泡沫の如く起伏し、幻影の如く断続せるを見る。

この混沌は、西紀第十六世紀の中葉に至り、西方よりインドに侵入せる回教徒によってようやく秩序を与えられた。すなわちモーガル王朝の建設者アクバル大帝は、一五五六年より一六〇五年に至る半世紀間に、一代にしてよく全インドを統一した。チムールの子孫と誇るこのトルコ種の征服者は、アジアの最も果敢なる好戦民族を率いてきた。彼らの強健なる肉体と不敵なる精神との前に、衰弱せるインド人はただ屈従する外なかった。しかも回教は単に人間の信仰のみならず、その公私一切の生活を規定する宗教なるが故に、回教徒のインド君臨は、インド人にとりて深甚なる脅威であった。ただしアクバル大帝及びその相続者は、アウラングゼブを除けば、決して固陋頑迷でなかった。彼らは男性的な素質と旺盛なる才知と健全なる常識とをもってインド人に臨んだ。彼らは皆ペルシア文学の造詣深く、アグラやデリーの建築物にその壮麗典雅の趣味を示している。わけてもアクバル大帝は、王子の教育をポルトガル人の天主教宣教師に委ねたほど寛容なる精神を持っていた。彼は当時インドに行なわれていた全ての宗教、すなわち婆羅門教・回教・仏教・基督教（＊キリスト教）・猶太教（＊ユダヤ教）等の代表者を一堂に会してその教義を討論せしめ、その是非を批判した。而して最後には一切の宗教よりその永遠的なるものを抽象して「光明教」を創唱した。然るに彼の曾孫アウラングゼブは、熱狂的なる回教信者として、甚だしき迫害をインド人に加えたので、ついに彼らの猛烈なる反抗を招き、皇帝の死とともに帝国は直ちに瓦解するに至った。このインドの分裂がイギリス人をしてインドの主人たらしめたのである。

回教徒のインド支配以来、回教の内面的・社会的侵入に対して、インド社会の最も強力なる防壁となりしものは、実にその種姓制度であった。インドはこの制度を有せるが故に、外面的に回教に支配されながらも、内面的征服を免れて、インド伝統の文化を護持し得たといい得る。種姓制度が微に入り細に進んで、分裂に分裂を重ねたのは、回教徒のインド支配以後のことに属し、実に防御の必要から生じた結果であった。今日において種姓制度は全く硬化し去り、インドの統一並びに発展のための根本的障害となっているが、それはインドにとりて必ずしも全く無意義であったのではない。

かくの如くにしてインド四千年史において、全インドが一国家に統一されたことは前後わずかに三回に過ぎず、しかもいずれの王朝も統一の実を挙げたのは百年ないし百五十年に止まり、その他は常に小国分立の時代であった。而してそれらの三王朝のうち、第一は仏教の篤信者、第二は婆羅門教の復興者、第三は回教信者であり、インドの三大宗教が各々一度は代表的王朝によって統一的国家を建てた。第四のインド統一者たるイギリスは、キリスト教徒と標榜しながら、実は神と人とを畏れざる無宗教者であり、インドは百年その圧制と搾取とに呻吟してきたが、今や機運熟して復興の日が近づいた。もしインド人が真個独立の覚悟を抱いて奮起するならば、日本の無私なる援助の下に、その失える自由を回復し得るのである。

四　東北及び東南アジア

さてシナ及びインドを除く東亜湿潤地帯の諸民族は、多かれ少なかれそのいずれかの、またはその双方の影響・刺激の下に発展の路を辿ってきた。まず南満・朝鮮・日本を含む東北アジアは、皆海に面して漁撈の便あり、山地森林多くして狩猟にも適し、いわゆる海幸山幸に恵まれ、これによって安易に生活を営み得たので、農耕に適したる地域なるにかかわらず、その住民は比較的長く漁撈・狩猟を主とし、農業は原始的状態に置かれていた。然るに春秋戦国時代におけるシナ民族の発展が、東北アジアの住民に大なる刺激を与え、彼らもまたシナに起これる農耕文化を受け容れて、次第に農民化していった。南満及び北鮮に存在する豊富なる戦国時代の金属器具は、シナ人が相当なる規模においてこれらの地方に植民せることを物語る。かくて平壌を中心とせる朝鮮国が彼らによって建てられた。その文化が南鮮（＊朝鮮南部）を経て日本にも伝わったことはいうまでもない。ただし日本には独り半島を経由してのみならず、海を渡って中南支方面からも農耕文化が伝えられた。

次いで漢及び三国時代におけるシナ民族の偉大なる発展が、一層これらの諸民族の覚醒並びに発展の刺激となった。漢の植民地たる北鮮楽浪以下の四郡は、シナ文化の東方根拠地となり、南鮮及び日本は大陸文化の洗礼を受けて経済的・社会的・文化的に長足の進歩を遂げた。北九州の土豪の如き、後漢より三国時代にかけて、頻繁にシナと通交していた。

かかる間に日本においては、北部を除く国内の統一が、大和朝廷によって成就せられ、ここに鮮明に日本民族の成立を見るに至った。而して応神・仁徳天皇の頃には、国力は画期的に充実し、ついに対馬海峡を渡りて勢力を南鮮に伸べ、漢代以来日本と同一文化圏を形成し来れる韓民族をも統一せんとするに至った。応神・仁徳天皇の御陵が世界的大土木事業の一といわれるほど規模雄大なるを見ても、日本がこの時代において大国としての基礎を見事に築けることを知り得る。

満洲においては松花江中流域の沃野に住める満洲民族が、今の新京（＊長春）・農安を中心として初めて国家を建設した。すなわち夫余《ふよ》国である。後漢の頃夫余が衰えてから、鴨緑江北に高句麗国が起こり、朝鮮平壌を都として遼東を領有し、満洲空前の大国となり、漢末より隋唐にかけて永く繁栄を誇った。高句麗が唐に亡ぼされてからは、今の寧古塔《ねいことう》の南方に当たる東京《トンキン》城を都として渤海国が起こり、文化の発達において遠く高句麗を凌ぎ、シナ人をして「海東の盛国」とさえ呼ばしめた。

東北アジアの諸民族を覚醒したのがシナ人なりしに対して、東南アジアの啓蒙者となりしはインド人であった。早くも二千年以前から、婆羅門教が商人や移住者とともに海路インドシナに伝来し、やや遅れて仏教もまたセイロン島から伝来した。このインド文化はビルマ、イラワディ河谷、シャム、カンボジアにおいて、特に大なる影響を住民の上に及ぼし、後漢の末期にまず林邑《りんゆう》・扶南両国の出現を見た。扶南国は、恐らくインド人の植民者が原住民と混血して形成したと思われるカンボジア人によって建てられ、初めはメコン河下流域に栄えていたが、西紀第六世紀に至り、メコン河の中流バサック付近に都せる真臘国がこれを併せて大国を建てた。この国は第八世紀に入りて陸真臘と水真臘の両国に分かれ、第八世紀中葉にスマトラの室利仏逝国（シュリーヴィジャヤ王国）の征服を受けて一時その支配下に立ったが、第九世紀初頭に至りて独立を回復し、爾来アンコール・ワットの壮麗なる建造物を残せる王朝が、トレンサップ湖の北岸に栄え、その盛時において帝国の勢威は北は雲南に達し、西はメナム河流域を越えてマレー半島に及び、東は林邑及び安南を悩ましたが、第十三世紀にタイ族の侵寇が始まりてより国勢次第に衰微した。

林邑すなわちチャンパは、チャム人が安南南部の狭長なる海岸平野に建設せる最初の国名である。彼らもまたカンボジア人と同じく、歴史に現われた最初よりインド化しており、公用語としてサンスクリットを使用し、婆羅門教及び仏教を信じ、種姓制度さえも行なわれていた。この国の位置はシナとインド洋とを結ぶ要衝に当たっていたので、シャムやジャワ、スマトラとの往来が盛んであり、貿易によって富をなしたのみならず、海上に出没して海賊を営んでいた。彼らは北境においてはシナの植民地を侵略し、第三世紀中葉には順化《フエ》平野の南部にまで進出した。初めは茶蕎《チャキエウ》に都したが、のちに第八世紀中葉より南方パーンドゥランガに遷都し、環王国の名をもって知られ、第九世紀に再び茶蕎に回り占城国と呼ばれたが、唐末にシナの羈絆を脱して独立せる安南の南侵に堪え兼ね、第十世紀に南方平定に遷都してより、国運次第に傾くに至った。

さてこれらの民族がインド文化の影響の下に発展せるに対し、東京平野より北安南に占拠せる安南人は早くよりシナ文化の支配下にあった。彼らは西紀前第二世紀に漢のために征服せられ、幾度か独立を企てて成らず、唐末混乱のときに初めてその目的を遂げたが、その後明朝に至りていったんその郡県となった。ただし明の支配は永続せず、幾ばくもなく独立を回復した。シナとのかくの如き関係は、当然安南をシナ文化圏内に入らしめた。清朝が起こるに及んで、安南国王は満洲人に逐われしシナ人に、王国の南部における土地を与え、いわゆる交趾《こうち》シナの成立を見た。その他の沿海地帯や島々にも多数のシナ人が移住して、増殖し且つ繁栄した。かくて安南は「色褪せたシナの模写」と呼ばれるほど、シナ文化の浸透を受けている。ここで学問と名付けられるものは全てシナより来り、その文章語はシナの言葉で貫かれていることは、あたかもトルコの文章語がアラビア語であると同様であった。

また今日のタイ国を建設せるタイ人は、太古よりシナの南部に居住し、唐代には雲南に拠って南詔国を建て、一時は国威盛大を極めたが、元朝のために征服せられてより続々南下し、ビルマ及びシャムに入った。そのシャムに入れるものは、第十三世紀に至りてメナム河上流域にスコータイ国を建て、次いで第十四世紀には同河下流域アユタヤを都として勢を張り、スコータイ国を併せて現在のタイ国の始をなした。その盛時においては西境山脈を越えてイラワディ河流域に侵入し、同河上流域のビルマ人を四分五裂せしめ、下流人のタライン人をも臣附せしめた。

ビルマ人は西蔵方面よりイラワディ河に沿いて南下し来れる民族である。唐代において現在のビルマの中心地帯をなすイラワディ河流域に拠り、プロームを都として驃国を建てたピュー人が、ビルマ人と同族なりや否やは未決の問題であるが、第十一世紀に至りて驃国が占拠せる地域に、最初のビルマ統一者と呼ばるべきパガン王朝が起こり、北はバーモより南はイラワディ河下流域のタライン人を従え、東西辺境のタイ人の諸小国を征服した。この王朝は第十三世紀後半に至りて元朝のために亡ぼされ、その国は四分五裂し、爾来二百数十年間タイ人がビルマに勢力を張っていたが、第十六世紀中葉にトゥングー王朝がタイ人を駆逐して統一国家を建てた。その後第十八世紀中葉に至り、この王朝はタライン人のために亡ぼされたが、英雄アラウンパヤーが直ちに起ってこれを倒し、ビルマ最後の王朝を建てた。ビルマはこの王朝の下に一時国威大いに揚がり、シャムに侵入し国都アユタヤを陥れ、ついにバンコクに遷都させたほどであったが、幾ばくもなくして衰退期に入り、三たびイギリスと戦って敗れ、ついにその領土となるに至った。

ビルマはインドと国境を接している関係から、上ビルマには早くよりアッサムを経て流入せる北インド文化の影響を受けていた。驃国及びその後に起これるパガン王朝は、初めは大乗仏教を信じ、サンスクリットを使用していた。然るに、パガン王朝に征服せられたる下ビルマのタライン人は、南インド及びセイロンより海路伝来せる南インド文化を摂取し、ビルマ人よりは高き文化段階に達していたので、文化的にはかえってその征服者を感化し、文字はパーリ語、仏教は小乗教と代わり、現在に至るビルマ文化の動向を決定した。シナとビルマとは古代より相当に深き交渉を有し、元・明・清三朝を通じてその政治的圧力下にあったが、文化的には大なる影響を与えていない。ビルマ文化の基調をなすものは明白に南方インド文化である。

さてインド文化の波はインドネシアの島々をも遍《あまね》く洗い、諸島に居住せる原マレー諸族が、生活の一切の方面において深く且つ広くその影響を受けたことは、彼らの歌舞音楽、文学芸術、ないし信仰を通して容易にこれを窺い得る。このインド文化の刺激により、スマトラにはパレンバンを中心としてシェリービジャヤ王国すなわち三仏斉国が建てられ、唐宋時代における南洋第一の大国として、スマトラ及びマレー半島に強大なる勢力を張り、遠くインドやインドシナにまで遠征を試みた。

ジャワもまた古えより南洋の大国であったが、東ジャワに起これるマジャパヒット国の発展は最も目覚ましく、一時インドネシアの全域に君臨した。ポロブドゥール、プランバナン、メンドゥート等の婆羅門教並びに仏教遺跡の荘厳雄大を見ても、南洋に対するインド文化の影響の如何に大なりしかを知り得る。フィリピン南部のマギンダナオ族の言葉に多数のサンスクリットを混《こん》じていることは早く知られていたが、余波は遠く北漸して台湾にまで及び、高砂族の植物名にさえサンスクリット系統のものがあるといわれている。

然るに第十四世紀初頭に至り、最初は主としてインド人によって、回教がこれらの島々に伝えられた。すなわちインダス河口の南に位し、航海者として知られたるグジャラート人が、熱心なる回教信者となり、彼らによって回教はまずスマトラに伝えられた。あたかもこの頃に、早くより回教に帰依せるマラッカが、その形勝の位置のために、東西アジア貿易の盛大に伴い、南方における最大の貿易中心地となり、諸国の商人がここに集まった。このマラッカの勃興が、インドネシアにおける回教の急速なる弘布を助けた。かくして第十七世紀初頭には、ジャワ・スマトラはもはやほとんど完全に回教の国土となっていた。

かくしてアジアの湿潤地帯は、シナ文化圏・インド文化圏・インドシナ混合文化圏として発展してきた。然るに近世に入りてより、この農耕的東洋に、狩猟的西欧が進出してきた。而してその旺盛なる戦闘的精神と、精確なる科学的知識と、精鋭なる武器とをもって、容易に征服の歩みを大東亜圏内に進め、インド・インドシナ・東インド諸島は、ことごとく彼らの植民地となり果てた。彼らはこれらの地域において、その征服の主目的たる経済的搾取を強行するために、勢い東亜諸民族の生活をヨーロッパ的に改造する必要を見た。しかも東亜諸民族の生活は、その道義、その理想、その信仰、その家族制度と不可分のものなるが故に、彼らの政治的支配は、同時にアジア一切の文化財を破壊し去らずば已まざらんとした。もし東亜に日本なかりせば、ヨーロッパはついに地球全面を支配したであろう。

五　三国精神の客観化としての大東亜秩序

アジア湿潤地帯の農耕民族は、その経済的・社会的・文化的方面において、幾多の共通点を有しておりながら、他面その居住する地域によって著しく地方的色彩を濃厚にしている。このことは遊牧民族や狩猟民族が、ほとんど地域を超越してその民族精神ないし文化が同似《どうじ》であるのと、甚だしき対照をなしている。それは農耕民族がその居住する土地と密接不可離の関係を有し、その景観的影響を蒙ること深刻甚大なるが故であり、その文化が高度に発達すれば、それだけその特色が顕著となる。これシナやインドが、幾たびか異民族の侵略を受けながら、結局これをシナ化またはインド化し去りて、甚だ特異なるシナ文化及びインド文化を発達せしめたる所以である。

アジア文化のこの濃厚なる地方色と、アジア諸国の現前の分裂状態とに心奪われ、その表面の千差万別にのみ嘱目《しよくもく》して、日本の学者のうちには東洋または東洋文化の存在を否定する者がある。すなわち西洋においては一つの歴史が展開し、一つの文化が発展し、従って一つの世界が形成されているが、東洋においては決してこのことがない。東洋には西洋史と同一意味の東洋史なく、在るものは東洋諸民族の生活史たるシナ史・インド史・日本史等だけであり、従って東洋的と呼ばるべき世界または文化はないと主張する。かくてアジアは一つという提唱は公式主義などと呼ばれて、常にその「単純素朴」を哂《わら》われてきた。彼らはいう、アジアは政治的事情も多、産業様相も多、文化形態も多、アジアは決して一ではなく、むしろ余りに一でなさ過ぎると。

しかしながらアジアの一如を唱える何人も、いまだかつて表面に現われたるアジアの複雑多様を否定した者がない。現実のアジアの多様性は、彼らによって指示されるまでもなく、耳にて聞き目にて見得る事実であり、このことを殊更に強調することそむしろ不可解の心理である。アジアの差別は何人もこれを認める。ただその差別の奥に潜む「アジア的なるもの」の有無を尋ね求むるとき、初めて異論が生ずるだけである。それ故に多を多として感覚し、その千差万別を力説して、敢えて一層深き認識に到達せんと努めざる態度こそ、かえって「単純素朴」と呼ばるべきものである。

もし差別と対立とにのみ目を注ぐならば、西洋においてもロシア的なるもの、ドイツ的なるもの、フランス的なるもの、イギリス的なるものとの間には、差別特殊の相のみ多くして、ほとんど共通なるものを認め難い。それにもかかわらず彼らはギリシアの思想と、ローマの法律と、キリスト教の信仰とを、多少の程度においてその民族精神に摂取せるが故に、ヨーロッパ的と呼ばれている。けれども近世に入りてより、ヨーロッパの最も強力なる紐帯《ちゆうたい》たりし羅馬法王（＊ローマ法王）の全ヨーロッパ的支配が宗教改革によって崩壊し、さらに共通の宗教たるキリスト教の信仰そのものが年とともに冷却し去り、諸国はもっぱら自己の国民性の強化に努め来りしが故に、今日においてはもはや中世紀的意味における西洋は存在せず、あるものはただ個々の民族国家だけであるともいい得る。詩人ノヴァーリスは、分裂乖離《かいり》のヨーロッパを眺めながら、深き悲しみをもってかくいった――「かつてはヨーロッパが一つの統一ある国土を形成し、一つのキリスト教界がこの人間的に形成された大陸に住んでいた輝かしい時代があり、一つの偉大なる関心が、この広大なる宗教的国土の遠隔なる地方を結合していた」。

東洋においては、シナ及びインドの思想・文化の交流によって、早くも唐代に東洋文化の成立を見、次いで宋代に入りて程朱（＊朱子学）の理学が生まれ、あたかもローマ法王が中世ヨーロッパの精神界に君臨せる如く、宋学がインドを除く東亜全域の精神界を支配した。蓋し宋学は、華厳・禅・孔子・老子の諸教説が、宋儒の精神を坩堝《かんか》として混融せられたる偉大なる思想体系であり、それ故にこそ遍く東亜の指導原理たり得たのである。吾が国においても鎌倉幕府以来程朱の教学が精神界を支配した。日本が宋学の支配を脱却し始めたのは、伊藤仁斎・荻生徂徠等が原始儒教への復帰を高調してからのことである。

近世に入りてアジア諸国の大半が西欧の植民地または半植民地たるに及んで、東洋の文化は蹂躙せられ、歴史は無視せられ、諸国は故意に分裂対立の状態に置かれた。この分裂は必然アジア諸国の相互の理解と認識とを妨げた。各国はただ自国のことのみを念頭に置きて、また他国を顧みんとしなかった。アジア諸国の知識層は、新鮮なる情熱をもって欧米を知らんとしたが、アジアの国々に対してはほとんど関心を持たなくなった。彼らはヨーロッパのあらゆる言葉を学んだが、自国語以外のただ一つの東洋の言葉を学ばんとしなかった。

もとよりアジアは隣邦のことについて全然無知識であったのではない。ただその知識はほとんど全て欧米人の著書を通して得たるものであった。然るに欧米が正しく東洋を理解することは、たとえ誠実に努力してもなおかつ至難の業である。如何にいわんや多かれ少なかれ宣教師の偏見や、外交官の謀略や、文学者の軽率なる想像などが加味されるとすれば、彼らによって描かれたるアジアの姿は、甚だしく歪曲されたものとならざるを得ない。而して不幸にもかくの如き著書が、アジア諸国の相互の認識のためのほとんど唯一の媒介であった。欧米はアジアを蔑視する。それ故に彼らの著書を読む者は、アジアに如何なる善きものもないと思うに至った。欧米はアジアの覚醒を欲しない。それ故に健全なる古代への思慕を妨げ、国民的英雄への追憶を妨げる。欧米はアジアの統一結合を恐れる。それ故にアジア共同の文化と理想とを想起することを妨げる。かくて彼らの著書を読むアジアは、互いに敵視し、また互いに他を侮る。この分裂し敵視するアジアの現実に圧倒されて、東洋否定論者はアジアの一如を否認する。けれどもかくの如き分裂状態そのものが、実に欧米によって創り出されたものでないか。

この屈辱と分裂と悲惨と無感覚のアジアを、長夜の眠りから喚び覚ましたのが、実に日露戦争における日本の勝利である。アジアを覆える暗黒の夜はこのときからようやく明けそめて、希望の曙光が東方から射しかけた。而してヨーロッパの羈絆を脱して自主独立の民たらんとする政治的覚醒が、西はトルコより東は安南に至る諸民族の間に一斉に起こった。この覚醒はやがて革命的情熱となり、独立運動の波濤は次第にその勢いを加え、ついに全アジアに澎湃たるに至った。誰《たれ》かアジアに同一性なしというか。全アジアは今、一面にはヨーロッパの支配を覆し、他面には自己の腐敗せる社会的伝統を倒して、独立国家建設のために高貴なる血を濺《そそ》ぎつつある。何はさて置きアジアはまず共同の政治的運命の下に立つ。

政治的運命の共同が、アジアの諸民族を結ぶ強き絆たるべきことはいうまでもない。その上にアジアは、表面の千差万別にかかわらず、その世界観において、すなわち如何に世界と人生とを観るか、如何にこれを理解し解釈するか、これに応じて如何に生活を形成するかについて、明らかに根本的一致を有する。

さてヨーロッパが古えより「東方（Orient）」と呼び来れるものは、吾らのいわゆる東洋でない。吾らの東洋すなわち大東亜圏は、パミール高原以東のアジア東半を意味するのであるが、彼らの「東方」はパミール高原以西のアジア西半にエジプトを含めたる地区を意味する。この地区は、西紀第七世紀このかた逐次回教文化の支配下に置かれ、その文化はさらにヘレネス文化の深刻なる影響を受けている。而してヘレネス文化を共通の基礎地盤とすることによって、その文化世界はヨーロッパの文化世界と一脈の連繋を有している。従ってこの文化圏の固有の生活感情及びこれに相応する人生観並びに生活様式は、決して東洋すなわち大東亜圏内のそれと同一でない。それにもかかわらず両者は、その本質的特徴において著しき類似を有し、アジアの両文化群は、共通の特色によってこれをヨーロッパ文化から区別することができる。

まずヨーロッパ精神と東洋精神との最も顕著なる対照的特徴として常に指摘されるのは、前者が主我的であり、後者が没我的であることである。すなわち前者においては、個人の人格価値が優位を占め、後者においては超個人的共同体が優位を与えられることである。ヨーロッパにおいては、個人の力、そのあらゆる性質の開展が教育の目的であり、その社会的及び政治的目的を支配している。社会は個人の補角であり、国家は個人が完全に発展し得る条件を具《そな》うべきものとされる。個々の人間が、自己の生活について自ら決断し、自主的に自己の道を進むための人格的判断力及び人格的責任感を持つに至ることが、ヨーロッパの追求する性格形成の最高目標である。然るに東洋においては、個人は彼を囲繞《いじょう》する社会のうちに没入し、個人の利害は家族・血族・国家という超個人的秩序の中に織り込まれている。ここでは人間の単位が個人にあらずして家族であり、国家は家族の拡大とせられ、家族の正しき秩序が真実なる国家制度の前提となっている。かくてヨーロッパの社会が個人的契約によって成れるに対し、東洋の社会は家族的団結によって成る。

東洋の超個人的秩序は、宇宙全体を一貫するものとされる。東洋においては万物の宇宙的秩序と人間の社会的秩序との間に如何なる分裂をも認めない。東洋は天・地・人すなわち神と自然と人生とを、直観的・体験的に生命の統一体として把握してきたので、西洋における如く、宗教と政治と道徳との分化を見なかった。シナの「道」、インドの「ダルマ（＊法）」、ないし回教の「シャル」は、皆人生を宗教・道徳・政治の三方面に分化せしめず、あくまでもこれを渾然たる一体として把握し、これらの三者を具有する人生全体の規範とされてきた。この点において神と人とを峻別し、自然を無生命のものとなし、存在論に哲学の主力を集注する西洋の主潮と、著しき対照を示している。

宇宙を生命の統一体とする東洋精神は、本体と現象、過去と現在、此岸《しがん》と彼岸《ひがん》とを相即する。神的なるものと人間的なるもの、個人の生命と宇宙の生命との間には、対立または差異がない。

この態度はヨーロッパ人には常に非論理的または不合理的と思われているが、それは東洋の一元論的・汎神論的世界観より流れ出る生命感情の発露である。そは西洋の分別的・特殊化的なる思惟《しい》と明らかなる対照をなすものである。典型的なるヨーロッパ精神は、抽象し、区別し、分離し、分析し、その注意を個々のもの及び異なれるものに向け、然るのちに個別的研究の結果を分類し、これを論理的体系に総合する。東洋は宇宙における対立と差異とを認めながら、一切の存在はその至奥《しおう》の根源において相結んでおり、且つ一切を支配する力によって生命を与えられている統一体として観察し、これを合理的方法によらず、経験によって内的に把握せんとする。彼は宇宙における諸力の対立や矛盾に力点を置き、個別の具体相を深く掘り下げんとするに対し、此は諸力の均衡と調和を尊重する。

音楽でも絵画でも、これを存分に鑑賞するためには素養を必要とする。聴く耳を持たぬものには、微妙なる音楽も蛙鳴蝉噪《あめいせんそう》と選ばぬであろう。それ故に宇宙の統一を体得するためには修行を必要とする。東洋のいわゆる学問は、もっぱら修行のためであった。知識は実践の道具であり、理論と実践との遊離を許さない。かくて倫理的なるものが合理的なるものに対して常に優位を与えられる。東洋はひたすらその眼を内部に向ける。西洋は主としてその眼を客観の世界に向け、自己の外部すなわち周囲の世界を理解して、これを自己に服従せしめようとするに対し、東洋は自己の内部を吟味し、世界を自己の内に把《とら》え、自己を世界の一部として感じ且つ知ろうとする。東洋の運命論はこの一体観から来る。東洋人は一切の外部よりの打撃に対して、西洋人が理解し得ざる平静と沈着とをもって忍従する。

東洋の文化――その学術・文学・美術、その政治・道徳・経済は、全て上述の如き精神に深くその根を下ろしている。而して東洋は、西洋がいまだ歴史に現われぬ以前において、早くも一応完成せる文化構成体を築き上げていた。それ故に東洋は、その生活形態をもって一切の自余の文化に優越せるものと考え、古来よりの伝統を護持するに努め、ヨーロッパにおいて見る如き進歩に対する欲求を感じなかった。ヨーロッパ文化は絶え間なく新しき形式を求める不安なる青年の相《すがた》を宿しており、新しきものをもって旧きものを克服せんとする改造の衝動から生まれている。然るに東洋は、既に実現せられたる昔ながらの文化に最高価値を与え、古えの黄金時代に咲き揃える美しき花を、危険または低級と考えられる他の文化的影響によって凋落《ちようらく》させまいと苦心してきた。ヨーロッパの進歩主義に対して、東洋は紛うべくもなく保守主義・尚古主義である。

この東洋の保守主義は、東洋人をして祖先の精神、祖先の信仰、祖先の遺風を、昔ながらに護持し、またこれを後昆《こうこん》（＊子孫）に伝えることを、最も神聖なる義務と考えさせている。そのために東洋は、過去における真個の価値あるものを護持し、文化の中断せざる伝統を継承することができた。同時にこの保守的精神は、民族の進路に無用に帰したる過去の塵埃《じんあい》を堆積し、その自由なる発展を阻む。かつては価値ありしも今は無意義となれるもの、本来の精神を失い尽くせる無用の形式が、なお神聖なるものとして頑守せられ、これがために民族的生命の溌剌たる流れを遮り、その水をして死水たらしめる。もし適宜にこれを排泄《はいせつ》し開放するにあらずば、社会は必ず病に罹《かか》らざるを得ない。かくの如き保守主義が、東洋の社会的停滞を招き、その衰頽の一因となった。

さて東洋は、既に述べたる如く、近代ヨーロッパのために、その大半が奴隷化せられ、その文化は蹂躙せられ、その精神は少なからず腐敗し、古代の新鮮と健全とを失い去った。ただしそのことのために東洋精神そのものを否認することは断じて許されない。東洋伝統の精神は、その本質において極めて高貴なるものを有する。アジア復興は単にヨーロッパよりの政治的独立を意味するものでない。そは同時にアジア諸民族の精神生活に古代の光栄を復活せしめることである。而して日本は実にこの荘厳なる使命のために戦っている。何となれば東洋の善きもの、貴きものが、よしその故国においては単に過去の偉大なる影となり果てているとしても、日本においては現に溌剌たる生命をもって躍動しているからである。

改めていうまでもなく、日本は早くより多くのものをシナ及びインドから学んでいる。吾らの現在の精神は、シナ及びインドの思想・文化を遺憾なく吸収しつつ長養せられたるものであり、東洋の偉大なる中心たりしこの両国の思想・文化は、拒むべくもなき事実として吾らの魂に摂取統一されている。吾らは千年にわたる生活経験によって、現にシナ及びインドを吾らの生命に摂取せるものなるが故に、日本精神は東洋精神として初めて正しく理解することができる。それ故に東洋または東洋文化の存在を否定する者は、アジアの最も溌剌たる本質を、自己の内部に発見し且つ把握し得ざる自己否定論者である。

加うるに日本は、既に述べたる如く東洋全体を「三国」と呼び、不断にこれを意識して活動してきた。花嫁を褒めては「三国一の花嫁」といい、富士山を誇りては「三国一の富士山」というのは、日本国民の日常生活が、三国意識すなわち東洋意識の上に築かれていることを示すものである。シナはほとんど日本を眼中に置かず、インドは恐らく日本の存在をも知らなかったのに、ただ吾が日本のみが自己の衷にシナとインドとを摂取し、明白に「三国」を意識していたことは、やがて日本がアジアに対して偉大なる使命と責任とを負荷すべき日の来ることを示唆するものである。而してその日はついに来た。今まさに実現せられんとする東亜新秩序の精神的基礎たるべきものは、日本が千年にわたる生活体験によって錬成せる三国魂である。三国魂の客観化または具体化こそ、取りも直さず大東亜共栄圏である。

亜細亜・欧羅巴・日本

一　序節

Oh, East is East, and West is West, and never the twain shall meet, Till Earth and Sky stand presently at God's great judgment seat.

東は東、西は西
天地今の如くある限り
偉大なる神の審判の日まで
この双生児は断じて合わず。

イギリス詩人キップリングは、その名高き『東西の歌（The Ballad of East and West）』において、包み隠すところなきアングロ・サクソン精神をもってかく歌う。この双生児――東洋と西洋とは、果たしてキップリングの歌える如く、永遠に相争わねばならぬものなるか否かは、吾らの論歩の進むにつれて、自ずから明らかになるであろう。とにもかくにも、東洋の名によって総称せらるる諸民族と、西洋の名によって包括せらるる諸民族とが、その複雑多端を極むる内容をもって、世界史に現われたる最大至高の対抗個体なることは、ついに拒むべくもない。

今日のヨーロッパ民族、わけてもアングロ・サクソン民族は、満腔これ人種的差別の観念に充つ。かつてローズベリ卿がグラスゴー大学に講演して、神は世界支配の神聖なる権利を吾らに与えたと揚言せることは世間周知の語り草である。けれどもかくの如き自負矜高は、独りローズベリ卿のみのことでない。彼らのうちには「欧米以外の天地は、ついに造化の汚点であり、その国土は吾らの掠奪の対象である」と公言したる者さえある。欧米以外の世界の事物は、要するに白人の利益のために造られているというのが、実に彼ら一般を支配する思想であった。最近半世紀の間に、彼らの非白人に対する態度は、次第に改まってきたけれど、その以前における彼らの圧制軽侮は、ただ言語道断という外なかった。彼らは考え且つ賤しんだ――「白人以外には、道徳もなく信仰もない。その宗教は迷信であり、その道徳はかえって罪悪であり、その風俗習慣は一つの愚昧事《ナンセンス》である」と。

予は下の一話をある老宗教家から聴いた。明治二十年代に宣教師として来朝せる温厚篤実の一アメリカ学者、のちに『東洋精神（The Spirit of the Orient）』を公にせるG・W・ノックスは、該宗教家に向かって「日本には『good』または『bad』の観念を表現する言葉はあるか」と質問したとのことである。そは「日本人に道徳意識ありや」というに等しき驚くべき質問である。無知妄断もまた甚だしいとともに、かくの如き無知をもってして、日本を精神的に救済せんとするに至っては、ただ乱暴狼藉という外はない。

白人をしてこの沙汰の限りなる増上慢《ぞうじょうまん》に陥らしめたのは、いうまでもなく第十六世紀このかた、第二十世紀初頭に至るまで、彼らは常勝不敗の歩みをもって、あらゆる異人種の征服を続け、わずかに日本及びシナを除く地球の全面を、直接または間接に、その支配下に置くに至りし故である。その故をもって彼らは、あたかも白人が、人類の歴史ありて以来、常に世界の主人公なりしかの如き自負を抱く。さりながら歴史の明白に示すところは、東西両洋の勢力が、互いに盛衰消長を繰り返して今日に及び、かつてヨーロッパは東方の光明にその蒙を啓かれ、アジアの威力の前に慴伏《しょうふく》していたということである。今日の如き形勢は、わずかに三百年このかたのことに過ぎぬ。

万物は皆、而して常に、戦う。シュタインメッツが、人類は碧血《へきけつ》の槽内で育ってきたといったのは、物凄き言葉ではあるけれど、ついに拒み難き事実である。遠くホメロスの古えより、平和論の絶えたることとなきにかかわらず、世界史は戦争の記録であるといい得るほど、人類は常に戦い続けて今日に及んだ。シナ人は恐らく世界に比類なかるべき平和の民である。彼らが武を卑しみ戦を厭う心は、「好鉄は釘を打たず、好人は兵に当たらず（＊釘にするのはクズ鉄、兵隊になるのは人間のクズ）」という諺にも、歴然として現われている。そのシナ人でさえ、「國」の字を制作するときには、戈《ほこ》すなわち武器、口すなわち人民、一すなわち土地をもってせねばならなかった。而してシナの歴史も、また他国のそれに劣らず、戦争をもって終始した。東西一切の国家、将来はいざ知らず、少なくも今日までは、戦争によって起こらざるはなく、また戦争によって滅びざりしもない。而して一切の戦争のうち、規模最も雄渾に、意義最も深遠なりしは、世界史における二個の最大至高なる対抗個体——東洋と西洋、アジアとヨーロッパとの間に繰り返されたる戦争に外ならぬ。

「神は人を攻むる者を悪《にく》むが故に、一切の敵対を止めよ」と教えるアラーは、同時に「真実の宗教の確立せらるるまで汝らの敵と戦え」と教えている。戦争はこれを抽象的に考えれば、疑いもなく神の悪み給う禍悪である。けれども一たび戦争の意義を世界史的に検討し来れば、決して単純に一個の禍悪として論じ去るべきものでない。例えば虚言の甚だ卑しむべき悪なることは、万人の異存なきところである。さりながら医師が瀕死の患者を慰めるための虚言は、当然許さるべきことであり、時としては義務でさえもある。そは道徳的規範に背けるにあらず、かえって非常の場合に道徳的規範を実現する具体的方法となる。かくの如き実例は、枚挙に遑《いとま》なきほどおびただしい。而して戦争もまた実にその一つである。そは好ましからぬものには相違ないが、けれども神これを命じ給うところのものである。神これを命じ給うは、数々の意義を有するからでなければならぬ。而してその最も顕著にして且つ重大なる意義は、戦争が人類の道義的統一のために、換言すれば従前より一層広き範囲における平和実現のために、何人も拒み難き貢献をなし来れることである。

ホッブズは、人類原始の状態を推測して、万人が万人に対する戦（Bellum omnium contra omnes）とした。さりながら個々の人間がことごとく敵対関係にあったということは、少なくとも「人間」の生活において考えらるべくもない。当初より「人間」は、血縁によって結ばれたる家族的生活を営み、その家族内部においては相互扶助を原則とした。本質においては全く家族と同じく、ただその拡大に外ならざる氏族生活においても、氏族の成員は徹底せる一致協力の生活を営んだ。ただ氏族と氏族との間には、不断に族闘が行なわれていたから、言葉を強めていえば、全ての氏族が互いに敵対関係にあったといい得るであろう。けれども頻繁なる族闘ののちに、あるいは弱小氏族が強大氏族に併合せられ、あるいは対等なる立脚地の上に若干氏族の連合が行なわれた。契約またはのちに法律となれる掟が、戦争によって生まれたる、新しく大なる共同生活体の平和の保障として、締結もしくは確立された。かくの如き氏族の結合が、取りも直さず国家の母胎である。

記録を有する時代において、人類の多数は既に国家を組織していた。人類文化の発達は、幾多の勢力の複雑なる協同一致を必須の条件とする。けれどもかくの如き協力は、不断の族闘を事とする氏族生活においては、到底不可能のことであり、国家において初めて可能となる。蓋し氏族対立の時代においては、戦うに堪える一切の男子は、終生軍人でなければならなかった。然るに国家成立以後においては、軍人は一個の階級または職業となり、然らずば国民の一時的義務となった。従って国民は戦争以外の仕事に、秩序的且つ永続的に従い得るようになった。国家の成立に伴えるこの「戦争の組織化」は、実に平和確立の礎、従って文化発達の礎となった。加うるに戦争の規模、次第に大となりしにかかわらず、軍人の数はかえって国民の一部分をもって事足るに至った。換言すれば、歴史の進むに従って、僅少なる武力が大なる平和をもたらすこととなった。例えばトロイア戦争においては、ギリシア国民のほとんど全部が、十年の長年月にわたった戦闘に従ったが、その得たるところはいうに足らぬものであった。然るにアレ

ヤヌス神

キサンドルは、わずかに一万三千の軍をもって、三年間の戦争ののち、東西両洋にわたるヘレネス（＊ギリシア人）の世界を建設すべき礎を、見事に築き上げた。ローマ帝国の大をもってして、その「平和（Pax）」を維持するために、四十万の常備軍をもって足れりとした。

　ローマ人の最も崇拝せるヤヌスは、両面の神である。その一面は平和を象徴し、他の一面は戦争を象徴する。人類の歴史は、実にヤヌスの頭《こうべ》である。戦争と平和とは、離るべからざるものとして今日に及んだ。而して世界史における一切の戦争は、驚くべき組織と統一とをもって、実に「平天下」の目的に貢献してきた。今その径路を仔細に辿れば、世界史の二個の文化単位――アジアとヨーロッパとが、一面それぞれの内部における幾多の戦争によって、それぞれアジア的並びにヨーロッパ的なるものが鮮明に発揮せられ、他面両者の対立争闘によって、新しき文化が生まれしことを知り得る。吾らは節を逐うてまず東西対抗の歴史を明らかにするであろう。

二　アジアとギリシア

　世界史における東西勢力最初の衝突は、ペルシアとギリシアのそれである。もとよりその以前、既にフェニキアとギリシアとの間に角逐が行なわれた。フェニキアは、人種よりいえば恐らくセム民族に属し、国を西アジアの一角、地中海のほとりに建て、戦にも強く利にも聡《さと》く、レバノン山の杉を伐りて巨船を造り、美しくこれを飾りて地中海を乗り回し、沿海各地に植民地を建設して、西紀前第十世紀頃より国運とみに隆盛に赴いた。而してこのフェニキアの西漸が、勢い新興ギリシアの東漸と衝突し、ここに両者の角逐を見た。

さりながらフェニキアは、決して純乎たるアジア的国家にあらず、またその文化はアジア的特色を具えたるものでなかった。而して他方ギリシアも、なおいまだその文化の本質を鮮明に発揮するには至らなかった。故にこの衝突は、明白なるアジアとヨーロッパとの争闘と見らるべくもない。さりながらこの角逐も、フェニキアが自国文明並びにエジプト、バビロニアの古文明をギリシアに伝え、その影響と刺激とによって、強国ギリシアを出現せしめたることにおいて、疑いもなく世界史的意義を有している。殊にエジプト文字に基づきてフェニキア人が創出せる二十二個の表音文字――人類の一切の創造のうち、最も便利にして有益なるアルファベットが、まずギリシアに伝えられ、次いで全欧諸国に採用せられたる如き、その影響の最も顕著なるものである。

さてギリシアは、フェニキアとの角逐の間に、而して実にこの角逐のために、目覚ましき発達を遂げることを得た。かくて西紀前第七・第六世紀において、のちにヨーロッパ文明の不朽の礎となれる、溌剌豊富なるギリシア精神の種々相が、あるいは既に見事なる文化の花と咲き揃い、あるいは少なくともやがて開くべき蕾を結ぶに至った。然るにこれと時を同じくして、東方イランの地に建国せるペルシアが、ことごとくインド以西の古アジア文明諸国を統一して、一個荘厳なる帝国となった。

日本人は、今日のペルシアのことさえも、多く知ろうとしない。古代ペルシアのことなどは、なおさら念頭に置いてない。さりながら古えのペルシア人は、実に吾らの祖先に酷似せる民であった。彼らは、光明の神ミトラを拝したる純一・快活・勇敢の民であった。吾らはジョセフ・エドキンスが唱うる如く、日本のアマテラス大御神が、果たしてペルシアの光明神ミトラスなるか否かを知らない。ただ吾らは、正直にして武を尚び、潔白にして礼儀を重んじ、美麗を好み、婦人を愛重し、聡明なれど情には脆《もろ》く、その最も重んじたる節義は、君主への忠義なりし諸点において、古代ペルシア人が吾ら日本人と、否、むしろ吾らの祖先と、相似たることの甚だしきに驚くだけである。ヘロドトゥスの言によれば、ペルシア人の教育とは「弓を射ること、馬に騎《の》ること、正直に物言うこと」であった。この心栄《ば》え正《まさ》しく、弓矢の道にいそしむことが、実に直ちに中世関東武士の教育でなかったか。八幡太郎義家・源九郎義経・畠山重忠は、正しくかくの如き教育を受けたる益良雄《ますらお》でなかったか。

彼らペルシア人は、その不倶戴天の敵たるギリシア人すら、なおかつ嘆賞を惜しまざりし英明なる君主の下に、雄渾なる国家を組織し、そのアジア的なる、従ってギリシア的とは截然として異なれる一切の力を挙げて、驀地《ばくち》に戦をギリシアに挑んだ。西紀前四九九年より西紀前四四九年にわたるこのペルシア戦争こそ、実に最初の東西戦――アジアとヨーロッパとの最初の衝突と見るべきである。

ペルシアとギリシアとは、それぞれアジア的並びにヨーロッパ的なる性質を、このとき既に明らかに発揮していた。フリーマン曰く「ヨーロッパの政治史にして、その先例をギリシア史に求め得ざるものなく、またギリシア史にして、その実例をヨーロッパ史に求め得ざるもない」と。吾らは思う、ペルシア史とアジア史との関係、また実に同様であると。サイラス、カンビュセス、ダリウス、クセルクセス諸帝のペルシア史は、紛れもなくアジア史そのものの縮図である。信仰を重んじ、伝統を重んじ、統一を重んじ、而して保守を重んずる精神、これと相対して理性を重んじ、独創を重んじ、自由を慕い、而して進歩を尚ぶ精神が、既に歴然としてそれぞれペルシア及びギリシアの当時の歴史に現われている。かくてこれら両国の対陣のうちに、吾らは明白なる東西の対抗を認めざるを得ない。

この最初の東西戦において、ペルシアは常に攻勢に出た。わけても西紀前四八〇年、クセルクセスの大軍、海陸並び進んでギリシアに侵入せんとするや、ギリシア諸国の震駭は目も当てられぬ有様であり、デルフィ神殿の巫子《みこ》が、アテネ市民の祈願に対して与えたる神託は、実に下の如き頼りなきものであった――「世界の果てまで逃げよ！　ただ木の城（＊船）のみを頼りとせよ」と。かくてテルモピレーの嶮脆くも破れ、中央ギリシアはペルシア軍の蹂躙するところとなり、民族の運命、間一髪の危うきに瀕したるとき、テミストクレスの果断知謀、よくサラミス湾頭の海戦にペルシア軍を撃退したので、ギリシアは辛うじて東方帝国の領土たるこ

アレキサンドルとアリストテレス

とを免れた。

ペルシア戦争は、ギリシアの国民的覚醒を促した。五十年にわたる鍛錬と苦戦とは、全ギリシアの燦然たる国民的文明を大成する所以となった。自由と調和と完全とを精神とし、その思想、その文学、その芸術において、比類なくこの精神を実現したるギリシア文明——後来のローマ文明及びヘブライ文明とともに、ヨーロッパ文明の鼎《かなえ》を支える永遠の脚となれるギリシア文明は、実にペルシアと相争える興亡死活のときに成満せられたるものである。

然るにギリシア本部は、その壮麗なる文化の頂点に達するとともに、慌ただしく衰頽の途を下った。その民主政治は衆愚政治となり、第二流の小人等が共同生活（＊市民平等の生活様式）を左右する勢力となるに従い、第一等の人物は次第に公共生活から退いてしまった。而してその主知主義も、また空しく論理の遊戯となり果て、知識を商品とする曲学阿世の学者が、もっぱら世に時めくようになった。彼らはもはや自己の力をもって秩序と平和とを保つに堪えず、ついに百年の宿敵たるペルシアの力を借りて、辛うじて外面的統一を維持する状態となった。

あたかもこのときに当たり、剛健なる北方マケドニアの児アレキサンドルが、ギリシア精神の総合者アリストテレスに師事して、その魂をギリシア主義に鍛え、一挙廃頽のギリシアを征服し、しかも満腔のギリシア精神をもって万里東征の途に上った。アレキサンドルの生涯は短くある。その治世は十有三年に過ぎなかった。が、その功業は偉大である。その世界史に及ぼせる影響は、深刻にして長久である。彼の遠征軍は、常勝の歩武を進めて長駆インダス河の流域に達した。けれどもその征戦の門出において、徹底してギリシア的なりしアレキサンドルの魂は、この東征の間に、その征服せる東方諸国の精神の泉に汲み、征途半ばにして、早くも東西を融合渾一せるものとなっていた。かつては分立割拠の間に各自の自由を護持し来れるギリシアの政治主義、而してこの主義の上に立てる都市国家の思想は、もはやその跡形をも残さず、一切の人類・一切の国土を包容する世界国家の理想が、アレキサンドルの魂に孕まれた。

彼は美しきペルシアの貴女を王妃とした。身にはメディアの衣裳（*きらびやかな騎兵服）を着けた。ペルシア朝廷の儀礼を採用した。東方諸国の宗教を保護した。部下の将士に東方美人との結婚を奨《すす》めた。長跪《ちょうき》匍匐《ほふく》の礼をマケドニア人・ギリシア人にも求めた。アジア人を歓待してこれを高官に任じ、被征服者たるの思を抱かしめまいとした。彼の早世は、その功業の有終の美を収めさせなかったけれど、いわゆるヘレネス時代を生み、ヘレネス世界を創造したるものは、実に彼の世界的精神に外ならなかった。そはヘレネスの名をもって呼ばるるにかかわらず、その本質において世界的であった。実に彼の出現によって、欧亜の交通、従ってその文化の融合が促進せられ、かくして東方の知恵がヨーロッパに伝えられたと同時に、また偉大なるギリシア的影響をアジア諸国に与えた。わけてもその美術は、インドより中亜、中亜よりシナを経て、吾が奈良時代芸術にまで、遥かにその感化の跡を残している。

アレキサンドルによって出現を促されたる世界文明、一層精確にいえばギリシア文明を根底とせる世界文明は、それぞれアレキサンドルの後継者をもって任じたるセレウコス及びプトレマイオス両家が、シリア及びエジプトに建てたる国家の首府――もはやギリシア的なる小民主国にあらず、東洋的なる大君主国の首府として、人口は恐らく百万を超えたるべきアンタキヤ及びアレキサンドリアの両都において最も見事なる花を咲かせている。わけても繚乱たるアレキサンドリアの文化を見よ。当時知られたる東西文化一切の資料を収集整理したる陳列所並びに文庫は、実に世界における博物館並びに図書館の始祖であり、且つ永くその模範であった。而して当時の一切の知識が、この都に収集せられ且つ整頓された。幾何学の祖ユークリッド、三角術の始祖ヒッパルコス、さては物理学におけるアルキメデスの法則をもって名高きアルキメデス、一切智と呼ばれし博識の学者エラトステネス、皆これアレキサンドリアの学徒であった。

あたかもこの頃インドには阿育王（＊アショカ王）の出世《しゅっせい》あり、西方諸国に仏法弘布のため、教師をエジプトのプトレマイオス二世、シリアのアンティオコス一世、キレネのマーガス、エピルスの諸帝王に派するあり、ここに深奥なるインド思想が直接西洋に伝えられた。アレキサンドリアに生まれたるネオ・プラトン派の哲学が、大乗仏教の思想信仰に影響せられしギリシア哲学であることは、恐らく拒み難き事実である。

三　カルタゴとローマ

アレキサンドルの東征に次ぐ東西の衝突は、カルタゴとローマとの戦である。カルタゴは「新しき都」を意味し、西紀前八五〇年頃、北アフリカの一角、チュニス湾の奥なる形勝の地に、フェニキア人によって建てられたる一植民地が、次第に発達して強大なる国家となれるものである。そは西紀前第六世紀において、北アフリカの奥地に領土を有する富み栄えたる大都となり、地中海に散在せるギリシア人の植民地と角逐して、益々発展の勢を示していた。あたかもその頃、フェニキアの本土は、名高きバビロンの大王ネブカドネザルの蹂躙するところとなり、市民の富は皆王侯の如しと羨まれたるチル市も、また大王のために破壊された。かくてシシリー島（＊シチリア島）及びスペインに建設せられしフェニキアの諸植民地は、皆カルタゴを仰いで宗主となし、爾来地中海西半の覇権は、自ずからカルタゴの手に帰した。

カルタゴ人は、地中海の制覇を確実にし、その商業上の利益を独占するため、シチリア・コルシカ・サルディニア等の諸大島を征服すべく、しばしば外征を起こした。この必要のために、カルタゴの海軍は強大にして精鋭なるものとなった。まことに当時のカルタゴ人は、聡明にして企業的精神に富み、兼ねて戦にも強かった。彼らは一方武力によって国威の伸張を図るとともに、他方新地を発見して領土を広めんと努めた。かくしてその国運は、西紀前四〇〇年代において隆盛の極に達した。カルタゴが植民地建設の目的をもって、名高き二大遠征を試みたのも、西紀前四七〇年頃のことである。すなわち彼らは、植民地及び貿易場建設の目的をもって、一はハンノの指揮の下にアフリカ西岸に向かい、他はヒミルコの指揮の下にヨーロッパ西岸に向かい、大規模なる探検艦隊を派遣した。ハンノは遠征の目的を遂げてカルタゴに帰航したるのち、その航海の始末を簡潔に銅板及び大理石に刻み、これをクロノス神殿に奉納したが、そのギリシア語訳は幸いに今日に伝わっている。これによればハンノは、植民の目的を有する男女三万人を巨船六十隻に分乗せしめ、アフリカの西岸に沿いて南下し、今のシエラレオネの南方シカーボロサウンド岬まで到達し、沿岸六カ所に植民地を設けて帰航している。而してヒミルコも、イベリア半島の西岸を探検して、今日のスペインの西北端フィニステル岬に達し、且つ海潮に流されてアソーレス群島に到達したように思われる。これらの事実は、カルタゴ当年（＊当時）の意気、如何に軒昂なりしかを物語る。

かくてカルタゴは、早く西紀前五五〇年頃より、まず地中海におけるギリシア勢力と衝突した。わけてもシチリア島の争奪戦は、約百年の長きにわたり、その間互いに勝敗あったが、最後の勝利はカルタゴに帰した。而して地中海の西半は、ほとんど完全にカルタゴの池となった。ローマもまた当初はカルタゴの敵でなかった。西紀前三四九年には、ローマとカルタゴとの間に、下の如き条約が結ばれた――「一、ローマは大西洋に出てはならぬ。二、サルディニア及びアフリカにおけるカルタゴ領と貿易してはならぬ。三、コルシカ島に居留地を置いてはならぬ。四、叙上の条件で、カルタゴ及びシチリア島との通商だけを許す」と。

さりながらローマは、決して長くカルタゴの下風に立つものでなかった。西紀前第五世紀においては、わずかに「大なる帝国の小さき始まり」に過ぎざりしローマは、前第五・第四世紀における隣国との角逐に勝利を得て、前第三世紀初頭には、既にイタリア半島全部をその版図とし、強大なる陸軍をもって四方に雄視するに至った。かくて地中海の只中に、互いに文化を異にし、互いに利害を異にし、従って決して両立せざる大陸軍国と大海軍国とが対立し、ついに両者必死の争覇戦を招いた。ポエニ戦争は、世界史的に避け難かりし戦争である。

この争覇戦は、第一回は西紀前二六四—二四一年、第二回は二一八—二〇一年、第三回は一四九—一四六年、前後を通じてほとんど百二十年の長きにわたった。当初はカルタゴの強大なる海軍が大いにローマを苦しめたが、のちには勝敗地を替えてカルタゴ軍利を失い、カルタゴ人はことごとくシチリア島外に放逐せられ、第一回の戦争において、地中海の覇権は早くもローマに奪われた。第二回の戦争は、カルタゴの勢力挽回戦にして、英雄ハンニバル、齢わずかに二十四歳にして将軍の印綬を帯び、軍を行《や》ること神の如く、百戦百勝の武威をもってローマを震駭させたが、功を嫉む小人のために本国に召還せられ、ローマの将軍スキピオとザマの決戦に敗れて、ここにカルタゴの運命窮まり、国外における一切の領土を放棄し、わずかに二隻を残して一切の軍艦をローマに奪われ、宣戦講和ことごとくローマの令を仰ぐこととなった。第三回ポエニ戦争は、この瀕死のカルタゴに最後の止めを刺せるものである。

ローマは多年にわたるカルタゴとの死活の戦の間に、その善戦健闘の魂を養った。而して一たびその敵を倒したるのちは、百戦錬磨の力を集め、シーザー、アウグストゥス等の英雄に指揮せられ、荘厳なるローマ帝国を建設して、西紀第一・第二世紀に隆盛の極に達した。この戦におけるローマの勝利によって、ギリシア・ローマ文明の融合が実現せられ、爾来政治的にはヨーロッパのローマ化、文化的にはヨーロッパのギリシア化ということが、動かすべからざる勢いとなった。

四　匈奴とヨーロッパ

さて叙上の東西対抗は、たとえ異種族であるとはいえ、実は白人と相近き、または白人と同根なる、セム民族及びイラン民族と白人との間に行なわれたるものである。然るにその後第五世紀に至り、白人とは全く種族を異にする一民族が、疾風の如く起こってヨーロッパを襲撃した。その民族とは他なし匈奴である。

匈奴は、もとシナの北、蒙古地方に占拠し、蒙古人の血を多量に混じたるトルコ族である。彼らは漢人によって北狄《ほくてき》と卑しめられていたが、けれどもその無比の剽悍をもって、早くより漢人の脅威となっていた。秦の始皇帝はその南下を防ぐために、万里の長城を築いた。漢の高祖の豪強をもってして、その北征はついに敗衄に終わらざるを得なかった。然るに後漢の初世に至り、匈奴は南北に分かれ、南匈奴は後漢に帰服した。而して後漢はこれに乗じて匈奴を攻め立てたので、匈奴はついに西方に避走し、且つこの西走に伴いて、極めて大規模なるアジア諸民族移動が起こった。それらのうち、ヴォルガ河畔に居を占めたる匈奴の一族が、後来の同族のために推前せられ（＊前に押し出され）、このとき既に東西に分かれて衰頽せるローマ帝国の前に、突如としてその雄姿を現わし、ヨーロッパに侵入して易々《やすやす》と今のハンガリーに一王国を建てた。

当時のヨーロッパが神の笞《むち》（＊鞭）として戦慄し今日のヨーロッパが悪魔の権化として憎悪するアッティラこそ、この匈奴の偉大なる君主である。匈奴は西欧人これを「Hun（＊フン）」と呼ぶ。それは悪虐者の代名詞として、今日に至るまでその憎むところの強力者を罵るにこの名をもってする。かつてナポレオンはドイツ人によって「Hun」と呼ばれた。そのドイツ人が第一次世界戦において逆にイギリス人から「Hun」と罵られた。匈奴の西征は今を距る約千五百年の往古、吾が国においては允恭《いんぎょう》天皇の御宇《ぎょう》に当たる。それにもかかわらず「Hun」の一語、今日なおヨーロッパ人の心に憎悪怨恨の念を起こさしむるに足るとすれば、そのヨーロッパに与えたる印象が如何に深刻を極めしかを察し得るであろう。

さりながらアッティラは、決してヨーロッパ史家が罵る如き悪虐の化身ではなかった。彼が王位に即いたのは、西紀四三三年であったが、即位後幾ばくもなくして、一牧者（＊羊飼い）が土中より発掘せる希代の宝剣を得てより、宝剣の威霊、よく百戦百勝なるべきを確信し、世界統一の雄心壮図を抱きて、西紀四五三年、美姫イルディコを得て盛んなる婚宴を張り、その

アッティラ

夜閨中《けいちゅう》に疑問の頓死を遂げたりしまで、実に二十年の歳月を、この理想の実現に邁往して、かつて倦みまたは疲ることを知らなかった。彼の面目（＊顔つき）は、東ローマ皇帝の使節として、西紀四四八年、彼の朝廷に派遣せられし一行の一人プリスクスの筆によって、躍如として描き出されている。これによれば、彼の風采は、丈《たけ》低く、色黒く、胸広く、頭大に、頭髪は若くして霜を置き、獅子鼻にして両眼深く窪み、炯々たる光を放っていた。左右に鋭き顧眄《こべん》を与えつつ、堂々と歩む彼の姿に、帝王の威厳自ずから備わり、あたかも天下万民の君主たるを自覚しつつある人の如く見えた。彼はローマ使節を遇するに珍味佳肴《かこう》をもってし、白銀の皿・黄金の杯を用いたが、己は木製の粗野なる杯盤を用い、わずかに一片の肉を取るのみにて、パンをさえも用いなかった。その服装の如きも、実に質素簡単を極め、刀剣の装飾、沓《くつ》の釦《こう》、馬具などに至るまで、部下の諸将の如く金銀珠玉を用いることなく、堅く祖先の遺風を守っていた。

彼は即位後八年にして中央ヨーロッパを統一し、さらに兵を東西に進めて、カスピ海の岸よりライン河畔に至る広大なる地域を平定した。而して四五一年には、ライン河を渡りて今のフランスに攻め入り、長駆してオルレアンを冒し、転じてカタロンの野にビシゴート王テオドリック及びローマの勇将アエティウスの軍と戦い、テオドリック王を殺したけれど、味方の死傷またおびただしかりしをもって、ひとまず軍をハンガリーに回した。

翌四五二年春、彼はさらにイタリア征討の途に上り、まず北イタリア第一の要害アクイレイアを抜き、アドリア湾頭に栄えたるコンコルディア・アルティヌム・バタヴィウムの諸市を抹殺し去り、さらにポー河を遡りてロンバルディア平野を経略し、ミランその他の諸市を降し、次いで南下して直ちにローマを衝かんとしたが、法王レオ一世の説得するところとなりて、その軍をハンガリーに回したので、ローマは辛うじて匈奴軍の蹂躙から免れることができた。

彼らは自ら常に「吾《われ》は神の咎なり、神に代わって末世の人間を膺懲す」といっていた。彼は已に帰服せる者は、よくこれを遇した。彼は一遍の武将なりしかの如く伝えられているけれど、実は戦場の闘士たるよりは三軍の帥たるに秀《ひい》で、三軍の帥たるよりはさらに帝王たるに秀でたる器量を有し、最も将士の心を収攬していた。彼のヨーロッパ侵略は、精神既に死して形骸のみ残れるローマ帝国の没落を早め、これに代わるべきカトリック教会の台頭、ゲルマン民族の興起を促し、西洋古代史の幕を閉じて、中世史への推移を急がしめた。

五　回教徒とヨーロッパ

匈奴の西征に次ぐものは、第七・第八世紀におけるアラビア人のヨーロッパ侵略である。マホメットの出現によって、忽然《こつぜん》強大なる国家となれる、一層適切にいえば強大なる宗教的戦争団体となれるアラビア人は、剣による新信仰の伝道を開始し、向かうところ敵なき勢をもって、常勝の歩みを東西に進めた。

　彼らは西紀七〇九年において、既に北アフリカ一帯を征服してしまった。回教軍を率いたる勇将アクバルが、大西洋の波立つ岸に達し、馬を海中に乗り入れて、「アラーよ、もしこの海吾が行く手を遮らずば、予はさらに西方未知の国に進み、神の唯一なるを教え、異教の民に妙法の利剣を加えんものを」と叫びたることは、回教史上の名高き語り草である。大西洋はアクバルの嘆じたる如く、回教軍の進路を阻んだ。さりながら地中海は、決して彼らの進撃を遮るものでなかった。北アフリカを帰服せしめたる名将ムサは、西紀七一一年、部下の一将タリクに五千の兵を与え、海を渡りてスペインに攻め入らせた。タリクが上陸したるスペインの一岩角は、このときよりジベル・アル・タリクすなわち「タリクの丘」と呼ばれ、のちに転訛してジブラルタルと呼ばるるに至った。

　タリクは、二百年来スペインに占拠せる西ゴート族（＊ゲルマン系）を敵とし、カディス市に近きヘレスの野において、西ゴート王ロデリックと四日にわたる激戦ののち、ついにこれを撃破してスペイン征服の礎を置いた。この捷報アフリカに達するや、ムサまた直ちに海峡を渡りてスペインに入り、タリクと力を協《あ》わせ、西紀七一三年にはほとんどこれを蕩平《とうへい》し去った。当時ムサの雄志は、実にピレネー山脈を越えてフランスに入り、さらに南下してローマを征服し、バチカン聖殿に教祖の緑旗を掲げ、次いで北上してゲルマン諸族を平らげ、ダニューブ河を下りて黒海に出で、バルカン半島に回教の勢威を布き、全欧を従えて然るのちにダマスコ（＊ダマスカス）に凱旋するにあった。この壮心烈志は、ダマスコ朝廷が両将を召還したために実現されなかったが、その後アブドゥル・ラハマンのスペインに将たるに及んで、ムサの志を継いで回教を全ヨーロッパに布かんと決心し、大軍を率いてピレネー山脈を越え、ヨーロッパの中原に進出した。かくて西紀七三二年、常勝不敗の回教軍は、フランク王国（＊現在の独仏両国）の勇将シャルル・マルテルが率いたる決死の大軍と、トゥール・ポアティエの間に横たわる平原に会戦し、激戦七日ののち、アブドゥル・ラハマン乱軍中に戦死し、回教軍は目的を果たさずして退却した。この一戦は、実に東西両民族の運命を決したる一大戦として、永久に記憶せらるべきものである。もしこの戦が回教徒の勝利に帰したならば、恐らく全ヨーロッパが回教徒によって征服せられ、世界史は全く今日と面目を異にしていたろう。幸か不幸か、回教徒のヨーロッパ中原進出は、この敗戦によって阻止されたが、ピレネー山西、イベリア半島の地は、その後も長くアラビア人支配下に置かれた。

さて回教徒が、西は大西洋の波打つ際より、東はインダス河の畔に至る広大なる地域を統一して、これを一個の回教国土たらしめたことは、実に世界史上の一奇跡ともいい得る。而してその創造せる回教文化は、アラビア人の信仰を基礎とし、殊にペルシア人の精神に哺《はぐく》まれたる東洋思想、並びにギリシア思想を融合せるものにして、あたかもアレキサンドル東征以後のヘレネス文化が然りし如く、燦然たる一個の世界文化であった。この文化は、アジアにおいてはダマスコ及びバグダード、アフリカにおいてはカイロ、ヨーロッパにおいてはスペインのコルドバ及び南イタリアのサレルノの諸都市において、最も爛漫たる花を咲かせた。暗黒時代と呼ばれし当時のヨーロッパにおいて、いやしくも知識を求めんとするほどの者は、笈《きゅう》をこれらの都市に負い、回教学者に師事するを常とした。

まずこれを哲学の方面について観れば、彼らはギリシア哲学、わけてもアリストテレスの著書をアラビア語に翻訳し、アヴィセンナ、アベロエス、マイモニデス等の哲学者を出した。次には数学及び自然科学が、回教世界において驚くべき発達を遂げた。彼らはインド数字を改善していわゆるアラビア数字となし、これによって計算上に新しき時期を画した。また代数すなわちアルジェブラの原語が、離れたるを結ぶというアラビア語アル・ジャブルより来れることによって知り得る如く、代数学もまた彼らの研究によって発達した。彼らはまた錬金術の研究より進みて、化学及び薬学の基礎を築いた。アルカリ、アルコール等の言葉は、いずれもアラビア語であり、アルカリと酸との区別は、実に彼らが初めて行なえるところである。またその占星術より進みて、天文学も盛んになった。彼らは解剖学を研究して、医学の発達に多大なる貢献を与えた。その医学と薬学とをもってして、アラビア人の中から多くの名高き医者を出した。中世においては、アラビア医者とは直ちに名医の意味であったほど、彼らはこの方面において西欧の尊信を博した。

彼らはまた盛んに通商貿易に従い、その隊商は、北はスカンディナヴィア半島、南はアフリカ東岸のザンジバル、東は遠くシナに来往し、至る所に商利と知識とを求めた。かくしてイブン・マスディ、イブン・ハウカル、イブン・バトゥータ等の地理学者を彼らの間から出した。また史学上において、最初に歴史に関する理論を研究し、歴史の社会学的研究を試みたるイブン・カルドゥンも、世界文化史に不朽の名を留むる回教の史学者である。

総じて叙上の回教的世界文化が、重大なる影響をヨーロッパに及ぼせることはいうまでもない。それは美術・音楽・工芸を世界に伝播《でんぱ》せる点において、西洋哲学史の古代より近代への架け橋となれる点において、近代科学――実にこれあるが故に世界の主人たるを得たる自然科学の芽を、ヨーロッパ人の精神に植え付けたる点において、または東西の交通を促進し、その文化の融合を容易ならしめたる点において、人類の歴史に向かって偉大なる貢献をなせるものである。

加うるに西欧封建制度とともに起これる尚武の精神、回教に対する反抗の念、彼らに奪われたるキリスト教聖地回復の希望が、西紀一〇九六年より一二七〇年に至る百七十四年の十字軍となりて現われた。十字軍は、その直接の目的において全然失敗し、かえって回教諸国の敵愾心を激発するに終わった。もとより聖地奪回の希望も遂げられなかった。さりながらヨーロッパ人のこれに加わって東征せる者、前後実に七百万を算し、約百八十年にわたり、一切の階級を挙げて共同の戦いにいそしみたることが、ヨーロッパに及ぼせる影響は、広大にして深刻である。それは一切の内訌にかかわらず、吾らは等しく白人であり、且つ等しくキリスト教徒であるという人種的並びに宗教的観念を、最も強烈且つ普遍的に西欧人の魂に刻み込んだ。白人の異人種に対する差別的精神は、実にこの共同遠征の間に孕まれたるものといい得る。

六　蒙古人とヨーロッパ

アラビア人に次いでヨーロッパと戦える者は、純乎として純なるアジア民族――吾らと血縁最も相近き蒙古人である。蒙古すなわちモンゴルとは、勇敢無比の意味。これをもって己の名称とし、剽悍豪強をもって誇っていたとはいえ、成吉思汗（＊チンギス・カン）出世以前の蒙古人は、所詮未開の一北狄であった。然るにチンギス・カンの一たび起って号令するや、窮寒、人の住むに堪えざるべき朔北の野に、組織あり統一ある国家の基礎を置き、この基礎の上に欧亜に跨る稀有の大帝国を建設せることは、ただ不可思議という外はない。

不可思議といえば独り蒙古人の場合のみではない。アッティラに率いられたる匈奴、マホメットに率いられたるアラビア人、いずれ劣らぬ不可思議である。これらの民族は、忽然として出現せる英雄が、剣を執って号令するまでは、為すなき蛮族の如く見えた。彼らの無為は、幾十年・幾百年の民族の全精神を、一個の英雄として出現させるための準備であったのか。およそ個人といわず、民族といわず、アジアには「一遍勝負性」ともいうべき特異な性質がある。日頃は手にもおえぬ疎懶漢《そらんかん》（＊無精者）が、いったん緩急に際すれば、何処より得来りしかと驚かるる知能を発揮する。「寝るも奉公」という諺ある如く、碌々《ろくろく》として無為無能なるかに見えし者が、時ありて平素精励なる人よりも、かえって奉公の大義を全うせる例は、求めるに極めて易くある。民族の場合も同様に、蛮民一朝にして天下の支配者となれること、叙上三者がわけても顕著であるが、他にもその例が少なくない。

さてこの不可思議なる民族及びその英雄（＊チンギス・カン）は、まず内外蒙古を統一し、満洲を略取し、黄河以北のシナを征服したるのち、西紀一二一九年、大挙西征の軍を起こし、七年にして中央アジアのほとんど全部及び南露の一部を征服した。チンギス・カンのあとを継げる窩闊台汗（＊オゴデイ・カアン）すなわち太宗は、父の遺業を承けて、西紀一二三五年、第二回ヨーロッパ遠征軍を起こし、五年にして中露・南露のほとんど全部を平定し、進んでポーランドに入り、東部ドイツを経略し、転じてハンガリーの全部、オーストリアの大半、及びバルカン諸邦を従え、長駆してイタリアのヴェニスに進んだ。もしオゴデイ・カアンが、酒に沈《ちん》湎《めん》してその生命を縮むることなく、その父の如く六十六歳までも生き得たならば、恐らくヨーロッパ全部が、蒙古軍のために征服されたに相違なかった。惜しむらくは一二四〇年、彼五十六歳をもって長逝したために、遠征軍はひとまず東に帰らねばならなかった。ギボンの『ローマ帝国衰亡史』に下の如く書かれている――「蒙古来の恐怖は、ヨーロッパの遠き果てまで広がった。一二三八年にはスウェーデンのゴーティア、ドイツのフリーザ地方の漁民が、北海海上に蒙古人出没すと恐れ、鰊《にしん》取りのために、イギリス沖に出漁する者なく、これがために鰊の価が暴騰した」と。

蒙古人が海上に出没するというが如きは、当時のヨーロッパ人の驚くべき無知を示すものである。白人が太古より優秀民族なりしかに迷信し、または白人が太古より理知的なりしかに迷信するアジア人は、ギボンのこの一節によってその蒙を啓くがよろしい。殊にこの征西軍において、蒙古軍の通訳を勤めたりし者が、七カ国の言語すなわちイギリス・ロシア・ドイツ・キプチャク・ハンガリー・アラビア・蒙古の言語に通じたる一イギリス人なりしことは、いろいろの意味において甚《いた》く吾らの注意を惹く。

かくて貴由汗（＊グユク・カン、第三代皇帝）すなわち定宗が、外蒙平野の内において行なえる即位式には、ローマ法王庁をはじめとし、フランス・イタリア・ロシアの諸国より、遥々《はるばる》使節が参列した。而して時のローマ法王インノケンティウス四世が、使節柏朗嘉賓（＊プラノ・カルピニ）をして定宗に奉呈せしめたる書中、定宗に向かってキリスト教に改宗を勧めたるに対し、定宗が蒙古在住の景教宣教師に命じ、ラテン文をもってしたためさせたる返書は、実に下の如きものであった――「上帝（＊天神）の加護によって人類全体の大総統たるグユク・カンより、ローマ法王に応える。貴下の使節、書を奉じて吾《われ》に来り、和を講ずることを求める。吾、使節の言を聴き、また貴書の趣意を知った。もし貴下等が果たして兵を罷《や》めようと思うならば、貴下をはじめ諸国の王公が、皆自ら来りて和を請うがよろしい。決して躊躇してはならぬ。貴下の書中、吾に対してキリスト教に改宗せよと勧めているが、吾はその理由を知るに苦しむ。また貴下の書中、吾がキリスト教徒を殺したことを驚いているが、それは決して驚くに当たらぬ。彼らは、上帝の意に背き、チンギス・カンの命令を拒み、奸計を用いて吾が使者を殺した。故に上帝震怒し、吾に命じてこれを膺懲せしめ、ことごとく諸国を臣附せしめ給うたのである。そは人力の能くするところにあらず、ただ上帝の命を奉じたればこそ能くしたことである。然るに西方諸国は、口には上帝を信ずると称えながら、常に他国を侮蔑している。かくの如きは決して上帝の眷顧《けんこ》を受ける所以でない。吾らは至心に上帝を拝する。故にその加護によって世界を統一し、東西の差別を撥無《はつむ》せんとするものである。吾らもまた人間である。上帝の加護なくしては、何事をも成就することができぬ」。

この一篇の書中に潜める蒙古人の荘厳なる理想、誠実なる信仰、而して熾烈《しれつ》なる意気を看取せよ。彼らは、口に信神を唱えながら実は人類平等の大義を忘れ、十字軍以来の人種的差別観に拠り、みだりに他国を侮蔑する白人を膺懲し、東西を渾一せる世界帝国、かつてアレキサンドルによって企てられし荘厳なる世界帝国を、一挙にして建設せんとせるものである。吾らアジア人はヨーロッパ史家の言を信じて、蒙古軍は殺戮掠奪を能事とせる悪魔国なりしかに考えてはならない。蒙古軍の魂は、実に古今の覚者湛然居士耶律楚材（＊ヤリツソザイ）その人であった。蒙古人はこの偉大なる宰相の指導を受けていたのである。

さて蒙古人の世界帝国の理想は、種々なる理由の下に実現されなかったけれど、ロシアの如きはその後ほとんど三百年の久しきにわたり、蒙古人支配の下に立った。フランス・スペイン・

イタリアの諸国は、蒙古の再びヨーロッパに侵入せんことを恐れ、長く蒙古汗と親善なる関係を繋ぐに努めた。第十五世紀初頭、チムールの朝廷に、フランス王シャルル六世や、スペイン王エンリケ三世の使節が入覲《にゅうきん》しているのを見ても、蒙古の勢威、如何にヨーロッパを圧倒していたかを知るに足るであろう。

予は序《つい》でをもってここにチムールのことを一言しておきたい。チンギス・カンの後継者をもって任じたるこの英雄児が、終世の目的とせるところは、第一に世界を統一してその君主となること、第二に後世無限の尊敬の裡《うち》に生きたいということであった。彼はこの目的のために、五十年間不断の努力を続けた。彼の生涯のうち、政治にも軍事にも心を労せざりし安楽の日は、実に僅々二カ月に過ぎなかった。アジアの英雄は、独りチムールのみならず、皆偉大なる国家を建設してその安寧を維持するために、その血の最後の一滴を流し尽くして厭わなかった。それらの事実を見るとき、予はアジア人が統治者・支配者としての、人種的本能を具足せることを信ぜざるを得ない。

蒙古人に次いでは、オスマン・トルコ人の西漸がある。彼らもまた、忽然として微弱より強大となれるアジア民族の一つである。その国を西アジアの一角に建てたるは、第十三世紀の末年であったが、次第に四方を征服して、西紀一四五三年には、廃残の東ローマ帝国を亡ぼし、都をコンスタンティノーブルに奠め、欧亜に跨る帝国を組織して、久しくヨーロッパの脅威となっていた。殊に一五二九年及び一六八三年のウィーン攻囲は、中欧諸国を震駭せしめた。

かくの如くにして第十三世紀より第十六世紀に至る数百年は、実にヨーロッパがアジアの前に慴伏せる時代であった。ヨーロッパ中世史の真相は、アジアとの関係を究めずしては、決して明らかにすべくもない。蓋し中世のヨーロッパ諸国、一つとして多かれ少なかれアジアの影響を蒙らざりしはない。ただ例外を求むればイギリスがある。イギリスはその地理的関係から、ほとんどアジアと接触することなかった。

七　ヨーロッパの隆興

蒙古軍の襲撃は、ヨーロッパにとりて恐怖戦慄すべき暴風来であった。幾多の小国に分裂割拠せる当時のヨーロッパは、その専横にして民心を失える諸王侯と、重き甲冑を装《よそお》いて進退の敏速を欠き、且つ大軍の駆け引きに慣れざりし武士と、訓練足らず勇気乏しき農兵とをもってして、到底数十年の征戦に鍛錬せられたる蒙古軍の敵でなかった。けれどもこの暴風は、沈滞し行き詰まれる中世ヨーロッパに対し、深甚なる刺激を与えた。それは匈奴が、ローマ帝国の没落を促して、ヨーロッパ古代史より中世史への推移を助けたりし如く、実に中世史より近世史への推移を促進した。

東西戦が常に然りし如く、蒙古来もまた東西の交通を頻繁ならしめ、従って東西の文化を接触せしめた。既に述べたる如く、外蒙の野に行なわれたるグユク・カンの即位式には、ヨーロッパ諸国の使節が、万里遠来して参列した。爾来西欧人にして種々なる目的を抱いて東洋に旅する者、次第にその数を加えた。殊に蒙古朝廷は、人種の如何を問うことなく、いやしくも才幹ある者は等しくこれを重用して、自由に手腕を振るわしめたので、その才能学芸をもって元朝に仕えたる西欧人の数は、決して少なくなかった。イタリア人マルコ・ポーロの如き、取りも直さずその一人である。彼は一二七五年、忽必烈（＊フビライ）の朝廷に来り、彼に仕えてシナに留まること前後十七年の長きに及び、帰国して名高き東方紀行を著わした。事実虚事《まことそらごと》うち混じえたるこの見聞録、並びにその他の旅行家の著書または談話が、皆東方アジアの殷富を高調せざるはない。例えば吾が日本である。日本はマルコ・ポーロによって、下の如く伝えられた――「日本国は満洲の海上千五百マイル、国土巨大にして、国民の容姿は端麗、文明なる風俗を有している。宗教は偶像崇拝にして、統治の主権は天皇にあり、絶えて外国の干渉を受けない。国内に黄金を産すること無限であるが、君主はこれを海外に輸出することを厳禁している。故に商船の往来はほとんどない。皇居の金色燦爛たること人目を眩《くらま》し、その荘厳は想像も及ばない。現に日本に赴いて目撃したる者の談話によれば、屋根は黄金の板をもって葺《ふ》き、天井は貴金属をもって張り、室内備え付けの卓子《テーブル》は、厚さ数寸の純金製のものである。窓や戸も皆装飾を施し、金をちりばめ、銀を張り、豪奢のさまは筆紙尽くすべくもない。また島内に多量の紅色真珠を産し、その形状は円く大形にして、白色真珠と同価または高価である。国民は、あるいは死者を埋葬し、あるいはこれを火葬する。その埋葬式には、死人の口中に真珠を含ましめる風習である。これをもってしても、如何に真珠の多きかを知るに足る。これに加えてその他の宝石もまたおびただしい。これこの国が富有なること世界に比類なき所以にして、大王フビライ大いにこれに垂涎し、一挙にしてこれを征服し、その国土を吾が有たらしめんとしたのもこれがためである」。

この驚くべき記事、ないしこれと選ぶところなき東方の異事奇聞が、当時のヨーロッパ人の好奇心、あるいは冒険心、あるいは征利心を、とめどなく刺激した。而して蒙古帝国の分裂、オスマン・トルコの興隆に伴える西アジア及び中央アジアの政治的混沌が、さなきだに困難なりし陸路による東西交通を、一層困難ならしめた。同時に地球の円形なることが次第に確証せられ、海路東洋に達し得べきを信ずる者ようやく多く、万里の波濤を越えて東洋に達し、見事一攫千金に先鞭を着けんとする冒険征利の精神が、年とともに強大を加えてきた。この精神の権《ごん》化《げ》が、取りも直さずコロンブスその人である。

ホムボルトの説くところによれば、コロンブスの一念発起は、マルコ・ポーロの東方見聞録に刺激されたものである。しかもその見聞録のうち、最も強くコロンブスの心を惹きたりしは、日本国に関する記事であった。フローレンス（＊フィレンツェ）の名高き地理学者トスカネリは、コロンブスの質問に対して、ヨーロッパより西航すれば、必ず東亜に到着すべしと確答している。マルコ・ポーロの書は、世に出でしより百年ののち、コロンブスに読まれてその偉大なる魂を動かし、ついに日本を目指して船出させることとなったのだ。

世界近世史――ヨーロッパ栄え、アジア衰えし世界近世史は、コロンブスその人によって第一頁を書かれた。しかもコロンブスをして、この白人世界制覇の途を拓かしめたる動機が、空しく伝えられし吾が日本の黄金なりしことは、まことに因縁不可思議というの外はない。而して白人世界制覇の最後の勝利者は、かつて蒙古征西軍を嚮導《きょうどう》せる通訳者を出だせる国、けれどもその地理的関係により、アジアの影響感化を蒙ることほとんど皆無なりし例外の国、すなわちイギリスその者であるということも、また一層の不可思議といわねばならぬ。

さて、近世におけるヨーロッパ世界制覇の径路は、ここに絮説《じょせつ》すべき限りでない。ただ吾らは、約三百年の間に、独りアジア人といわず、一切の非白人が、ほとんど皆ヨーロッパの下風に立つに至ったという事実を語れば足る。げに古えのサラミス役及びポアティエ役にも及ぶべき深甚なる意義を有する一九〇四―五年の日露戦争に至るまで、ヨーロッパの非白人征服の歩みは、かつて阻止されたことがなかった。而してヨーロッパのこの発展は、アジアの場合と異なり、忽然として出現せる神秘的英雄の号令によって行なわれたるにあらず、おもむろに充実し来れる国家の力が、歩々発達のきざはしを登り、功業に功業を重ねたる結果である。而してここに彼らの覇権の非常なる強みがある。

然らばこのヨーロッパの力は、何に基づき、如何にして充実し、且つ如何なる特徴を有するか。かくて吾らは、ヨーロッパの特性は何ぞという、重大にして複雑なる問題に逢着したのである。

八　ヨーロッパの世界制覇

ギリシア・ローマの古えより、中世を経て現代に至るまで、ヨーロッパ精神の最も著しき特徴の一は、現実の社会的生活――一層適切にいえば現実の国家に、人間の理想を実現すべき最上の組織を与え、いわば自働的に人類の進歩または完成を招来せんとする努力である。さればヨーロッパの偉大なる思想家にして、いまだかつて思を国家の制度組織のために凝らざりしはない。プラトン、アリストテレスはいうにも及ばず、神に酔える（＊心酔する）哲人スピノザさえ、またその例に洩れなかった。独り哲学といわず、アウグスティヌス、トマス・アクィナスの如き宗教家、ダンテの如き詩人まで、同じく心を政治的思索に籠《こ》めている。そは東洋が、主力を精神的生活の充実登高に注ぎ、人々個々、真理を体得しさえすれば、求めずして理想の国家を現出すべしとする主潮と、鮮明なる対照をなしている。

かくてヨーロッパは、その外面的組織制度を重んずる精神に相応して、截然たる歴史的発展の段階を踏んで今日に至った。ヨーロッパの歴史は、明白に外面的・組織的変化の歴史である。アテネ民主主義の勃興と没落、ローマ共和国よりローマ帝国への推移、ローマ帝国崩壊以後の封建ヨーロッパの出現、キリスト教の勝利、新社会の準備となれる文芸復興《ルネサンス》、宗教改革、フランス革命、而して最後には社会主義国家建設のための急激なる運動、一つとして火の柱の如く煥乎《かんこ》たらざるはない。然るに東洋においては、ただ吾が日本を唯一の除外例とし、その他の諸国の歴史の表面について、かくの如く顕著なる変化の跡を辿るべくもない。もとより王室の隆替、民族の興亡は、幾度となく繰り返された。けれども国家の組織制度の上に、これをヨーロッパの歴史において見るが如き鮮明なる変革が、意識的に行なわれた例はほとんどなかったといい得る。この間にありて独り日本は、天皇を大父と仰ぐ氏族制度の国家より、大化改新によって有機的なる君主国家となり、次いで実質において貴族政治の国家となり、さらに武門政治の封建国家となり、最後に明治維新によって近代的立憲君主国家となりたる点において、既に述べたるヨーロッパ的進化の跡を、歴然として示している。けれどもかくの如き変遷推移を一貫して、国家的生活の中心が、千秋万古皇室にありし点において、実に最も際立ってアジア的である。

さて西洋古代史は、ギリシアとローマとの歴史である。而してその文物は、ペルシアと角逐し、カルタゴと争覇しつつ、而してこれによる鍛錬によって成就された。西洋中世史は、ギリシア・ローマの力、次第に影薄きものとなりしとき、卓落不羈《たくらくふき》なる北方の児ゲルマン民族の、溌剌たる新興の意気に鼓舞せられ、崩壊したるローマ帝国の廃趾の上に、新たに組織せられたるローマ・カトリック教会、及びこれに伴える封建制度の歴史である。従来西洋史家が有意無意に閑却しているけれど、この西洋中世史において、アジア民族の西征が、極めて重大なる役割を勤めたことは、既に述べたる通りである。而して西洋近世史は、中世封建割拠の間に、相異《こと》なれる民族及び国家が、ギリシア・ローマの古代文化を根底とし、共通にキリスト教の信仰を奉じ、けれども同時に自己固有の精神を鍛錬長養して、それぞれの国民性を確立したる諸国の歴史であり、且つこれらの諸国が、ヨーロッパ内において互いに鎬《しのぎ》を削りつつ、しかも外に向かっては競争的に征服の歩みを進み来れる歴史である。

この近世ヨーロッパの源は、いうまでもなく文芸復興に伴える人間の個性の解放から流れ出た。神を涜《けが》し罪を誘うものとして、久しく斥けられてきた古代ギリシア及びローマの学芸が、憧憬と感激とをもって研究され始めてから、ヨーロッパはカトリック教会の束縛から解放され、啻に古代学芸が復興されたのみならず、その刺激によって新しき自覚を与えられ、その自覚によって新しき天地が拓かれることとなった。近代国家の成立も、宗教改革の断行も、皆その精神の源をこれに求めねばならぬ。

文芸復興によって生まれたる自由の精神は、十字軍によって振作せられたる戦闘的精神と相結び、政治的には近世の初期において、まず南欧イベリア半島国民をして、やがて白人世界制覇の端緒となれる航海探検の事業に旺向せしめた。次いで英・仏・蘭の諸国、またその跡を追うて海上に向かい、かえって先駆者を凌ぐに至った。植民的活動の名をもって呼ばるるこれらの運動は、当初は個人の冒険的精神、及びこれを庇護せる専制君主の力によって行なわれ、時を経るに従って次第に国民的運動の性質を帯び来り、その最も国民的となりたるものが、最大の成功を収めることとなった。かくて近世植民史の名をもって呼ばるるものは、これを民族争闘の上から見れば、取りも直さず白人の非白人征服史である。

かくの如くヨーロッパは、外に向かって侵略を試みると同時に、その侵略の結果として、国家生活の内部に重大なる変化を招き、殊に産業革命による経済生活の激変によって、一国の内部において、並びに諸国相互の間に、激しき新旧勢力の衝突行なわれ、ここに全欧にわたる革命的思想の台頭となり、而してこの衝突を手際よく解決せる国家が、近代ヨーロッパの強国、従って世界的強国たる礎を、波瀾重畳《ちょうじょう》の間に築き上げた。

この複雑なる近世ヨーロッパ史の底深く流れたる潮は、政治的には民主主義、経済的には資本主義、而して思想的には主知主義である。これに対する幾多の反抗的潮流ありしにかかわらず、この潜める潮が、第十九世紀後半に至りて、殊に澎湃たる勢を呈し、ヨーロッパは満帆の風を受けてこの潮に乗托《じょうたく》した。かくして生まれたのが現に吾らの目撃する現代ヨーロッパである。

この文化は、何はさておき、実験科学を最後の基礎とせるものであり、その一切の長所と短所とは、併せてともにここにある。自然の一切は、大は天体より小は細菌に至るまで、在りとし在るもの、皆人間の知性によって究め尽くせられざるはないとの自信から、彼らの専門的研究が始められた。而して真個驚嘆に堪えざる業績を挙げた。この業績は、直ちに人間の実際生活に応用せられ、その最大至深の結果が、産業革命として現われた。今日において、吾らの生活に最も便利なるほとんど全てのもの——地球の面積を時間的に縮小し去れる高速度の交通機関、暗夜を白昼の如くならしむる強力の照明設備、皆これ自然力を人間のために駆使することによって得られたるものにして、実に厳粛欺かざる西欧の知的探求に負うている。かくして彼らは、その科学的精神をもって国力を充実し、その政治的・経済的勢力を、資本主義的帝国主義に組織し、これによりて全地球の上に、各自の世界政策を展開するに至った。

欧州大戦（＊第一次世界大戦）は、次第に馴致《じゅんち》せられたる彼らの世界政策の衝突である。而してこの大戦によって、彼らの文明の長所とともに、その弱点が遺憾なく暴露せられ、且つ彼らの世界征服は蹉跌せねばならぬこととなった。それにしても彼らの功業は偉大であったといわねばならぬ。ここ三百年の間に、一切の有色人種は、次第に白人の前に雌伏し、昔日の自信と雄志とを失い尽くしたかの観を呈するに至った。人は自ら侮りて他の侮りを招く。白人の増上慢は決して偶然でない。

九　復興アジア

さて吾ら東洋対西洋の研究者にとりて、最も看過すべからざる一事は、欧州大戦を転機として、アジア問題の意義が、全く従来とその内容を異にするに至りしことである。世界戦前においては、いわゆるアジア問題とは、ヨーロッパ列強が、俎上のアジアを如何に料理し、如何にこれを分かち取るかの問題であった。然るに世界戦後のアジア問題は、全く戦前とその本質を異にし、ヨーロッパの支配に対するアジア復興の努力を意味するに至った。而してこの変化に伴いて、ヨーロッパ人のいわゆるアジア不安が起こってきた。それは彼らにとりてこそ「不安」であるに相違ないが、アジアにとりては疑いもなく復興の瑞兆《ずいちょう》である。

今やアジア不安は、西はエジプトより東はシナに至るまで、いろいろな姿を取りて現われている。西方回教諸国にありては、委任統治ないし保護統治を斥けんとする努力となりて現われ、インドにおいては迅速なる自治ないし完全なる独立に対する運動として現われ、安南においてさえフランス統治を転覆せんとする陰謀が企てらるる状態にある。

これら一切の運動は、その表面に現わるるところは、政治的ないし経済的である。けれどもその奥深く流るるところのものは、実に徹底して精神的である。何となれば今日のアジア復興運動は、目覚めたるアジアの魂の要求に、その源を発しているからである。これをトルコについて見よ。トルコにおいては、一九〇八年、青年トルコ党がまず革命を成就した。けれども当時の革命指導者たりし年少士官エンヴェルが、サロニカの町において、群衆に向かってなせる名高き演説に明白なる如く、当時の青年トルコ党は、紛れもなき西欧民主主義の謳歌者であった。然るに世界戦争中に起こりしトルコ国民主義は、トルコ精神の奥深く根ざせるツラン魂の覚醒に発している。故にその求むるところは、西欧民主主義をトルコに輸入せんとするにあらず、純乎として純なるトルコ文化を、自己の手によって建設し成全せんとするにある。これがために彼らは、一切外国語を使用すべからずというが如き極端にまで馳せた。トルコにおいては、日本においても然るが如く、町々の看板や掲示に、英・独・仏語、ないしギリシア語を用いていた。然るにトルコ政府は、厳命一下ことごとくこれを取り去らせ、トルコ語以外の一切の異邦語を使用することを禁じ、同盟国たるドイツの言語文字をも、一様に斥け去った。事の是非はしばらく措《お》く、彼らの運動が如何に本質的なるかは、これによっても知り得るであろう。

吾らは同様の事実をインドにおいても見る。世界戦前におけるインドの独立運動は、その目的並びに手段において、紛れもなくヨーロッパ革命運動の模倣であった。然るにガンディーの出現によって、インドの独立運動は徹底してインド的となった。そは如何なる点においてももはや西欧の模倣でない。その目指すところは、啻にイギリスの支配を斥くるのみならず、インド精神より生まれ出づるインド的政治によって、新しきインドを建設するにある。

また小アジアにおける回教諸国の運動が、政治的なると同時に宗教的、従って精神的なることはいうまでもない。これらの民族が、ヨーロッパの委任統治ないし保護統治を斥けるのは、その政治的支配、並びにその経済的掠奪を斥けるためなることはいうまでもない。けれども彼らの根強きヨーロッパ排斥には、一層深き理由がある。そは西欧諸国がこれらの地方において、十分に経済的掠奪を遂ぐるためには、勢いアジア民族の生活を、ヨーロッパ的に改める必要がある。而してこれらの民族は、かくの如き生活の変化を根本において厭忌《えんき》する。この二重の独立――精神的独立と政治的独立、これ目覚めたるアジアの今まさに求めつつあるところのものである。而してこの二重の独立に対する要求、これを実現せんとする努力が、すなわちアジア不安の原因であり、従ってアジア復興の真意義である。

このアジア復興の努力が、同じく世界戦の所産の一なる国際連盟と、氷炭相容れざる目的を有するものなることは、極めて明白であるといわねばならぬ。蓋し国際連盟は、その標榜が如何なる修辞をもって粉飾せらるるにせよ、要するに現在のままの国際状態を長久に持続したいためのものであり、決して新しき世界主義に拠って立てる組織でない。しかも世界の現状とは、実にアングロ・サクソンの世界制覇ということでないか。それ故に国際連盟は、所詮アングロ・サクソンをして長久に世界の最優越者たらしむるためのものである。アジア諸国の真摯なる独立運動者が、吾が日本を罵りて、黎明アジアの唯一の黒点と呼んだのは、日本が国際連盟に加入せること、またその原因の一つとなっていた。

さりながら国際連盟という如き外面的制度によって、永く世界の現状を釘付けせんとする計画並びに努力は、一切生類を支配する厳然たる理法を無視して、国家の新たに生まれ、または大いに発展し、またはついに死滅せんとするを妨げんとするもの、隷属国民より自由を回復するの権利、弱小民族より強大ならんとする権利、新興国民より老衰国民の後継者たらんとする権利を奪わんとするものなるが故に、ついに無益にして且つ無効に終わらねばならぬ。蓋し一切の組織または制度は、理法の具体的発現としてのみ、意義と価値とを有するものなるが故に、非法の組織または制度が長久に存続する如きは、到底不可能のことに属する。

かくて国際連盟の樹立にかかわらず、実にその樹立の精神に一顧眄だも与うることなく、アジア諸国は既に述べたる如く復興途上にある。而して一方ヨーロッパ諸国そのものが、今や避け難き変革の脅威に遭い、国家内部において長き闘争を続けねばならぬ状態にある。何となれば現代ヨーロッパの制度を、全体的且つ根本的に否定する思想が、世界戦とともに台頭し、既にロシアにおいて凱歌を挙げているからである。そは外面的制度の更新によって、でき得る限りの「幸福」を現実生活の上に実現せんとするものなる点において、鮮明にヨーロッパ的努力であり、その根底を流るる精神は、フランス革命のそれと同一である。

然るに歴史の吾らに明示するところによれば、従来ヨーロッパにおいて新しき社会理想が人心を支配せるとき、やがて来るものは個人的生活並びに社会的制度の偉大なる変革であった。もとより旧き思想がこれと戦った。戦って一時は勝利を得たこともあった。けれども最後の勝利は常に新しきものによって唱えられてきた。あるいは思想の変化に伴いて、全く新しき組織制度が旧きものと代わった場合もある。または思想的に変化を遂げつつも、新しき生命を原動力として、旧き制度が存続したる場合もある。いずれにもせよ革新はついに避け難かった。近き例証を欲するならばメッテルニヒ（*オーストリア宰相）の努力を見よ。ヨーロッパには珍しきこの徹底せる保守主義者は、フランス革命の源となれる思想に対し、実に下の如く確信した――「かかる思想は、本来この世に現われるべきものでなかった。さりながら不幸にもいったん現実に侵入してきた以上、諸国は協力してこれを亡ぼさねばならぬ」と。けれどもその努力はどうであったか！　故に吾らは思う、晩《おそ》かれ早かれヨーロッパ諸国は革命の洗礼を受けねばならぬと。現にイタリア及びドイツが、既にロシアの先蹤を追いて、新しき秩序をそれぞれの国内に確立しつつある。

さて日本のうちには、社会主義的精神がヨーロッパを支配するに至らば、国際間の戦争が撥無されるであろうと安心する人々がある。この安心は最も危険である。想を百年の昔に馳せて、フランス革命の標語を念頭に喚び起こせ。そは今日の社会主義の主張よりは、遥かに潤いある「自由と平等と友愛」でなかったか。而してこの理想のために、幾多の高貴なる生命が、勇躍して犠牲となったのだ。然るにこの革命的思想が、とにもかくにも勝利を得たにかかわらず、白人の最後の世界制覇が、フランス革命以後のヨーロッパ列強によって、最も無遠慮に遂行されたではないか。主知主義の上に立ち、人類に共通なるべきものとして、あれほど高唱せられたる自由と平等と友愛とが、彼らの国際的生活の何処かに、その痕跡でもあるか。さればこそ日本の社会主義者が好んで味方として引用するバートランド・ラッセルさえ、その著『自由への道（*Roads to Freedom）』において、蜂窩《ほうか》（*蜂の巣）の例を引いて、たとえ列強がことごとく社会主義国家となりし暁にも、国際間の紛争は決して絶えぬと述べている。殊に人種的感情が介在する場合、国際関係は一層複雑を加える故に、ラッセルが明らかに国名を挙げて断言している如く、日・米・豪《オーストラリア》がことごとく社会主義国家となる日ありとしても、三者の間に横たわる問題は、これによって些かも解決されるものでない。

かく考え来るとき、吾らはアジア対ヨーロッパの将来を、ほのかに揣摩《しま》することができる。アジアの自覚が強大になればなるほど、ヨーロッパとの衝突が、それだけ避け難きものとなる。ヨーロッパが、その奪えるアジアを、正当なる所有者に返却せざる限り、東西の戦《いくさ》は実に運命的である！

さりながら来るべき東西戦をもって、連合アジアと連合ヨーロッパとの対戦と速断してはならぬ。左様なことは近き将来において決してあり得ることでない。アジア対ヨーロッパの戦、世界史の新しき日がこれによって明け始め、全ての人々の眠りを覚ますべき戦は、古えにおいて然りし如く、将来においてもまた、アジアを代表する強国と、ヨーロッパを代表する強国とが、それぞれ東西の戦士として選ばれ、もとよりその他の諸国の左袒《さたん》（＊味方）するものありとしても、実際の戦としては、それら両国の決戦として戦われねばならぬ。端的にいえば、来るべき東西戦は、東西における最強国の衝突争闘である。予はアジアに告げる――「概念を実在と混同して、東西戦とは、全亜と全欧との各連盟が成立し、然るのちに戦わるるものなるかに空想するな。他国の向背如何にかかわらず、汝らのうちの一国が、まず選ばれてアジアの戦士、従って新しき世界のための戦士とならねばならぬのだ！」と。

十　ヨーロッパ・アジア・日本

叙し去り叙し来れる如く、アジアとヨーロッパとは、世界における最大至高の対抗個体として今日に及んだ。アジアは、これを全体についていえば、実に人類の魂の道場であり、ヨーロッパは、人類の知識を練る学堂であった。かくてアジアの歴史は、根本において精神的であり、その革新または推移は内面的に行なわれたるが故に、既に述べたる如く表面に現われたる政治的ないし経済的変化は、ヨーロッパのそれに比べて自ずから影薄からざるを得ず、往々にして人の意識にも上らなかった。加うるにその変化が、おもむろに内面より行なわれし上に、昔ながらの形式及び名称が、実質全く変じたるのちまでも、不思議なる執着をもって固執せられ、そのために一切の変化が一層不鮮明の度を加えた。

かくの如くにしてアジアは、祖先の精神、祖先の信仰、祖先の遺風を昔ながらに護持し、またこれを後昆に伝えることを、最も神聖なる義務と考える。而してその極端なる者に至りては、人間及びその社会組織は、必ず発達か退転かの一つを免れぬということ、または時勢の推移は何ものをも変化せしめずば止まぬということを、強いて考えまいとしている。かくして万世不易ということが、アジアの最も有力なる生活理想となった。もとよりヨーロッパにも保守主義者がいる。さりながら彼らは、少なくとも社会進化の法則を承認する。彼らと進歩主義者との論諍《ろんそう》は、ただ正しき速度と、正しき方向とに関してである。アジアの保守的精神はすなわち然らず、時間の流れに超出して、万古不動を固執する。そはあたかも舟中の人が、固く瞑目して両岸を見ざるが故に、水流れず舟進まずと思惟するに似通う。

このアジアの保守主義は、いうまでもなく利害得失相伴う。その善を挙ぐれば、この精神あるが故に、アジアは過去における真個に価値あるものを護持し、中断せざる文化の系統を相承するを得た。アジアの精神的鍛錬は、今なお往古と異なることなく、その根本的真理は、今日まで伝統不断である。例えばこれを吾ら日本人自身の意識について見よ。吾らは万葉集の歌を読み、能狂言を見て、現に吾らの文学的・芸術的要求を満足させられている。千年以前の歌謡、数百年以前の舞踏が、そっくりそのままの相《すがた》をもって、昨日読み出でられたる歌の如く、また今日舞い始められたる舞の如く、味わい楽しまれるということは、ただアジア意識のみがよくするところであり、ヨーロッパにおいて決してその例を見ざるところである。

けれどもこれと同時に、かかる保守的精神は、無用に帰したる過去の塵埃を、人類の行く手に堆積し、その発展の自由を阻む。かつては価値ありても今や無意義となりしもの、本来の精神を失い尽くせる無用の形式が、なお神聖なるものとして頑守せられ、これがために国民的生命の溌剌たる流行を遮り、その水をして死水たらしめる。もし巧みにこれを排渫し開放するにあらずば、社会は必ず病に罹らざるを得ない。かくの如き保守主義が、アジア衰微の一因となりしことは、拒むべくもなき事実である。

さりながらアジアの保守主義の真個の意義は、決して旧き一切に対する愛着にあるのではない。万世不易とは、一切が不変なるべしと固執することではない。そは信仰・道徳・制度・風習——総じて文化現象において、一時的なるものと永遠なるものとを分別し、その永遠的なるものをあくまでも護持することでなければならぬ。換言すれば、一切現象の奥に横たわる万代不易のものを認識し、堅確にこれを把持《はじ》することでなければならぬ。さらに換言すれば、現実そのもののうちに、常に万代不易なるものを実現し行くことでなければならぬ。天行は健なり、君子もって自彊《じきよう》して息《や》まず（＊天地の運行が健やかであるように、君子も自ら励み怠ることはない）とは、取りも直さず永遠の理法を吾らの生活の上に実現すべく、不断に努力すべきことを道破せるものである。形式と外面とに囚われることは、むしろアジア保守主義の至深の精神に悖《もと》るものとせねばならぬ。

この点において、近世ヨーロッパのアジアに与えたる教訓は、尊き教訓である。ヨーロッパは、人間の現実の生活が神聖なるものなること、その正しき充実発展がすなわち理法の実現なること、これを無視するはやがて理法そのものを無視するに外ならぬことを、鉄鞭《てつべん》を振るって仮借なく打擲《ちようちやく》しつつ、けれども実は自ら意識することなしに、吾がアジアに教えている。そは既に述べたる如く、アジア本来の精神が、既に体得せる知恵であったのに、今やかえってヨーロッパによって否応なく再びこれを体得させられつつあるのだ。ただ日本のみは、古えより「易は不易にして変易」なる真理を色読し、現実の生活に理法を実現すべき努力を怠らざりし故に、幸いに今日あるを得た。この点についてアジア諸国は、日本歴史について真個に学ぶところなければならぬ。

今東洋と西洋とは、それぞれの路を行き尽くした。然り、相離れては両《ふたつ》ながら存続し難き点まで進み尽くした。世界史は両者が相結ばねばならぬことを明示している。さりながらこの結合は、恐らく平和の間に行なわれることはあるまい。天国は常に剣影裡にある。東西両強国の生命を賭しての戦が、恐らく従来も然りし如く、新世界出現のための避け難き運命である。この論理は、果然アメリカの日本に対する挑戦として現われた。アジアにおける最強国は日本であり、ヨーロッパを代表する最強国はアメリカである。この両国は、天意か偶然か、一は太陽をもって、他は衆星をもって、それぞれ国家の象徴としているが故に、その対立はあたかも白昼と暗夜の対立を意味するが如く見える。この両国は、ギリシアとペルシア、ローマとカルタゴが戦わねばならなかった如く、相戦わねばならぬ運命にある。日本よ！　一年ののちか、十年ののちか、または三十年ののちか、そはただ天のみ知る。いつ何時《なんどき》、天は汝を喚《よ》んで戦を命ずるかも知れぬ。寸時も油断なく用意せよ！

　建国二千六百年、この優秀なる民族をもってして、日本はただ異邦より一切の文明を摂取して、自己の心魂を長養し来れるのみで、いまだかつて世界史に積極的に貢献するところなかった。この永き準備は、実に今日のためでなかったか。来るべき日米戦における日本の勝利によって、暗黒の世は去り、天つ日輝く世界が明けそめねばならぬ。

第二部　近世欧羅巴植民史（抄）

序

世界近世史の最も厳粛なる事実は、実に世界のヨーロッパ化である。永くアジアの一半島に過ぎぬ狭小なる天地に跼蹐《きよくせき》（＊びくびくして暮らすこと）し来れるヨーロッパ諸国は、わずかに過去四百年の間に常勝不敗の歩みを四方に進め、あるいは政治的に、あるいは経済的に、少なくも文化的に、ほとんど地球全面を征服し去った。この世界のヨーロッパ化は、近世初頭におけるラテン民族による新世界の発見、及びこれに伴える列強の植民的発展と、ゲルマン民族による宗教改革、及びこれに伴える旺盛なる精神的飛躍とに負う。

かくて近世ヨーロッパ植民史は、政治的にはヨーロッパの帝国主義の勝利、経済的にはその資本主義の昂潮、人種的には白人世界制覇の跡を辿るものにして、汲みて尽きざる興味と教訓とに充つ。而してこの興味と教訓とは、アジアにおける唯一の強大にして高貴なる非白人国家として、啻《ただ》にヨーロッパの前に跪拝《きはい》することを肯《がえ》んぜざるのみならず、アジアとヨーロッパとの対立を止揚して、荘厳なる第三帝国（＊理想国家）を実現すべき使命を荷《にな》い、現にその聖戦に拮据《きつきよ》しつつある日本国民にとりて、一層切実深刻ならざるを得ない。

然るに一事の甚だ不可思議なるは、かくの如き植民史の研究が、多く国民の関心を惹かず、少なくとも邦文にて書かれたる権威ある植民史の絶無なることである。翻訳はしばらくこれを措く、著作としては予の知る限りわずかに二種に過ぎず、しかもともに杜撰《ずさん》にしてついに良著というべくもない。これを学問の自余の分野において、あるいは全般にわたる著作、あるいは特殊問題に関する論文が相次いで発表せられ、繚乱としてその妍《けん》を競いつつあるに比ぶれば、満目ただ荒涼を極めている。寒煙空草裡には、一茎の野花《やか》、なおかつ風情を添う。予のこの著はまさにかかる野花たるべきものである。

植民史の著述は決して予が昨今の発心でない。そは往年予が拓殖大学に植民史及び植民政策講座を担任せる頃よりの宿志である。けれどもその後、時務に激するところありて久しく机辺《きへん》を離れ、倥偬《こうそう》（＊多忙）として風塵に塗れていたので、多からぬ時間を割きてわずかに研究を続けては来たが、筆執る余裕などは思いも寄らなかった。然るに一朝五・一五事件に連座して囹圄《れいぎょ》の身（＊昭和十年、反乱罪により禁固五年の判決を受け、入獄）となるや、公私一切の葛藤、たちどころに撥無せられ、無為閑々たること太古の民の如くなるを見た。すなわちこの機に乗じて存分に植民史研究に没頭せんと欲し、ヨーロッパ世界争覇に関する諸著を集め、冷頭熱腸、読みては書き、書きては読む以外、朝々暮々また他事なく、人は獄裡日輪の歩み遅々たるを嗟嘆《さたん》するも、予はかえってその颯々《さつさつ》たるに一懼《いつく》せざるを得なかった。

人は学んで初めて己の無学を知る。予は研究を進むるに従って、知るべき事実、解くべき問題のいよいよ多きを知った。けれども完璧を求むれば、ついにその止まるところを知らぬ。予は獄を出づるに及んで、いったん予の研究に段落を付し、現に学び得たるところをまとめて、一応予の宿志を遂げるに決し、ここに近世欧羅巴植民史第一巻を出だすこととした。向後半年ごとに一巻を刊行し、総じて四巻をもって完了するであろう。初発心の頃を一顧すれば、十五年の歳月、水の如く逝き、下獄によって初めて稿を起こすに至った。想い来ればこの書もまた因縁不可思議の所生である。

昭和十六年十月　　大川周明

第一章　ポルトガル

一　ポルトガルの建国

近世欧羅巴植民史の第一頁は、実にポルトガルによって書かれた。わずかに百万の人口を擁してイベリア半島の一角に拠り、いまだかつて史上に頭角を抽《ぬき》んでざりしこの小国が、如何にして他国の敢えてせざりし海上探検を試み、諸国に先んじて功業を波濤万里の外に樹て、これによってヨーロッパの人心を全く新しき活動分野に向かわしめ、ついに白人世界制覇の途を拓くに至ったか。その由来を明らかにするために、吾らはまずこの国の歴史を顧みねばならぬ。

マホメットの出現によって、突如強大なる国家、一層適切にいえば強大なる宗教的戦争団体となれるアラビア人は、剣戟による新信仰の伝道を開始し、向かうところ敵なき勢をもって常勝の歩武を東西に進めた。彼らは西紀七〇九年において、既に北アフリカ一帯を征服した。このとき回教軍を率いたる勇将アクバルが、大西洋の波立つ岸に達し、馬を海中に乗り入れて「アラーよ、もしこの海吾が行く手を遮らずば、予はさらに西方未知の国に進み、神の独一なるを教え、異教の民に妙法の利剣を加えんものを」と叫びたることは、回教史上の名高き語り草である。大西洋は、アクバルの嘆じたる如く、回教軍の進路を阻んだ。さりながら地中海は、決して彼らの進撃を遮り得なかった。北アフリカを征服せる名将ムサは、部下の一将タリクに五千の兵を与え、海を渡りてスペインに攻め入らせた。タリクが上陸せるスペインの一岩角は、ジベル・アル・タリクすなわち「タリクの丘」と呼ばれ、後に転訛してジブラルタルと呼ばるるに至った。

タリクは、二百年来スペインに占拠せる西ゴート族を敵とし、七一一年三月、カディス市に近きヘレスの野において、西ゴート国王ロデリックの大軍と四日にわたる激戦ののち、ついにこれを撃破してスペイン征服の礎を置いた。この捷報アフリカに達するや、ムサまた直ちに海峡を渡ってスペインに入り、タリクと協力して七一三年にはほとんどイベリア半島を蕩平し去った。当時ムサの雄志は、実にピレネー山脈を越えてフランスに入り、さらに南下してローマを征服し、バチカンの聖殿に教祖マホメットの緑旗を掲げ、次いで北上してゲルマン諸族を平らげ、ドナウ河を下りて黒海に出で、回教の勢威をバルカン半島に布き、全欧を従えて然るのちにダマスコに凱旋するにあった。この壮心烈志は、ダマスコ朝廷が両将を召還せるために実現されなかったが、その後アブドゥル・ラハマンのスペインに将たるに及び、ムサの志を継いで回教を全欧に布かんと決心し、大軍を率いてピレネー山脈を越え、ヨーロッパの中原に進出し、七三二年、フランクの勇将シャルル・マルテルが率いたる決死の大軍と、トゥール・ポアティエの間に横たわる平野に会戦し、激戦七日ののち、ついに撃破せられてアブドゥル・ラハマン乱軍中に戦死し、回教軍は目的を果たさずして退却した。この一戦は、実に東西両民族の運命を決したる大戦の一つとして、永遠に記憶せらるべきものである。もしこの戦が回教徒の勝利に帰したならば、恐らく全欧を挙げて彼らのために征服せられ、世界史は著しく今日と異なる面目を呈したことであろう。幸か不幸かこの敗戦によって、回教軍のヨーロッパ中原進出は阻止されたが、ピレネー山西、イベリア半島の地は、その後も長くアラビア人支配の下に置かれ、半島のキリスト教徒は、わずかにピレネー及びアストゥリアスの山間に拠って、余喘《よぜん》を保つに過ぎなかった。

回教徒のために磽确《ぎようかく》（＊石が多く痩せた土地）なる山地に追い込められしキリスト教徒は、かつて彼らの祖先のものなりし快き渓谷や、稔りよき葡萄園が、異教の侵入者の掌裡に帰し、かつて十字架を戴ける礼拝堂に、新月の輝きつつあるを見て、悲憤の血を湧かさざるを得なかった。かくて第十一世紀末葉に至り、不断の内訌によって回教国家の勢力ようやく衰え、第十二世紀初頭、ついに分裂して幾多小国の割拠を見るに及び、キリスト教徒は勇躍して勢力の回復に努め、爾来実に三百年にわたる征戦によって、歩々その敵を南方に圧迫し、第十四世紀中葉には、半島の大部分を回教徒より奪回した。この征戦の間に幾多独立せるキリスト教国の出現を見たが、その最も有力なりしは東方のアラゴン、中央のカスティーリャ及び西方のポルトガルにして、その他は逐次これらの国々のいずれかに併合された。

これらの諸国は、一方回教徒と戦いながら、他方彼ら自身の間に不断の争闘を続け、前者においてよりも一層多くの鮮血が、後者において流された。今第十五世紀中葉における独立諸国の広袤《こうぼう》を見るに、レオン及びガリシアを併せたるカスティーリャは半島全面積の六割二分、バレンシア及びカタルーニャを併せたるアラゴンはその一割五分、ポルトガルはその二割、東北の一小国ナバラはその一分、回教徒の最後の領土たりしグラナダはその二分を占めていた。而して一四七九年にはグラナダを略取し、一五一二年ナバラを併合するに及び、ここにイベリア半島は西葡（＊スペインとポルトガル）両国の間に分かたれることとなった。かくしてこの両国は、人種を異にし宗教を異にせる支配者との、数世紀にわたる悪戦苦闘の間に生まれたる国家である。

さてポルトガルが一個の国土として史上に現われたるは、一〇九五年、カスティーリャ・レオン・ガリシア三王国に君臨せるアルフォンソ六世が、ブルゴーニュより来りて半島の十字軍に加勢せるアンリ伯（＊フランス貴族）の勲功に酬《むく》いるため、これに王女テレサと、回教徒より奪回せるオポルト及びコインブラの二領地を与え、ガリシア国に臣属する「ポルトガル伯」に封じたるときをもって始まる。

ドウロ河北ギマランイスを首府とせる新領主アンリ伯は、典型的なる中世フランス武士として、冒険を好み、功名に焦がれ、最も平穏無事なる生活に堪えず、その国を妃テレサに委ねて、あるいは第二十字軍に加わり、あるいは他国の戦場に馳駆していた。テレサは才色双絶の女丈夫にして、自ら陣頭に立って戦場に赴く勇気と稀有の政治的手腕とを兼備し、一一一四年アンリ伯が三歳の幼児アフォンソ・エンリケスを遺して死するや、全力を傾倒してその子の領土を一個の独立国たらしむるに努め、国民的自覚を人民に鼓吹して、ガリシア人と呼ぶを止めてポルトガル人と称えしむるに至った。惜しむらくはのちにガリシアの美しき貴族を溺愛せるため、人民の信望を失い始めた。而して一一二七年隣邦カスティーリャ・レオン・ガリシア王アルフォンソ七世がポルトガルに侵入して臣従を要求し、テレサのこれに応ずるや、首府の市民は、当時十七歳の青年なりしアフォンソ・エンリケスを擁してこれに反抗した。翌一一二八年アフォンソ・エンリケスは、武力をもって政権をその母より奪い、アルフォンソ七世と戦うこと前後四回、一一四〇年ついに向後ガリシアの政治に干渉せず、且つ領土を北方に拡張せざることを条件として、アルフォンソ七世をしてポルトガルの独立を承認せしめ、ここに初めて国王と称するに至った。而して一一四三年には、ローマ法王もまた彼の国王たることを承認した。

これより先一一三九年、アフォンソ・エンリケスは南方深くモール人（＊ムーア人）の国土に攻め入り、ベジャの南に横たわるオーリケ原頭に回教軍と戦いて大勝し、敵の心胆を寒からしめたが、今や国王となりてより、一層の熱心をもってモール人の治下にありし南方諸州の経略に従った。かくて、一一四七年にはタグス河畔の大都、河口を距る約百キロの地に位するサンタレンを奪った。翌一一四八年には、イギリスの港ダートマスより出帆して、聖地に向かう十字軍戦士を載せたる一大船隊のオポルトに寄港せるを好機とし、彼らを説得してその援助の下にリスボンをモール人より略取した。ドウロ河口のこの良港は、早くよりイベリア半島西岸の中心たる地位を占め、四百年にわたりてモール人の最も重視せる形勝の地であった。従って爾後この地がポルトガルの首府となりしことに何の不思議もない。征服の歩みはさらにドウロ河南に進められ、一一五八年には富有なるモール人の都市アルカセル・ド・サルを陥れた。

ただ王のかくの如き成功は、晩年に王をして隣邦に対する野心を抱くに至らしめ、ついに兵を磽确不毛なるイベリア高原に進め、バダホスを略取せんとせしめたが、王は啻にその目的を達せざりしのみならず、かえってこれがために失うところ多かった。けれども一一八五年、王がその長き生涯を終えたるとき、初めガリシア国の一属領に過ぎざりしポルトガルは、既に重きをヨーロッパ諸国の間になせる強固なる一王国となっていた。かくの如きは中世紀においてさえ稀有の出来事であり、ひとえにアフォンソ・エンリケスの偉大に負えるものである。

その後サンシュ一世、アフォンソ二世、サンシュ二世、アフォンソ三世を経て、一二七九年ディニスが王位に即ける頃は、モール人は既に全く南部諸州より掃蕩せられ、ポルトガルは今日の全版図を半島において獲得し、もはや征戦と領土拡張との時代を過ぎて、国内を整頓し文化を向上せしむべき時代に入りかけていた。而してかくの如き時代の君主として、ディニスは申し分なき国王であった。「彼は詩人にして文学を愛した。彼は偉大なる行政家にして正義を愛した。彼は経世家にして外国との戦争を避けた。彼は深慮遠謀の人にして、貿易を奨励してポルトガル勢力の海外発展に備えた。特に彼は農業その他の平和なる仕事をもって不断の戦争に代わらしむる必要を看取し、一切の方面において勤労王という貴き綽名を得た」。王は同時に海外貿易と海上権力とを振興する目的をもって、初めてポルトガル海軍を建設した。最もイギリスとの親善を図り、通商条約を結んだ。監察官を王領諸都市に置いて貴族の秕政を阻止せんとした。農学校を建て、模範農場を置き、農業の重んずべきを国民に知らしむるに努めた。のちにポルトガル文化の中心となれる大学をリスボンに創設した。而して四十六年にわたる長き治世の間に、父祖より承けたる国家の礎を固めて、一三二五年に長逝した。

アフォンソ四世及びペドロ一世は、ともにディニスの政策を継承し、半島諸国との葛藤を避け、イギリスとの政治的並びに商業的関係を親密にした。然るに一三六七年、美男王と呼ばれたるフェルナンドが王位に即くに及び、ポルトガルの歴史はようやく危機に入りかけた。蓋し南方アルガルヴェを征服し去りてより、平和と繁栄の時代永く続きたるため、ポルトガル国民はほとんどヨーロッパの如何なる国民よりも富裕となり、且つ強力なる国民意識を抱き始めたるにかかわらず、宮廷は次第に放埓《ほうらつ》となり、国民との感情が次第に阻隔するに至った。もし国王にして長く王位を保たんと欲すれば、かつてアフォンソ・エンリケスまたはディニスが然りし如く、真個の国民的君主として国民の精力を新しき目的に旺向せしめ、ただ歓楽を追うことを止めて人君《じんくん》の本務に復《かえ》らねばならぬときであった。然るにフェルナンドは、人となり柔弱軽薄なる上にいたずらに野心のみ強く、ために事をカスティーリャと構えて無用の干戈を交えた。加うるに王が一貴族の妻たりしを奪いて王妃とせるレオノールは、残忍にして奸悪《かんあく》、柔弱なる国王を籠絡《ろうらく》して専横極まりなく、国民は深刻なる反感を彼女に対して抱くに至った。殊に一三八三年四月二日、カスティーリャ王フアン一世との間に結ばれたる平和条約は、唯一の王女にして当時わずかに十一歳なりしベアトリス（＊レオノールの長女）をカスティーリャ王妃となし、もしフェルナンド逝去の場合は、ベアトリスの第一王子が成年に達するまで、レオノールがポルトガル摂政たるべきことを取り極めた。結婚式は直ちに挙げられた。フェルナンドは病重くして席に列なり兼ねたが、レオノールはその愛人とともに列席して最も陽気に振る舞い、多くのポルトガル貴族を顰蹙《ひんしゅく》せしめた。而してこの年十月国王死するや、レオノールはその幼きカスティーリャ女王の名において摂政の職に就いた。

国民の憤激は、ついにリスボンにおける十二月の暴動となって勃発した。ペドロ一世の庶腹王子にしてアヴィス教団の団長たりしジョアンが、推されて人民の先頭に立ち、自ら王宮に入りてレオノールの愛人を斬った。暴動は他の都市にも波及し、レオノールの与党は多く殺害された。レオノールはサンタレンに奔《はし》り、味方の軍隊を集むるとともに援軍をカスティーリャ国王フアン一世に乞うた。一三八四年、カスティーリャ国王は、軍を率いてポルトガルに入り、サンタレンにおいてレオノールと会合したが、戦後の善後策について両者の間に異論を生じ、レオノールは王を毒殺せんと企てたので、王はレオノールをトルデシリャスの尼院に送致せるのち、軍を進めてリスボンを包囲したが、陣中に疫病発生して勢（＊軍勢）猖獗《しょうけつ》を極め、ために軍を回さねばならなかった。

ここにおいてコインブラに国民会議の召集を見、一三八五年四月六日、ジョアンはその推戴によってポルトガルの王位に即き、ジョアン一世と称することとなった。而してこの年八月十四日、その率いしポルトガル軍は、アルジュバロータの会戦に優勢なるカスティーリャ軍を撃破し、次いで十月、彼の部将はヴァルヴェルデの会戦にまた勝利を得た。初め彼の事を挙ぐるや、特使をイギリスに派してその援助を求めたが、一三八六年七月、ジョン・オブ・ゴーント

（＊イングランドの王族）は二千の槍兵、三千の射手、及び二人の娘フィリッパ並びにキャサリンを伴いて来援し、ポルトガルの勢威とみに揚がった。而して翌一三八七年二月、ジョアン一世はジョン・オブ・ゴーントの長女フィリッパと結婚して、英葡両国の契りを堅くした。次いで次女キャサリンはカスティーリャ王位継承者、のちにエンリケ三世となれるアストゥリアス公エンリケの妃となった。

ジョアン大王と呼ばれしこの国王は、この後二百年間ポルトガルに君臨せるアヴィス王朝の祖であり、その長き治世の間に、この国民の偉大なる発展の基礎が置かれた。彼はモール戦争の後を承けたるディニス王と同じく、多年にわたるカスティーリャ戦争の後を承けて、平和の必要を痛感した。そのために彼はイギリスとの親善を確立し、且つスペインに対する不干渉を根本方針とした。それが極めて賢明な政策であったことはいうまでもない。ただし彼はその王位に登るや、彼に味方せる貴族の勲功に酬いるため、広大なる土地を彼らに与え、これによって少なからぬ弊害を醸したが、その他の点において彼の政治は極めて優良であり、最初の三十年間に都市は栄え、リスボンは偉大なる商港となり、商船の数もようやく多く、通商も盛んになってきた。彼はまた大学を拡張し、その制度を改め、十四人の正教授を任じて文典・ローマ法・教会法・医学・神学の諸講座を担当させた。かくの如くにして充実し来れる国力が、取りも直さずポルトガルをして海外発展に旺向させたのである。

二 ポルトガルの経済状態

Ｈ・Ｍ・スティーブンは、その好著『ポルトガル史話』を、下の一文をもって書き始めている――「ポルトガル史は、この国の一個の国民としての存在が、もっぱらその歴史にのみ負える事実よりして、一個特別なる興味を有する。地理的には、この小さき王国は、イベリア半島の分かつべからざる一部をなし、これをスペインと呼ばるる半島の大部分より区別すべき如何なる自然の境界もない。その住民はスペイン人と同一種族より出で、その言語も多くスペイン語と異なるところない。その初期の歴史は、半島の自余の国々のそれと混融し、もし二個の偉人すなわちポルトガル最初の国王アフォンソ・エンリケス、及びアヴィス王朝の祖ジョアン一世なかりせば、ポルトガルは今日ヨーロッパ独立国の間に伍していなかったであろう」。

なるほどポルトガルの国境は、一見何ら国防的価値なき人為的のものなるかに思われる。けれども事実はスティーブンの言と異なり、そは好個の自然的境界をなせるものにして、ポルトガルを隣国より分かつものは、条約の規定にあらず、実に土地の起伏である。そは北方並びに東方において、容易に越え難き険阻なる山脈によって半島の自余の部分と隔てられ、所々の断崖には急潭《きゅうたん》奔下している。ドウロ、タグス、グアディアナの諸河、皆源をスペインに発してこの国に流れ入るとはいえ、そのイベリア高原を走る間は、雨少なく水乏しくして舟通わず、ポルトガルに入りて初めて航行に堪える。従ってこれらの河川は、連山によって阻止せらるる両国の交通に資するところない。ただグアディアナ河の渓谷のみ例外に開け、バダホスとエルヴァスとの間は容易に大軍を進め得る。ただしこの道路さえも多くの地点、殊にエルヴァスにおいて、堅固に防御することができる。且つ国境地方はおおむね不毛の地にして人煙稀薄、自然に緩衝地帯をなせる上に、ポルトガルとその隣国とは、ほとんど天産物を同じくする故に、有無相通ずる商業上の利害より、自然の障壁を打破する必要も生じなかった。かくして独り歴史のみならず、この国の地理的事情も、またポルトガルをして一個の独立国家を形成せしめ、その独自の国民性を長養せしむる上に、与《あずか》って力ありしことを認めねばならぬ。

かくの如くポルトガルの地勢は、この国を半島の自余の部分より隔離せるが故に、他国との交通は自ずから海上によらざるを得ない。而して約八百キロにわたるその海岸線は少なからぬ良港を有し、海上の活動に対する好個の根拠地を提供した。リスボンは世界における最良の港湾の一つである。オポルトは落潮（*干潮）時に水深二メートル五十に過ぎざるを憾《うら》みとするけれど、第十六・十七世紀の頃には良港に数えられた。その他これを北より挙ぐればビアンナ・カミニョ・アヴェイロ・フィゲイラ・サンマルティニョ及び南方アルガルヴェ海岸のラゴス・ファロの諸港が、皆当時の船舶にとって好個の寄港地であった。

工業の発達を見ざりしポルトガルは、製造品の供給を外国に仰ぐ必要より、早くフランス・ネザーランド・イギリス、及び地中海諸国と通商関係を結んだ。第十三世紀中葉の諸文書は、既にこの頃よりポルトガル人が、織物・木材・金属等を輸入し、葡萄酒・油・塩・乾果・乾魚・

塩魚等を輸出していたことを示す。その商人は北部フランス、フランドルの諸港に居留し、一四一一年にはフランドルのブリュージュにおいて、カスティーリャ人と同等の権利を与えられた。ただしそれらのいずれの都市においても、独立の居留地を形成するほど多数ではなかった。而して地中海諸国の大都にも、倉庫を有せず、また領事をも置いていなかった。従って当時のポルトガルの海外貿易は、なおいまだ盛大でなかったとせねばならぬ。しかもこの貿易の大部分は、実にユダヤ人の手によって行なわれていた。ユダヤ人はその取引先の全てから、商業上の知識と正直とのために尊敬されていたが、ポルトガル人の如き商業的才能を欠ける国民にとりて、彼らの活動は最もこの国の経済的生活に貢献した。またこの貿易は、ユダヤ人の他に一部分はリスボン在留の外国商人によっても行なわれ、ジェノア人・ミラン人・スコットランド人・イギリス人等が、商業上の特権を与えられていた。

フェルナンド王は、海運奨励の目的をもって、種々なる特典を海運業者及び船員に与えた。例えば造船匠には国有林の樹木を無料にて伐採せしめ、百トン以上の巨船建造に要する木材の輸入税を免除し、海上保険制度さえも設けられた。海運と最も密接なる関係を有するものは漁業であるが、当時多数の漁船が、鰯《いわし》・鱈《たら》・鮪《まぐろ》の漁獲に従事し、アルガルヴェ沖では相当に盛んであった。これらの漁夫は、独り自国の海上のみならず、遠くフランス及びイギリスの海洋に出漁した。一三五三年、英王エドワード三世は、ポルトガル漁夫に対して、五十年間イギリス領海に来りて漁獲に従うことを許した。

当時のポルトガルの人口は、一四二二年に約百万、一五〇〇年に約百十万、一五三二年に百二十二万六千と推算されている。すなわち第十六世紀初頭のこの国の人口密度は、一方キロにつきわずかに十二人に過ぎない。その大部分は農民であったが、食料の自給自足は困難で、凶年には国外から穀物を輸入せねばならなかった。連年の兵戦に田園の荒廃せるもの多く、南部地方は特に甚だしかったが、これを復興するには労力が不足した。技術においても、また勤勉においても、遥かにポルトガル人の上にありしモール人は、その不撓《ふとう》不屈の努力によって、よく磽确の地を沃土と化したが、いったんポルトガル人の手に帰するや、幾ばくもなくまた不毛の地となった。耕地はわずかに全面積の七ないし八パーセントに当たり、歴代諸王の指導奨励にかかわらず、農業は多く発達の跡を見ず、農民の状態は概して悲惨であった。

牧畜は、家畜を州外に販売することを困難ならしめる幾多の規則ありしと、また農民に対しては政府所定の価格をもって輓用獣《ばんようじゅう》（*牛・馬）を売らねばならぬことなどのために、次第に不振に陥った。この国は、牧畜に適する高原に富めるにかかわらず、肉食が奢侈《しゃし》と考えられていたほど、家畜の数に乏しかった。

これを工業について見れば、織物業はわずかに下層民の被服に使用せらるる毛織の粗布を産するに過ぎなかったが、第十五世紀初頭に至り、ベイラの諸地方において、ようやく精巧なる毛織物を産し、従来イギリスより輸入せる織物の一部を自給した。またこの世紀の後半には、養《よう》蚕《さん》並びに絹織業も行なわれ始めた。その他の製造業に至りては、ほとんど見るに足るものなく、第十六世紀初頭までは、武器さえも外国から購入せねばならなかった。また地中には銅・鉄・鉛・錫《すず》等が埋蔵されていたが、その採掘は極めて稀であり、必要なる金属のほとんど全部を外国から輸入した。

総じていえば、ポルトガルがまさに海外に雄飛せんとせし頃の状態は、経済的にはなお貧弱なるものではあったが、発展の可能性は備わっていた。その海運はいまだ盛んならず、貿易もいまだ興らなかったけれど、奨励して盛大ならしむべき造船業の基礎は既に置かれ、必要なる船員はこれを幾多の漁港より募集し得べく、外国との通商関係も既に結ばれていたので、これを増進せしむればすなわち足りた。而してポルトガルは、その国王ジョアン一世、並びにその俊秀なる王子たちにおいて、無比の指導者・奨励者を与えられた。

三　ポルトガルの政治・社会状態

経済的にはなおいまだ貧弱なりしとはいえ、ポルトガルは既に第十五世紀初頭において、強大なる政治的統一を有していた。国内のいかなる地方も、独自の生活を有せず、また特殊の制度を有せず、ないし王室に反抗して独立を企てんとする勢力も存在しなかった。国王の権力は原則として絶対であり、而してその権力は、国王自身またはその随意に選べる重臣によって行使された。これを掣肘する如何なる憲法もなく、また如何なる封建勢力もなかった。

貴族・僧侶・都市代表者によって組織せられしそれぞれの「議会（Cortes）」は、建国とともに旧く、国王は新税を設定し、または戦争を宣言する場合には、これに諮るべきものとなされていた。ただしこれらの議会は、国王に意見を具申し、その反省を求め、またはその諮詢《しじゅん》に答えるだけで、直接なる立法権を有せざるのみならず、三つの階級が個々に分かれて討議し且つ決議したので、貴族と僧侶と都市との結合を妨げ、従ってその勢力を弱くした。第十五世紀においては、国王はただ重大なる事業または改革に際して、国民の助力を確保せんと欲せる場合のみこれを利用した。かくて議会そのものには何ら強大なる掣肘力なく、都市もまた国王の前に無力であったが、貴族及び僧侶の有せる歴史的勢力は、ある程度まで国王の専制を抑えていた。

国王の土地にして、貴族・僧侶・都市に属せざるものは、国王直轄の下に置かれた。国王はまた鉱山及び港湾の所有者であり、これより生ずる収入並びに土地よりの収入をもって、王室費及び政務費に充てた。

国土の広大なる部分は、貴族及び寺院の領地であった。国王は建国当初より、あるいは武勲に酬いるため、あるいは彼らを籠絡するため、貴族・僧侶に多くの所領を与えた。これらの人々は「賜封者（Donatarios）」または「長者（Ricoshomens）」と呼ばれたが、その地位は決してドイツにおける封建領主のそれにあらで、むしろイギリス貴族のそれに比ぶべきものであった。すなわち彼らは原則として国王に属する土地の使用収益権を与えられたるに過ぎず、国王は必要と認むる場合、その封土を回収する権利を有していた。ただし実際においては、ポルトガル国王は、第十五世紀以前には、長者等を掣肘して王室直轄領を増すことができなかった。ジョアン大王でさえも、新王朝の創立者として、多くの貴族に賜封せざるを得なかった。のちにアフリカ遠征を試みるに及んでは、また戦功者に賜封し、さらに本腹《ほんばら》・庶腹の諸王子に対する愛情から、彼らにも広き土地を与えた。

ジョアン大王の後を継ぎたるドゥアルテ王は、際限なき貴族領の膨張が、王室並びに国民に対して等しく破滅的なることを痛感し、一四三四年、エヴォラに会議を召集し、父王の遺志なりと称して、国王より賜れる世襲領地は、爾後本腹の長男のみこれを相伝し得べく、相続人なき場合はこれを王室に回収することとし、名高き「内心法（Lei Mental）」を発布した（これを「内心法」と名付けたるは、ジョアン一世が内心これを制定せるも公に発布するに至らざりしというに因る）。然るに彼の後を継ぎたるアフォンソ五世は、そのアフリカ遠征及びカスティーリャ戦争における功労者に対し、またまた多くの土地を賜いしため、王領はほとんど皆無となり、その子ジョアン二世をして「父はポルトガルの街道のみを予に遺した」と嘆ぜしめた。けれどもこの英明なる君主は、かくの如き弊風の一掃を期し、一四八一年またエヴォラに議会を召集し、その同意の下に、全国にわたりて土地所有に関する権利の審査を励行すること、並びに刑事上の司法権は、全国を通じて王国監察官によってのみ行使せらるべきことを定めた。而して貴族がこの決議に対して大なる不満を抱き、相結んで国王に反抗せんとするや、国中の勢力ある貴族、約八十名を捕らえてこれを死刑に処し、一挙にして貴族積年の勢力を打破し去った。このときには、かかる高圧手段を可能とするほど、王権は既に強化されていたのである。

もっとも従前よりポルトガル貴族は、国王の忠実なる臣下であった。彼らの有力者は、おおむね宮中に仕えて国王の参議となり、またはその子を宮廷に勤めしめて武士道の作法を習わせていた。他国の封建領主の如く、その所領を一個の独立国たらしめんと図ることは、ポルトガル貴族の決して敢えてせぬところであった。しかしながらこれを行政上より見れば、貴族領はほとんど完全に王権の外にあった。貴族は随意にその領土を治め、広汎なる裁判権を有し、且つ租税を納むることなかった。ジョアン二世の英断は、この貴族の権利に対して、巨斧《きよふ》をその根に加えたるものである。

寺院領もまた広大にして、貴族領と同じく王権の支配外に置かれた。第十三・第十四世紀において、国王と高位の僧侶との間に幾多の争議を生じたが、ペドロ一世のときに至り、一三六一年エルヴァスに議会を召集し、寺院の司法権に厳格なる制限を加え、且つ国王の認可なくして新たに土地を獲得することを禁じた。この処置は、多少僧侶の勢力を殺《そ》いだけれど、なお彼らの数は多く、その富は豊かに、その在上者の地位は高く、加うるに国民の宗教心は熱烈なりしが故に、教会は独り社会的のみならず、政治的にもまた厳然たる勢力を保持していた。さりながらこの勢力は、次第に王権との対立を止め、貴族権力の打破によって王権の益々確立せらるるに及び、教会は国王のためにその勢力を用いるに至った。

寺院と相並んで「教団（Ordre）」があった。そは十字軍が生みたる特殊なる宗教的・戦闘的団体にして、ポルトガルには、第十五世紀初頭に四個の大なる教団があった。その最も有力なるは「キリスト団」にして、もと「テンプル（＊神殿）団」の支部として創立せられたものであるが、一三一二年ローマ法王によって該教団の解散せらるるや、キリスト団の名称の下にこれを改組し、その広大なる所領を継承せるものである。その他の三つは「聖ヨハネ団」「アヴィス団」「聖ヤコブ団」である。

これらの教団は、モール人との戦争が続行せられし間は、ポルトガル王国の常備軍の如き観を呈し、その信仰の敵にして、同時に国王の敵たる回教徒と、不断に干戈を交えていた。国王は彼らの武力に頼ること多く、篤くその功に酬いるを常とした。けれども第十三世紀中葉に至り、回教徒が全くポルトガルより駆逐せられしのちは、教団の活動自ずから鈍り、その訓練も昔日の如くならず、教団の「同胞」の生活は、一般貴族のそれと選ばざるに至った。ただその総長には、常に王族をもってこれに任ずるのが例となり、教団領は一種の王室領たる観を呈するに至った。

王領・貴族領・寺院領を通じ、その与えられたる「特権」により、ある程度の自治を許され、代表者を議会に送れる幾多の「都市」があった。ポルトガルがモール人と死活の戦《いくさ》に従える頃、これらの都市は真個国民的活動の中心であり、特権はその武勲に対する行賞であった。さりながらこれらの自治体は、ネザーランドのそれと異なり、長くその特権を護持する力を持たなかった。それは都市の名に値するほどの人口を有せず、従って富をも有しなかった。

市民は幾多の階級に分かれていたが、その区別は職業によるにあらず、財産と門地とによれるものであった。而してこの階級はまた軍隊編成の基礎ともなっていた。すなわち最下層の貧民並びに半自由民は、一切の公共の負担及び兵役を免れた代わりに、自治体の政治にも参与し得なかった。市民はその財産によって歩兵及び騎兵に二大別され、さらに幾多の階級に小分けされた。貴族の出なる市民は、富の多少によらず騎士の階級に属した。これらの階級は、それぞれ社会的名誉を異にし、司法上の特権を異にし、貴族の如きは租税をも免除された。かくの如く市民は、利害関係を異にする諸団体に分かれていたので、協力一致してその特権を擁護するを得ず、次第に貴族のために蹂躙せられ、また国王によって権利を制限されていった。

ポルトガルは、不断の戦争の間に生成せる国家なるが故に、軍隊組織と社会制度とを一致せしめたる一個の軍国であった。軍隊の元首は国王にして、国王自身もしくは元帥によって指揮された。歩兵は既に述べたる如くもっぱら下級市民から徴募された。騎兵は上層市民、教団の武士、領主の家臣、国王直属の武士からなった。故にポルトガル軍は真個の国民軍にして外国傭兵《ようへい》を交えず、たとえ他国武士の来りて参戦するものありしとはいえ、その数は軍隊の性質を左右するほど多くなかった。第十五世紀初頭において、国王は立ちどころに歩兵約一万四千ないし二万、騎兵約四千ないし六千を動員することができた。

第十五世紀に至るまで、ポルトガルの関心は主として陸軍に存し、その初めて海軍を創設せるはディニス王のときである。王は一三一七年、ジェノア貴族の出身なる高名の船長マヌエル・ペサーニャを招聘して、これをポルトガルの世襲海軍提督に任じ、且つ彼の下にありて軍艦を操縦する二十名のジェノア人船長を傭使することを許した。これらの船長は、平時において俸給を受けざる代わりに、提督指揮の下に、その船をジェノア、フランドル、及びその他諸国との通商に用いることを許された。このディニス王とペサーニャ家との契約は、ジョアン一世の時代まで効力を有し（＊約百年間）、而してポルトガル海軍の首脳部を形成せるものはジェノア人であった。

かくて、一四一五年ポルトガルが初めて海外遠征を企てしときの海軍は、なお極めて微力なるものであった。ジョアン一世は、その北アフリカ遠征に際し、アルガルヴェとセウタ間のいうに足らぬ短距離をさえ、なおかつ甚だ遠隔なりとして嘆息し、その上に軍隊を輸送すべき船舶の調達にも苦しんだ。

四　ポルトガルの国民性

相次いでポルトガルに入り来れるケルト人・ローマ人・ヴァンダル人・アラビア人の血液は、第十五世紀初頭までに、渾然融合して一個のポルトガル民族を生んでいた。わずかにタグス河以南のポルトガル人が、河北葡人よりも多くアラビア人の血を交えたるを認め得る以外は、国民の間に何らの人種的差別も存在しなかった。当時のポルトガルの記録によるも、はたまた異邦人の見聞記によるも、彼らは溌剌たる気力を具え、しかもその生活は極めて質素にして、粗衣粗食に甘んじ、ややもすれば暴虎馮河《ぼうこひょうが》に陥り易き大胆敢為の気性を有し、好個の軍人たるべき素質に富んでいた。彼らが如何に粗食なりしかを示す好個の文書は、ジョアン三世のときに、王弟の教師として来葡せる一ベルギー人が、諧謔《かいぎゃく》を交えて故国の友人にポルトガル風俗を報じたる一書簡にして、その中に高位の貴族の一日の食費を「水一センターボ、パン二レイス、かぶら一レイス半」と揶揄《やゆ》している（レイスは約二厘、センターボはその六分の一なる故、合せて約八厘。もとより実数にあらず諧謔である）。この粗衣粗食の生活と、この国の高温の気候に慣れていたことが、彼らをして北欧人には到底耐え難《がた》かるべき熱帯の活動に堪えさせたのである。

モール人及び隣邦カスティーリャとの間に行なわれたる不断の戦闘は、彼らの国民的団結を促し、君主の権力を強め、強固なる政治的単位を形成せしめた。同時にこのことは、好戦尚武の精神を国民に鼓吹し、冒険敢為の気風を助長し、平和なる仕事を蔑如《べつじょ》する傾向を養成した。加うるに彼らの戦争は、人種的・政治的なりしと同時に、一層激しく宗教的戦争なりしが故に、強烈なる宗教的情熱を彼らの魂に煽《あお》り、必然彼らを不寛容と狂信とに導いた。彼らは、国王のために地上の帝国を、信仰のために精神の王国を獲得すべく戦った。しかも戦って倦《う》むことを知らなかった。第十四世紀後半ヴァスコ・デ・ソベイラの筆になり、広くヨーロッパに読まれて幾多の「続篇」と模倣(＊ドン・キホーテ等)とを生みたる『ゴールのアマディス(Amadis da Gaule)』は、取りも直さず当代ポルトガルの理想的騎士を謳える詩篇であり、彼らの面目を如実に今日に伝えるものといわれる。

彼らの最も重んじたるは、勇武と、体面と、神への忠誠とであった。神と王との敵と戦いて栄誉を博すること以外、騎士にふさわしき勤めなきが故に、彼らは平時においてももっぱら槍仕合・野仕合などの武技を事とした。多年にわたるこの風習は、貴族をして経済的活動を蔑視せしめ、農工商に従事することを卑しましめるに至った。

されればモール人が国内に跡を絶ち、平和長く続く時代となっても、貴族はさらに心を産業に用いず、あるいは宮中に仕え、あるいは高位の貴族に仕えて、如何に貧困に陥っても、決して経済的活動によって生活せんとしなかった。ポルトガルは暖国であり、肉体的労働は苦痛である。かかる国土においては、指導階級の模範によってのみ、わずかに国民を勤勉ならしめ得る。然るに彼らは国民の前にただ虚栄と遊惰《ゆうだ》の模範を示した。このことは甚だ面白からぬ影響をこの国の経済的生活に及ぼした。

宮廷の風儀は、アヴィス王朝以前は極めて放肆《ほうし》であった。ただジョアン一世のときに至り、貞淑賢明なる女王フィリッパの感化により、啻に風紀が粛正せられたるのみならず、貴族の趣味も向上し、文学芸術を愛好するに至った。ただし当時のポルトガルは、知識的にも道徳的にも、決して高き水準に達していなかった。一般に中世紀において発達せざりし学問は、ポルトガルにおいてはなおさらのことであった。たとえ大学の創設を見たとはいえ、第十六世紀中葉まではなお極めて幼稚であり、その以前においては一人の偉大なる哲学者または科学者をも、彼らの間から出さなかった。

ポルトガルの道徳的生活が、また決して高くなかったことを立証するものは、ポルトガル王室の乱脈である。建国者たるアフォンソ・エンリケスが、既に武力をもってその生母の手から政権を奪取している。その母に如何なる欠点ありしにせよ、これをガリシア山中に逐《お》い、貧苦の裡に窮死せしむる如きは、子として許さるべきことでない。サンシュ二世もまた、その弟アフォンソ三世のために武力をもって王位を逐われ、この王もまたその子ディニスと干戈を交えつつ世を逝った。しかも因果の車はさらに巡りて、ディニス王もまたその子アフォンソ四世の反乱に遭い、アフォンソ四世はまたその子ペドロ一世の愛人を殺せる故をもって不和の間柄となり、相戦うまでには至らなかったが、生涯父子の対面をせぬこととした。フェルナンド王は、一貴族の妻を奪いて王妃とし、そのために一身の破滅を招いたが、その妃はまたフェルナンド王の生前から、平然として愛人を寵愛していた。父子兄弟の間がかくの如く紊《みだ》れたる国民の道徳は、断じて高貴健実であり得ない。

かの王子エンリケ（*航海王子、ポルトガル王ジョアン一世の子、植民地時代の幕を開いた）は、神にも近き王子として尊敬せられ、またこの尊敬に値する偉人なりしにもかかわらず、奴隷売買を毛頭悪事と考えていなかった。ヴァスコ・ダ・ガマをはじめ、多くのポルトガル人がインドにおいて敢えてせる残虐無比の行為も、またポルトガル精神文化の低調を立証するものである。蓋し彼らは、精神的にはなおいまだ幼稚であったが、邁往果敢なる戦闘的国民であり、而してその海外における成功は、旺盛無比なりし好戦的精神に負えるものである。

第二章　スペイン

一　カスティーリャ及びアラゴン

ポルトガルが夙く既に第十三世紀後半において、イベリア半島におけるその全版図を獲得し、相次いで出でたる有為なる君主の下に健全なる国民的発達を遂げつつありしに反し、スペインの統一はこれに遅るること約二百年、第十五世紀後半に至りてようやくその基礎を置かれたに過ぎなかった。この二世紀の間、スペインのキリスト教諸国は、一面回教徒と戦いて次第に彼らを南方に圧迫すると同時に、他面彼ら自身の間に激しき戦闘を続け、前者においてよりも一層多くの鮮血が後者において流された。この多年にわたる戦の間に、カスティーリャはレオン、ビスカヤ、アストゥリアス、ガリシア、ムルシア、アンダルシアを併せ、その版図を大西洋より地中海に及ぼして半島第一の大国となり、アラゴンはカタルーニャ、バレンシアを併せたる上、さらに海を越えてその版図を広げた。

さてカスティーリャ本部を形成するものは、旧カスティーリャ及び新カスティーリャを含む中央イベリア高原である。この高原は、北はカンタブリア山脈、南はモレナ山脈によって限られ、半島全面積の約五分の三を占めている。カンタブリア山脈の北、大西洋の波に洗わるる沿海諸国も、またカスティーリャに臣従したが、ガリシア及びバスク諸国は、カスティーリャの主権を承認しつつも依然独立を保持していたので、完全なる領土としてはアストゥリアス及びビスカヤを含む沿海地帯だけであった。カスティーリャが東南において回教徒より奪える地中海岸のムルシア、及び同じく西南において奪えるアンダルシアは、ともに征服国として取り扱われ、完全なる領土とされた。

かくの如くカスティーリャは、大西洋並びに地中海に跨る国家となり、両海洋において幾多の港湾を有するに至った。けれどもそれらの多くは、険峻越え難き山岳によってカスティーリャ本部との交通を至難にせられ、孤立し且つ隔離されていた。すなわち、大西洋岸の諸港はガリシア高地並びにカンタブリア山脈に遮られ、啻に内地との交通を阻まれたのみならず、その背後地が極めて狭小貧弱なりしため、わずかに沿岸貿易に従う小船の寄港地として役立つに過ぎなかった。その上サンタンデール及びラレドをはじめ、これら諸港にはおおむね暗礁の危険あり、もしくは海岸に沿いて東向する潮流によって生ずる砂洲のために安全を妨げられた。ただガリシアのフィヨルドに位するポンテヴェドラ、ヴィーゴ、コルーニャ、フェロルの諸港は叙上の危険を免れた。また南方ムルシアの地中海岸は、カルタヘナをはじめ幾多の良港を有するも、これまた峨々《がが》たる山脈によって半島の中心と阻隔されていた。且つカルタヘナの盛時は、地中海が東西貿易の大道たりしときをもって終わり、活動の中心が地中海より大西洋に移りてよりは、明らかに往時の価値を失わねばならぬ運命にあった。蓋し不断に地中海に向かって流れ込むジブラルタル海峡の急激なる潮流は、当時の帆船にとりて容易ならぬ難関であった。

ただしカスティーリャはアンダルシアにおいて多くの港湾を大西洋岸に有していた。まずスペインにおける唯一の可航河川であり、且つアンダルシアを貫流するグアダルキヴィール河口には、名高きサンルカルあり、やや上流にボナンザの小港がある。ここはマゼランが最初の世界周航の途に上れる出帆港として、長く記憶せらるべきものである。さらに河を遡れば「グアダルキヴィール河の女王」と呼ばれしセビリアがある。その上流に位するコルドバは、夙く既に堆砂のために巨船の遡江《そこう》が不可能となりしも、セビリアは近代初頭まで自由に海上より大船を通じ、のちに河口の砂洲がこれを妨げしまで、新世界との交通の中心として無比に富み栄えた。

グアダルキヴィール河口の西方に横たわる海岸は、一般に平坦にして沼沢《しようたく》多く、良港に乏しい。ただティント、オディエル両河によって形成せらるるデルタにパロス、ウエルバの両小港がある。前者はコロンブスが新発見の航程に上れる出帆港として、長くその名を史上に留めるものであるが、今は港は砂に埋もれて消え去り、わずかに河を距る一マイル余の山腹に、昔時の名を負える小村あるに過ぎない。後者は広く且つ深くして巨船を容れるに足りるけれど、両河口に堆積する砂洲のために出入を至難にされた。

これに反してグアダルキヴィール河口の東方には、幾多の良港がカディス湾頭に形成されている。湾の東北隅に注ぐグアダレーテ河口にはプエルト・サンタ・マリアあり、ヘレスを中心とする葡萄酒産地の輸出港となっている。湾の東端にはプエルト・レアルあり、遠洋航海の巨船を容れる。第十八世紀において、この港とグアダレーテ河口とを結ぶ運河の両岸に、新世界より来る貨物の交易場が設けられていた。最後に湾頭の一小島レオンには、往昔既にフェニキア人が占拠したるカディスの良港がある。そはアンダルシアの豊沃なる平野の入口に位し、アフリカの沿岸に近く、また大西洋と地中海とを結ぶ海峡にも近き上、港内水深くして巨船を泊するに適する。砂洲のためにセビリアへの遡江が困難となりてのちは、新世界との交通の中心は、自ずからセビリアよりカディスに移った。

アラゴンはもと中央イベリア高原とピレネー山脈との間に横たわるエブロ河の渓地に国をなし、第十二世紀においてカタロニアを併合し、第十三世紀においてバレンシアを征服した。而して、これらの新領土はアラゴン本部よりも遥かに豊沃富裕なりしのみならず、文化の程度も高かった。アラゴンはこれによって初めて地中海に進出することを得た。カタロニアの良港バルセロナは、第十四・第十五世紀においてジェノア及びヴェニスと繁栄を競い、その商船は地中海の一切の諸港と往来した。第十五世紀初頭には、イタリア諸市の商人の他に、ケルン、コンスタンツ、レーゲンスブルク、アウグスブルク等のドイツ商人も、またこの地に拠って活躍していた。ただしバルセロナもカルタヘナと同じく、商業的活動の舞台が大西洋に移るとともに衰微すべき運命にあった。バレンシアもまた同然である。而してアラゴンは、カスティーリャが半島の回教徒を南方に圧迫しつつありし間に、強力なるカタロニア海軍の力を借りてその十字軍を東方に進め、順次シチリア、サルディニア、バレアレス諸島を回教徒から奪取した。この海軍は遠く近東にまでも遠征した。

さて一四六九年、カスティーリャ王フアン二世の王女イサベルが、アラゴン王フアン二世の王子フェルナンドと結婚した。而して一四七四年イサベルはその兄エンリケ四世の後を継いでカスティーリャ女王となり、次いで一四七九年フェルナンドはその父の後を継いでアラゴン王となったので、イベリア半島の両国は君主の結婚によって結ばれ、スペインはここに初めて統一の緒についた。ただしこの統一はポルトガルの場合の如く有機的なるものにあらず、ただ統一のための基礎たるに過ぎなかった。蓋しカスティーリャ及びアラゴン両国は、それ自身が決して一個の統一国家にあらず、実はそれぞれ自己の独立を保有し、昔ながらの制度を維持せる数個の国家の結合であった。而して、この両国は今や君主の結婚によって結合されたとはいえ、なお法律を異にし、財政を異にし、国民会議を異にし、言語をさえも異にせる別個の国家として存続し、イサベルはあくまでもカスティーリャの君主であり、フェルナンドはあくまでもアラゴンの君主であった。それ故にアラゴンが海外において領有せる国土に対しては、イサベルは如何なる権利をも有せず、同様にのちに発見せられたるアメリカは、カスティーリャの領土として全然フェルナンドの主権の外に置かれた。従って両国は、君主の結婚によって完全なる一体となれるにあらず、ただ緊密なる同盟を結べるに過ぎない。けれどもこの有為なる両君主は、かくの如き同盟を基礎として多年にわたる見事なる統治の下に、次第にスペインの国家的統一を実現していった。それを略叙する前にま

イサベル

ずカスティーリャ及びアラゴンの政治的・社会的制度について若干の説明を試みるであろう。

二　スペインの政治的・社会的状態

繰り返し述べたる如く、カスティーリャ王国はもとモール人よりその領土を奪回して次第に大をなせるものである。奪回せる国土は、あるいは王室の直轄となり、あるいは貴族及び寺院に与えられ、あるいは都市に与えられた。新たに征服せる危険なる国境地帯には、移住を奨励するために自治の特権を与えて都市または堡塁を建設せしめた。国境が前進するに従って、かくの如き都市または堡塁の数も増えた。これらの自治体に与えられし特権は一様でないが、おおむね市長並びに市吏員を選ぶ権利を享有し、民事並びに刑事の裁判官もこの政治団体によって任命せられ、市吏員の維持ないしその他の公共の費用のために莫大なる基本財産を与えられ、且つ多くの町村を抱擁する周囲の広大なる地域がその管轄下に置かれた。これらの自治体は、平民の政治組織の基礎となっていた。それは王室に与《くみ》して貴族と争い、貴族に対してその権利を伸張したが、のちには次第に王室の権力下に入るようになった。すなわち王室の判事並びに収税吏が、自治体の吏員を左右し、国王は地方の政務に干渉し、吏員を任命し、監察官を置いて次第に自治体の権力を抑えた。

スペインもまたポルトガルと同じく、国民は貴族・僧侶・平民の三階級に分かたれた。第十五世紀中葉においては、若干の大貴族が広大なる土地と莫大なる財産とを擁していた。富がかくの如く少数者に集中せる理由の一つは、次子以下に不動産の分配を禁じたる長子相続制度である。それらの大貴族の一つはグスマン家にして、メディナ・シドニア公爵（＊無敵艦隊司令官）はこれに属し、グラナダ（＊イスラム系）征討の際の如き、自費にて徴募せる軍隊とこれに必要なる軍需品とを輸送するため、五隻の巨船を艤装せるほど有力であった。メンドーサ家の富もまたこれに劣らず、その邸宅は豪奢を極め、詩人・音楽家・美術家の保護者として名高かった。これらの大貴族は大なる特権を有していた。彼らは一切の租税を免ぜられ、その土地は不可譲であり、負債のために逮捕または拷問せらるることなかった。彼らはその領内において完全なる自治を行なっていたが、中央集権が強化せらるるに従い、次第に権力の制限を受くるに至った。蓋し彼らの勢力は、その不断の軋轢《あつれき》抗争によって自ずから弱っていった。これらの大貴族の反目嫉視は、例えばイサベル女王時代のメンドーサ公爵とカディス公爵とのそれの如く、真に一個の内乱を醸した。王室はこれらの貴族の懐柔に努め、その大部分を味方とした。そは宮廷に仕える貴族に高官と恩寵とを賜った。自己の領土（＊地方）に残れる貴族らは次第に無力となった。

　如上の大貴族の下に「Hidalgo（貴族）」と呼ばれし次位の小貴族があった。その多くはモール人との戦に功勲ありし武士の裔である。イサベル女王はグラナダ国攻略の目的をもって、一種の国境防備軍ともいうべき武士団を創設して、この小貴族の数を増やした。これらの小貴族は多く国王に直隷したが、一部は大貴族に仕えていた。後者は一般に「Escudero（盾持）」と呼ばれた。彼は租税並びに裁判に関して、全て大貴族と同一特権を有していた。彼らは純乎たる軍人にして、その多くは平時に自ら衣食するを得なかった。彼らは、極めて貧困なりしも、商工業に従うことはその体面を汚すものと考えられた。

僧侶は大貴族と相並んで巨富を擁していた。スペイン人の敬虔と虚栄とのために、教会の財産は不断に増していった。モール人の都市を征服するごとに、旧き会堂の維持、または新しき寺院の建立のために、広大なる土地が寄付された。教会の富が余りに増大して、王室のために不利なることが分明となりしときは、もはや時代の信仰または迷信が法律による干渉を至難ならしめていた。司教及び大司教の年収は、第十五世紀末において約三十八万五千ドゥカートと称せられ、トレドの大司教の年収のみにて実に八万ドゥカートを超えた。

僧侶階級はその中に多数の貴族を擁していた。啻に高位の聖職が、常に名門の出身者によって占められしのみならず、貴族の子女にして修道院に入る者甚だ多かった。多くの修道院、わけてもブルゴスに近きウエルガス尼院には、貴族の家に生まれし百五十名の尼がいた。その尼院長は十七修道院を監督し、十四の都市、五十の村を支配した。事実聖職者の多数は貴族出身なりし故、彼らはカスティーリャの教会内に政治的または軍事的雰囲気を漲らしめずにおかなかった。彼らの多くは政治に携わり、また自ら戦場に馳駆した。

平民は第十五世紀中葉に至り、初めてその主君を変え、土地を所有し且つこれを移譲する権利を与えられた。彼らの状態は、貴族の下にあるよりも王室領において遥かに良好であった。それ故に貴族は、平民の脱走を防ぐために、国王に倣って自由なる法律を平民のために布かねばならなかった。奴隷は極めて少なく、わずかにモール戦争の捕虜、及びポルトガルより輸入せる若干の黒人を数えるだけであった。ユダヤ人及び回教徒は、初めは王室の特殊の保護を受けていた。

カスティーリャの国民会議は、もと政治上並びに宗教上の事柄に関して国王の諮詢に答えるため、貴族及び司教によって組織された会議であったが、第十三世紀に至り都市の平民もまた代表者を送りて会議に参加する権利を得た。ただし彼らは会議において投票権を有せるにあらず、ただ国王の命令を伝達せられ、王位継承者に忠誠を宣誓し、新王即位に際して特権の確認を与えらるるに過ぎなかった。のちに都市代表者は、彼らのみが負担する直接税の管理権を獲得した。然るに当時多くの都市は、あるいはその権利を隣接都市に委任し、あるいは国王の召集に応ぜざりしため、その代表権を喪失していた。第十三世紀中葉には、会議に二名の代表者を送り得たるは、十二市及び五町だけとなった。これらの特権市町はその数の増加せぬよう努めた。されば広大なる地域にして代表者を送らぬものあり、小さきサモラの町が全ガリシアを代表したりした。

会議は立法権を有せず、ただ彼らの提案が国王の承認を得たる場合に法律となるだけであった。ただし国王は独一絶対なる立法者にして、その命令の効力は、決して会議の賛成を必要としなかった。会議の召集せらるるは、主として国王が新財源または臨時国費を必要とするときだけであった。されば司教及び貴族は次第に会議に出席せぬようになった。蓋し彼らは租税を納めなかったので、会議の議事に対して風馬牛（＊無関心）なりし故である。イサベル女王はのちに説く如く歳入を増加したので、会議を開く必要なく、一四八二年より一四九八年までは一回もこれを召集しなかった。

かくしてカスティーリャの主権は、貴族・僧侶・都市の特権によって若干の束縛を受けていたとはいえ、これらの階級は互いに相争い、且つ同一階級内部に分裂ありしため、彼らの特権は次第に薄弱となり、国王の権威はほとんど絶対となった。アラゴンはこの点においてカスティーリャと事情を異にした。アラゴンの貴族は、その統一と訓練とによって見事にその特権を護持し、都市もまたその団結と貴族との同盟によって特権を護持した。従って国民会議もカスティーリャのそれよりは大なる権力を有していた。そは慣例によって二年ごとに召集せられ、国王は会期中これに出席せねばならなかった。而してその決議を有効ならしめるためには満場一致を必要とした。会議の賛成なくしては如何なる法律も効力を生ぜず、租税を課することもできなかった。さればアラゴン議会はイサベルには堪え難く横暴に見えた。

三　イサベル及びフェルナンドの改革

さてイサベル女王は、即位後の初二年を王位継承戦に費やさねばならなかった。カスティーリャの貴族らはポルトガル王アフォンソ五世の援助の下に、エンリケ四世の娘フアナを擁してイサベルと戦った。フアナはアフォンソ五世の妹にしてエンリケ四世の王妃となれるフアナの娘であるが、実は寵臣ベルトラン・デ・ラ・クエバの胤《いん》とせられ、国民はベルトラネーハ（＊ベルトランの子）と呼んでいた。初めポルトガル軍は国境を越えて侵入し、不平貴族の軍と合《がっ》してブルゴス及びドウロ河渓谷の要地を略取したが、一四七六年トロの会戦においてイサベルの軍に破られた。而して勝敗の数《すう》は既にこの一戦によって決し、その後も葛藤は続いたけれど、危険はもはやこのときをもって去り、イサベルはフェルナンドの協力の下に全力を挙げて政治の改革に従った。蓋しカスティーリャは、イサベルの父フアン二世（一四〇六―一四五四年）及び兄エンリケ四世（一四五四―一四七四年）二代の間に、全く無政府状態に陥ってしまった。都市はほとんど独立の姿となり、貴族は王権を侵し、私闘によって国内を荒廃せしめた。都会においてさえ財産は掠奪せられ、殺傷は頻繁に行なわれ、市外においては無法なる貴族と匪賊とが暴威をほしいままにしていた。イサベルは治安の維持を何よりも急務と考え、そのために「神聖同胞団（Santa Hermandad）」の力を借りた。第十三世紀以来カスティーリャ諸市は、戦時の防衛ないし貴族の暴力に対抗するため、同胞団と名付くる自衛機関を組織していた。一四七六年イサベルはこの制度を復活せしめてこれを全国に及ぼし、各百戸ごとに一騎乗団の武装兼維持費として年額千八百マラベディを課し、野外における一切の暴力犯の取り締まり及び都市より逃亡せる罪人の逮捕をこれに委ねた。同胞団の裁判官は全国の主要なる地点に配置せられ、迅速に犯人を審問し、その宣告は即座に団員によって執行された。貴族は初め彼らの権利を侵害するものとしてこれに反対したが、ついに無効であった。而してこの制度は数年後にアラゴンにも布かれた。その効果は真に顕著にして、数年ならずして追い剥ぎ強盗は影を潜めた。十分に武装せられ且つ訓練せられたる二千の団員は、よく秩序を回復し、治安を維持するに役立った。そはグラナダ征討の際にも最も有力なる軍隊として活躍した。そは二十年以後にはほとんどその必要を見ざるに至りしほど立派に創立の目的を遂げた。

次には法典の編纂によって裁判の公正敏活を促した。既存の法典は往昔の編纂にかかり、その後その不備を補うため数々の法令が発布せられたので、当時のカスティーリャ法律は、重複あり撞着ありて極めて複雑難解なりしをもって、従前よりしばしば国民会議においてその改正が要求されていた。一四八〇年イサベルは、トレドの国民会議においてこのことが問題となれるを機会とし、アルフォンソ・ディアス・デ・モンタルヴォに、法律の改正並びに法典の編纂を命じた。而してモンタルヴォの熱心は、四年にしてこの重任を果たし、一四八五年、新法典の刊行を見た。

第三には貴族の横暴を抑えた。カスティーリャの大貴族等は、文弱なるフアン二世及びエンリケ四世の時代に、ほとんど王室財産の全部を掠《かす》め、王室領地を奪ったので、国王の収入は激減し、エンリケ四世の末年には、王室歳入はわずかに三万ドゥカートとなった。而して大貴族の多くは五万ないし六万ドゥカートの年収を有していた。イサベルは全ての貴族の権利を審査し、古代より保有権を有せるもの、及び勲功に対する行賞以外のものを、全て王室に回収した。その上、門地によらず才能によって人才を抜擢する途を拓いたので、このこともまた貴族に打撃を与えた。これに加えて、フェルナンドをして、強力なる三個の宗教軍団「サンティアゴ」「アルカンタラ」「カラトラーバ」の総長を兼ねしめたので、王室の勢力はとみに加わった。当時第一の教団は六万、第二は四万五千、第三は四万ドゥカートの年収を有し、彼らに属する城郭・町・寺院は全国に広がった。

第四にはローマ法王の容喙《ようかい》を斥けて教会を国王支配の下に置いた。当時僧侶の道徳と訓練とは甚だしく弛緩していた。スペインにおける高僧の地位はローマにおける運動によって得られ、これを得たる者はその任地に赴かず、ただ収入だけを私していた。世論はこれを改革せんとする君主に与した。かくて一四八二年クエンカの司教が空位となりしとき、法王シクストゥス四世は己の甥なるジェノア人サン・ジョルジオをこれに任命せんとしたが、イサベル及びフェルナンドは強硬にこれに反対し、法王をしてついにその任命を断念せしめた。而してイサベルは篤学敬虔の僧侶を選んで任じた。

かくの如くにして国王の権力は回復せられ確立せられた。而してその権力は王室会議によって執行された。この会議はもと王族・貴族・司教を参議とせる漠然たる顧問機関であったが、一四八〇年イサベルは徹底的にこれを改革した。以前の参議は斥けられなかったけれど、国王によって任命せられし法律家がこれに参加することとなった。爾来政務はもっぱらこれらの王権を護るに熱心なる勅選参議によって処理せられ、貴族と司教とは員に備わるのみとなった。参議は行政・司法・財政の諸部門を分掌したが、のちには国務会議・司法会議・財政会議の名の下に、各別の団体を形成するに至った。その参議はおおむね中流貴族の出身にして女王の抜擢によってその地位を与えられた。而して王権の伸展に最も貢献せるものは司法会議であった。その参議はおおむね中流貴族の出身にして女王の抜擢によってその地位を与えられた。それ故あくまで王室の利益を主とし、その最も有効なる機関となった。その総裁は国王に次いで有力なる人物となり、最高の貴族及び司教よりも上位を占めた。他の両者は常に国務会議及び財政会議と呼ばれしにかかわらず、司法会議のみはしばしば単に「王室会議」と呼ばれしほど、その権力は大であった。

王権を護り、一切の抵抗を征服する最も重要なる機関は軍隊である。兵士は王室直轄領より徴募せらるるのみならず、市・町及び貴族も、また君主の命令に応じて一定数の兵員を提供せねばならなかった。カスティーリャ歩兵の中堅をなせるは都市の住民にして、国王によって扶持せられ、ほぼ常備軍に近きものであった。グラナダ陥落以後は二千五百の騎兵が常置せられ、各百名よりなる二十五中隊に分かたれた。砲兵も重んぜられたが、わけてもグラナダ征服は攻城戦が主であったので、砲兵は大なる勲功を立てた。ただしスペイン陸軍の強みはその歩兵にあった。そはゴンサロ・デ・コルドバ（＊火力戦の先駆者）の新戦術によって組織訓練せられ、その後百年の間はヨーロッパに並ぶものなき武力となった。且つその兵士は、兵役をもって衣食の途とする窮民のみよりなれるにあらず、分捕りと名誉とを求むる貴族もまたこれに加わった。

海軍は陸軍の如く重きをなさなかったけれど、モール人との戦争に際して常に少なからぬ貢献があった。ただしその兵員は主として卑賤なる人民または外国人よりなり、ただ海軍の高官のみが位置あり名誉ある貴族の出身であった。カスティーリャにおいては、第十三世紀前半フェルナンド三世がグアダルキヴィール下流地方を完全に征服して以来、初めて海軍が創設された。その以前は、戦争に際して貴族・市民または都市の船舶を借用し、時としてはこれに王室費をもって新たに建造せる若干船舶を加えた。フェルナンド三世はセビリアに兵器廠《しょう》を建設した。王はまた海軍提督を置き、海軍を管轄し、商船に課税する権利を与えた。而して海軍船艦の艤装は、アンダルシア諸市の負担とされた。

かくの如くにしてスペインは、イサベル及びフェルナンドが政務を見始めてより二十年の間に、全く別国の観を呈せるほど面目を一新した。而して一四九二年、両国が力を協わせて回教徒の最後の根城《ねじろ》グラナダを陥れたるとき、スペインはまさしく重大なる転機に立てるものであった。そはその横溢せる力を他に用いねばならなかった。而してあたかもこの年、コロンブスがスペインのために新しき世界を発見した。

四 スペインの経済状態

カスティーリャの高原は天富に乏しい。それは寒暑ともに烈しく、海抜高きが上に降雨少なきをもって土地は乾燥し、わずかに雑草と灌木の生ずるだけである。新カスティーリャにおいては、マドリッドの東南にスペイン中央荒原あり、南方にはアラビア人が「焦土」と呼べるマンチェラ荒野あり、而して西方エストラマドゥーラもまた貧弱なる草原である。森林は牧畜のために伐採せられ、わずかに大西洋岸の山腹にこれを見るのであり、土地の大部分は牧畜以外に用途がない。

さりながら以前回教徒がイベリア半島を支配せる頃はこれと事情を異にしていた。モール人はカスティーリャ及びアラゴンの高原に水を引き、その不屈不撓の勤勉をもって農耕にいそしみ、荒野を変じて稔りよき田園とした。アンダルシアの平野には、彼らの丹精の下にオリーブの林繁り、グラナダ・ムルシア・バレンシアには養蚕のために桑が植えられ、その織出せる絹は全中世紀を通じて比肩するもののなき優良品であった。

その勤勉によって土は肥え国は富んだので、彼らの生活は向上し、風俗は典雅となり、スペインにおけるアラビア文化は、他のいずれの国土におけるよりも見事なる発達を遂げた。サラゴサ、セビリア、グラナダにおける回教徒の豪華なる生活に比ぶれば、半島のキリスト教諸国の貧弱は目も当てられぬものであった。彼らが立て籠もれる北方の山地は、磽确にして彼らの生活を維持し得なかった。谷間々々に辛うじて耕し得る土地あったが、その面積は極めて狭小であった。ただこれらの山地は、ただこれのみが彼らを最後の勝利に導くぞ、と暗示する如く、甚だ鉄鉱に富んでいた。

彼らは己の土地より衣食の資を得難かりしため、その敵の有り余るものを奪いて生活することとした。かくて平時おいても毎年の収穫期には彼らは山を下りてモール人の田野を襲い、運び得るだけは運び去り、自余はこれを破棄し焼却して引き上げた。それ故にカスティーリャは、キリスト教徒の手に完全に奪回せらるる以前に、モール人の努力の跡は既に蹂躙せられ、おおむね再び磽确の地となっていた。古代においてはローマ人、中世においてはモール人が苦心して引きたる水道は、頻繁なる戦争の間に破壊し去られ、スペイン人はこれを復旧せんともせず、また欲しても力及ばなかった。水なきところに農耕はない。かくてキリスト教徒の南下とともに、田野は次第に荒れていった。加うるにモール人との国境に近く穀物や果樹を栽培するときは、彼らもまたモール人の逆襲を受け、一年の努力たちまちにして水泡に帰すべきおそれあった。この禍を避けるためには、土地を別個に使用することが有利と考えられた。かくしてスペインには牧畜が盛んになった。

穀物を産せざるガリシア及びアストゥリアスの山間では、早くより牛羊の牧畜が主要産業となっていた。キリスト教徒の南下とともに、牛羊の群れもまたその後を追うた。そは敵の侵入に際して速やかに山間または林中に逃避し得るが故に、国境近くまで進出するを得た。農夫は一朝にしてその辛苦の結果を蹂躙せらるるとき、牧畜者は啻にその家畜を救い得るのみならず、国家の課する負担にも堪え得る。それ故に政府は農業よりも牧畜業を保護する政策を採るに至った。けれども牧畜が農耕よりも栄えるに至りしは、それが同時に個人にとりて利益であり且つ国家のためにも有利であると考えられたこと以外に、さらに第三の理由がある。それはスペイン人の性格が、農夫たるよりも牧者または猟師たるに適せることである。

スペインの気候は、春秋に牧場を変えることを必要とした。このことは人口稀薄なりし時代には容易に行なわれた。然るに農耕が次第に行なわれ始めたのちも、牧畜業者は強力なる組合を結び、昔ながらの遊牧の権利を保持せるため、農夫の利害を無視して数々の特権を獲得した。この組合は「Mesta（牧者会議）」と呼ばれ、スペインにおいて大なる勢力を振るった。四月になれば無数の羊群がエストラマドゥーラを出でて北方及び東北に向かい、旧レオン国の高原で夏を過ごし、九月に入りて再びエストラマドゥーラに帰りて越冬する。かくて毎年春秋二度、両地の間に横たわる田野がこの羊群のために荒らされた。

かくの如くにして農業は次第に衰えた。自由農民は極めて少なく、北方では大貴族及び寺院の小作人が、いやいやながら土地を耕した。ただアンダルシア、グラナダ、バレンシアでは、モール人の裔にしてモリスコと呼ばれし改宗回教徒（＊カトリック教徒になったイスラム人）が農耕に従い、その勤勉によって多くの収穫を挙げていたので、イサベル・フェルナンド時代においてさえ、カスティーリャは啻にその必要なる穀物を自給せるのみならず、国外にまで輸出していた。アラゴンの諸地方は、遥かに不利なる農業状態にあった。バレンシアは最も恵まれたる土地でありながら必要穀物の三分の二を、カタロニア及びアラゴンはそのほとんど全部の供給を、シチリア、バレアレス群島その他から仰いだ。ただし葡萄の栽培は比較的盛んに行なわれ、独り南部地方のみならずセゴビア、サラマンカ、サモラ、クエンカの如きカスティーリャ高原の諸都市においても、多量に葡萄酒が醸造された。

イサベルは秀でたる政治的見識を有し、且つ不断に人民の幸福を念頭に置いていたにかかわらず、農業に関する政策だけはついに旧套《きゆうとう》を脱し得なかった。彼女は牧畜が農業よりも遥かに低度の産業なることを知らなかった。もとカスティーリャは金銀とともに穀物・家畜の国外輸出を禁じていたが、一四八〇年に至り両国の結合を一層密接ならしめるため、アラゴンへの穀物輸出を解禁した。然るにアラゴンへの輸出増加するに従い、カスティーリャの農業は次第に発達し始めた。わけてもムルシアは、その位置並びに地勢が牧畜より農耕への推移を容易ならしめた。スペインはこの望ましき傾向を助長して、食料の海外依存を脱却せねばならぬはずであったのに、実際は全然反対の政策を採った。ムルシアの羊が五万頭より一万頭に減じたとき、イサベルはこの国の牧畜業者に新たなる特権を与えてこれを保護した。而して一切の売買に際して従価一割を徴収せらるる「売買税」の設定は、一層農業を衰微せしめた。この税制によってパンは三度課税された。すなわち穀物として、麦粉として、並びに出来上がれるパンとして。加うるに穀物の値上げを防ぐための各種の法律、販売価格の公定等が、皆農業の発達を妨げた。

牧羊の発達は当然毛織業の発達を伴い、北部においてはアビラやメディナ・デル・カンポやセゴビア等がその中心地であった。ただしこれらの都市は十分なる労働の供給を欠きしため、その豊富なる原料を消化し得ず、また外国品との競争も困難であった。かくて羊毛の大部分は国外に輸出せられ、織物となりて輸入された。羊毛の他に主なる輸出品としては皮革《ひかく》があり、またアラビア人が豊富なるアルマデン鉱山より採掘し来れる水銀があった。要するにこの国より輸出せるものは少数の原材料だけで、製造品は国内の需要にさえも応じ切れなかった。かくてイサベルの工業奨励にかかわらず、カスティーリャは依然製造品の供給を外国に仰がねばならなかった。

アンダルシアは、カスティーリャの誤れる経済政策にかかわらず、イベリア半島の最も豊かなる国土であった。亜熱帯の風土のため、アンダルシアの灌漑に事欠かぬ地方では、草木が鬱然として繁茂《はんも》した。セビリアの周囲はオリーブとオレンジの林に囲まれていた。シエラネバダ山脈より流れ下る水に潤さるるグラナダ平野にも、同じくオリーブ・オレンジ・シトロン・ザクロ・ヤシが鬱々としていた。而してその他の地方も、モール人が穿《うが》てる灌漑用水に潤されて、前者に劣らず豊沃であった。しかもそのいったんカスティーリャ領となりてよりは、例によって灌漑は閑却せられ、農業は衰えて、以前の価値の大部分を喪失したけれども、それでもなお活発なる経済力を保持していたことは、多くの商業的並びに工業的中心が依然として発展を続けたことによって知られる。それらの中心のうち最も繁盛せるは、セビリアとコルドバであった。

セビリアでは多数の製造業者——工匠・陶工・金銀細工師・鞣皮工《じゆうひ》・織匠等がその仕事にいそしんでいた。コルドバはその皮革業をもって声名を馳せ、その一部分を国外に輸出し、且つセビリアとともにその隣接地方の銅山並びに銀山を採掘していた。セビリアの北西に位するリオティント銅山からは、国外にも輸出するほど多量の銅が採掘された。とにもかくにもアンダルシアは自然資源に富んでいたが、存分にこれを開発することはカスティーリャの任でなかった。カスティーリャとアンダルシアとの間に横たわる険しき山脈が、両者の交通を困難にしたこともその一因であった。このことはムルシアの場合も同然で、この豊饒《ほうじよう》なる国土もまたその地勢のために経済的にカスティーリャと阻隔せられ、その主要産物たる果実及び鉛は、地中海によって国外に輸出された。

バスク諸国、アストゥリアス及びガリシアも、同じく交通困難のためにカスティーリャと隔絶し、その経済的生活に貢献すること少なかった。これらの国々もまた自然資源に富み、沿海地帯には草木繁茂し、山脈には鉄・コバルト・亜鉛等を豊富に埋蔵する。その上、沿海地方は、盛んなる漁業と近海貿易とで栄えていた。

アラゴンは最後にカスティーリャと相結べるにかかわらず、カスティーリャが早くより併合せる諸国よりも、かえって頻繁なる経済的関係を結んでいた。そは両国の交通が、他国とのそれに比べて容易なりし故である。而してこの関係はイサベル・フェルナンドが両国間の関税を撤廃したために一層密接を加えた。ただしアラゴンは、カスティーリャ本部と同じく、経済的には大なる価値なき高原によって国土の大部分を占められていた。

かくてカスティーリャは、富裕にして人口稠密《ちゅうみつ》なる地方によって囲まれていたが、それらの地方との経済的関係は極めて稀薄だった。それは一面において土地が豊饒ならず、他面において連山のために交通を妨げられ、経済的発達を遂ぐるに不利なる条件の下に置かれた。それにもかかわらずイサベルの政治の下に、カスティーリャの富は著しく増加した。クレメンシンによれば、女王治世の間に王室収入は左の如き激増を見た。

一四七四年	八五万五〇〇〇レアル
一四七七年	二三九万〇〇七八レアル
一四八二年	一二七一万一五九一レアル
一五〇四年	二六二八万三三三四レアル

同様の割合で国富が増加したとはいえぬにしても、エンリケ四世時代の苛税を廃して、なおかつ叙上の歳入増加を見たことは、少なくとも国富が増進しつつありしことを立証する。その上イサベル及びフェルナンドは、商工業の発達を熱心に奨励した。このために最も効果ありしは貨幣の改鋳であった。イサベル即位以前においては、特権を与えられたる個人の貨幣鋳造所

実に百五十を数え、悪貨を造ったので、物価は騰貴を続け、これがために破産する者あり、ついには貨幣の授受を厭《いと》いて物々交換を行なうに至った。イサベルはこの弊害を除くため、貨幣鋳造を五カ所の王立造幣局に制限して貨幣の品質を改善し、ほしいままに貨幣を鋳造する者を厳罰に処した。この改革はあたかも新鮮なる血液の循環が人体に著効ある如く、カスティーリャの経済的生活に生気を鼓吹した。また原料の輸出及び製品の輸入に対して、ともに高率の関税を課して国内工業の発達を保護せんとした。而してしばしば国民会議の抗議ありしにかかわらず、イタリア及びフランドルより熟練職工を招致し、十年間租税を免除した（一四八四年）。かくして主として毛織業及び絹織業の急速なる発達を見た。

カスティーリャの外国貿易は、フランスとは主として陸路ナバラを経て、ネザーランドとは主として海路によって行なわれた。海運が相当に発達していたことは、一四八二年トルコ人の攻撃に対してナポリを防ぐために、ビスケー湾及びアンダルシアの諸港より七十隻の船艦を派遣せることによって知り得る。北部大西洋諸港よりの輸出品は、鉄鉱・皮革・羊毛等を主とし、地中海諸港よりのそれは羊毛・葡萄酒を主としたが、その他に南部地方より油・果実・絹製品を輸出した。ただし最後のものは回教徒の生産にかかる。

スペインはポルトガルと同じく幾世紀にわたる回教徒との戦闘の間に生まれた。この戦争は両者に対してほぼ同一の影響を与え、国民の性格も国家の施設も、ことごとく異教徒との戦闘の上に築き上げられた。宗教的にして同時に国民的なる戦争が、一切に優りて高貴なる仕事とせられ、人々は武勲を立てることによってのみ栄誉を与えられ、高き地位を与えられた。貴族はその子が十三、四歳となればこれを戦場に伴うを常とした。僧侶さえも好んで戦場に馳駆した。名高き大司教ヒメネスは、薫香よりも火薬の香を好んだといわれた。かくてスペイン人もまたポルトガル人と同じく、平和の仕事を軽んじた。貴族は商業を営むことをもって最も体面を汚すものと考えた。一四九二年の放逐（＊ユダヤ人追放令）以前において、スペインの商業はほとんど全部ユダヤ人の手によって営まれ、彼らはこれによって大なる利益を収めた。イサベル及びフェルナンドの宗教的偏見が、彼らの国に最も貢献するところ多きこの勤勉なる民を放逐してよりは、外国商人が続々入国して彼らに代わった。独り商業のみならず工業もまた賤《せん》視《し》せられ、これに投資することさえ卑しめられた。それ故に第十五世紀のスペイン工業は、バルセロナ及びバレンシアを除き、その他の地方においては極めて幼稚であった。

五　コロンブス

第十五世紀末葉において、スペインはカナリア群島を領有していたが、何らこれに対して積極的開発を企てることなく、また何人も真摯熱心に海外発展について考えていなかった。カスティーリャは前章に述べたる如く、その領土は大西洋と地中海とに跨れるにかかわらず、本質において大陸国であり、その当面の関心事は、半島における回教徒の最後の根城を覆すにあった。アラゴンは早くより海外に発展を試みつつあったが、その目指すところは東方にして西方ではなかった。けれども苦戦十年、ついにグラナダを陥れるるに及び、スペインはその横溢せる戦闘的精神を他に転向すべき必要に迫られた。而して突如コロンブスの出現によって、その進むべき方向が決定された。かくてポルトガルが組織ある国家的計画の実現として植民国となれるに反し、スペインは偶然によって植民国となりし感を与える。

クリストファー・コロンブスの前身については、ほとんど何事も精確には知られていない。これに関する根本資料は、後年コロンブス自身が語り且つ書きたるものと、その子フェルナンドの書ける伝記、並びにコロンブス一家と親善なりし名高きインディアンの保護者ラス・カサスの書ける伝記とであるが、コロンブス自身の言に偽り多いことが拒み難き資料によって立証されたので、従前真実と思われていたことが、多く疑雲に鎖さるるに至った。わずかに事実と思われることだけを述ぶれば、彼は恐らく一四五一年、イタリアのジェノアに生まれた。父は貧しき織匠で、一四七三年までは彼自身もこの仕事に携わっていたと思われる。その後海上生活に入ったが、一四七六年、ジェノア商船隊の一隻に乗り組んでリスボンに向かう途上、サン・ヴィセンテ岬沖で名高きフランスの海賊コロンに襲われ、辛うじてリスボンに上陸するを得た。時に年二十五、居をこの都に定め、弟バルトロメを郷里より呼び寄せ、地図を書きて生計を立て、ときどき海上の人となった。恐らく一四七八年、彼はフェリパ・モニス・ペレストレロと結婚した。彼女の父はポルト・サント島の世襲知事に任ぜられしバルトロメウであり、彼女の

コロンブス

従兄は大司教、その伯父は宰相であった。結婚後しばらく彼は妻の家に同居したが、一四七九年、妻とともにポルト・サント島に移り住んだ。而して長子ディエゴがこの島で生まれた。

コロンブスの優秀なる船乗りであることが、この頃に至りてようやく認められたと見え、恐らく妻の伯父にして時の宰相たりしペドロ・ノロニャスの推挙により、彼は一四八一年、ギニア遠征船隊の一船の船長となり、この年十二月十一日、リスボンを出帆した。一四八二年一月十九日、船隊は黄金海岸スリー・ポインツ岬の南側に投錨し、上陸して酋長と条約を結び、堡塁を築いた。船隊は見事に任務を終えてリスボンに帰り、コロンブスはポルト・サント島の妻のもとに帰った。翌一四八三年、彼はポルト・サントより、マディラ島に赴いてしばらくここに逗留し、恐らく同年リスボンに帰った。そのリスボンに帰ったのは、大西洋を西航して、新しき国土を発見し、またはアジアに到達せんとの志ようやく堅く、その実現の途を求めるためであったに相違ない。然らば彼は如何にしてこの思想を抱くに至ったか。

大西洋の彼方に未知の島々あるべしとの想像は古えよりのことであった。中世紀の多くの地図には、アソーレス群島の西方に幾多の島々を描き、そのあるものには名称さえ与えている。而して伝説はそれらの島々が実際にしばしば見舞われた（*発見された）とした。アラビアの船乗りは「群島」を発見したといわれ、一群のウェールズ人が大西洋上の一島に移住したともいわれた。また回教徒が初めてイベリア半島に侵入せしとき、七人の司教がスペインを逃れて大西洋を西航し、爾来「七都島」と呼ばれし島にキリスト教的社会を建設したともいわれた。またアイルランドの一僧聖ブランダンは、彼の名を負う豊沃なる一島に達したといわれた。アイルランドの西方にブラジルと呼ぶ島ありともいわれた。イタリア詩人ルイジ・プルチは、一四八一年に発表せるその詩「Morgante Maggiore」において、ジブラルタル海峡より西へ西へと航行すれば、古人の知らざりし他の半球に達すべく、この半球にも都市や城郭が栄えていることを歌っている。独り伝説のみならず、事実もまた西方に島々あることを暗示した。例えばポルトガルの一船長はセント・ヴィンセント島を西に距る千二百マイルの海上において、刃物以外のものにて刻まれたる木片を拾った。コロンブスの妻の姉が嫁したるペドロ・コレアは、ポルト・サント島において西方より漂着せる同上の木片を見た。巨大なる葦や異種の松樹なども、これらの島々に漂着した。アソーレス群島の西端に位する一小島には、未知の種族に属する人間の二死体が漂着した。アソーレス群島は、当時知られたる大西洋上の最西のものであったが、その島々は航海王子（＊エンリケ）の生前に皆植民された。而して大胆なるポルトガルの船乗りの間には、さらに西航して未知の島を求むる者が現われた。彼らはその求むる島にアンティリャの名を与えた。反対の島すなわち遠方の島の意味である。

一四八六年、バルトロメウ・ディアスが喜望峰に達したその年に、テルシエラの貴族フェルナン・ダルモスは、二年以内に発見することを条件としてアンティリャの領有権をポルトガル王ジョアン二世から与えられている。その特許状に「大島、または諸島、または大陸沿岸」とあることによって、吾らは当時の人々が大西洋の彼方に何ものを期待していたかを想像するに難くない。ここに大陸の沿岸というは恐らくアジアの岸を意味するものである。ただしアンティリャと呼ばれし島または島々は、決してアジアに属するものでなく、ヨーロッパとアジアとの中間に位する大西洋上の島と考えられていた。ポルトガルの船乗りたちは、欧亜の中間にあるこの島または島々を発見するため、しばしば西航を試みたらしい。彼らはZ状に船を進めてこれを探し求めたが、常に後方に島を見落としはせぬかと心配したので、存分に前進することを得ず、その努力はついに如何なる結果をももたらさなかった。

かくの如き時代なるが故に、コロンブスが西航して東亜に至り得べしと考えたことに何の不思議もない。而して彼をしてその可能を確信するに至らしめたのは、トスカネリの学説であったといわれている。トスカネリは一三九七年、フローレンスに生まれ、当時最も高名なる天文学者兼地理学者であった。一四七四年、リスボン宮廷に出入する一僧侶フェルナン・マルティネスが、フローレンス旅行の途次、この碩学《せきがく》を訪いて西航してインドに至り得るや否やを尋ね、至り得べしとの返答を得てこれを国王アフォンソ五世に伝え、次いで書簡に地図を添えてその可能を説明した。而してその後、コロンブスもまた一書をトスカネリに送り、同様の質問に対する同様の返答を得たと伝えられる。この書簡においてトスカネリは、大西洋を航することが、アフリカを回航するよりも「香料の生ずる国」に近きことを述べ、シナの豪華並びに日本の「黄金、真珠、宝石」を力説し、神殿及び宮殿の屋根を黄金にて葺けることを述べている。そはいうまでもなくマルコ・ポーロの旅行記によれるものである。

かくて彼は海員の経験により、学者の権威により、自己の推論によって、西航してインドに至り得ることを確信し、必ずこれを遂行せんと覚悟した。彼は地球の大きさを過小に考え、アジアを過大に考えた。アジアが大きくなり、従って東方に展《の》びれば展びるほど、ヨーロッパとの距離は短縮せらるるが故に、この誤算は一層彼の確信を堅めるだけであった。

彼がこの計画の実行を、最も海外探検に熱心なりしポルトガルに向かって提議したことは、極めて自然である。この提議は一四八四年のことと思われるが、ジョアン二世は彼を引見してその計画を聴取したる上、その可否を学者の会議に諮った。その会議はポルトガル第一の天文・地理学者と称されし二人の侍医及び博学の誉れ高かりしセウタの司教よりなりしものであったが、結局彼の提議を一片の空想として斥けた。けれども国王がこれに対して若干の未練を示すや、セウタ司教は密かに国王に奨めて探検船を艤装せしめ、コロンブスの計画に従って西航せしめたが、得るところなくして帰航した。

彼は直ちにポルトガルを去り、この年スペインのアンダルシアに赴いた。ここでは多くの人々が彼の西航説に共鳴した。最初の彼に好意を示せし有力者が誰なりしかについては異説あるが、いずれにもせよ彼はここでメディナ・セリ公ドン・ルイス・デ・ラ・セルダと相識《し》った。カスティーリャにおいて最も富有にして且つ勢力ありしこの貴族は、自ら探検に要する費用を支出してコロンブスの目的を遂げしめんと考えたほど彼の計画に共鳴したが、かかる大業はイサベル女王の仕事たるに適《ふさ》わしきものと考え、彼をカスティーリャ宮廷に紹介した。彼は一四八五年暮れ、公の客として過ごしたらしく、一四八六年春、女王が行在《あんざい》せるコルドバに向かって出立し、内蔵頭《くらのかみ》アロンソ・デ・キンタニラの家に寓して、イサベル女王の賜謁を待った。

当時スペインは、グラナダと最後の戦争中にして、女王も国王も征戦に忙殺されていた。それでもコロンブスは、女王に謁見してその計画を述べることができた。女王はもとより即座には返答を与えず、一団の学者をして彼と談合せしめた。けれども彼はそれらの学者を十分に説得することができなかった。スペインの学者たちも、ポルトガルのそれと同じく、彼の計画を空想とした。ただし女王は何ら確然たる返答を与えなかったので、彼はキンタニラの家で、女王の諾否を待たねばならなかった。

このキンタニラの家で、コロンブスは多くの有力なる僧侶及び廷臣と相識った。雄渾なる志を抱けることより来る一種の威厳、その思想の純一、その態度の簡素、その計画に対する驚くべき自信などが、彼と接触せる人々の心理に、好愛と尊敬の念を鼓吹した。けれども女王との交渉ははかばかしからず、彼はついにスペインを去って他国の君主に援助を求めんとした。彼はアンダルシアに遣せるその長子を伴わんがためまずこの地に赴き、途《と》にパロスに近きラビダ僧院を過ぎ、院長ホアン・ペレスと相識った。院長はかつてイサベル女王の聴罪僧であったが、コロンブスの計画を聞いて至心に感動し、一書を女王に呈して熱烈にコロンブスを推挙した。院長の熱心は功を奏した。当時イサベル女王は、グラナダ城外サンタ・フェに陣して、グラナダの落城を待ちつつあったが、ついに意を決してコロンブスの志業を援助することとした。

コロンブスは宗教家の間に多数の味方を得た。それは彼が極めて熱烈なる信仰を抱いていたからである。彼は最後審判の日の遠からざるを信じ、そのために異教徒の改宗を急がねばならぬとした。彼はインドにおいて得らるべき巨富をもって、一大十字軍を起こさんと覚悟していた。後年、彼がその第三次航海においてオリノコ河口を発見せるとき、彼は大河が滾々《こんこん》不尽の水を大海に注ぎつつあるを見、この河の源は、ノアの洪水も浸し得ざりし高山の頂にある地上楽園に発するものとなし、かかる神聖なる国土の発見を許されたる彼こそは、特別なる神の使命を負えるものと感激した。この宗教的性格は、啻に僧侶の共鳴を得たるのみならず、最もイサベル女王を動かせるものと思われる。蓋しイサベル及びフェルナンドの決心を促せるものは、ポルトガルの海外発展に対する羨望、インドの富に対する欲求と相並んで、実に遠国におけるキリスト教弘布の希望であった。

かくてコロンブスと宮廷との間に商議が開かれることとなった。けれども彼の要求が余りに大なりしため、談判はついに不調に終わり、コロンブスはまたもやスペインを去りてフランスに赴かんとしたが、彼の熱心なる共鳴者が、極力女王の説得に努め、女王もついにこれに同意し、急使を派して既にサンタ・フェを去れるコロンブスの後を追わしめ、グラナダを距る六マイル、ピノスの橋上で、女王の意を彼に伝えしめた。彼はサンタ・フェに引き返した。而して彼とフェルナンド及びイサベルとの間に、名高きサンタ・フェ契約が一四九二年四月十七日に成立した。その契約は下の如きものである。

クリストファー・コロンブスが、大洋においてなすべき発見の報酬として、並びにまさに行なわんとする航海に対する報酬として、スペインの国王並びに女王に求むる恩恵は左の如し。

第一。彼は諸海洋並びに彼が発見せんとする諸国の提督に任ぜられんことを望む。彼は終身この栄位を保有し、且つこれを彼の後嗣に伝えんことを望む。

(この請願は国王並びに女王これを許可す)

第二。クリストファー・コロンブスは、全ての大陸並びに島嶼の副王に任ぜられんことを望む。

(国王並びに女王によって許可せらる)

第三。彼は真珠にまれ、宝石にまれ、ないしその他の物にまれ、彼が発見すべき国土に発見せられ、獲得せられ、購買せられ、または輸出せらるる全ての貨物の利益の十分の一の分配に与らんことを望む。

(国王並びに女王によって許可せらる)

第四。彼は提督の資格において、彼が発見すべき諸国において争議を醸す一切の商業上の事件に対し、唯一の裁判官に任ぜられんことを望む。

（国王並びに女王によって許可せらる。ただしこの司法権は、ドン・エンリケス及び他の諸提督によって保持せられたる提督の職権に準ずべきものとす）

第五。クリストファー・コロンブスは、新しき国土と交通する全ての船舶費の八分の一を負担し、これに対して利益の八分の一を得んことを望む。

（国王並びに女王によって許可せらる）

グラナダの原、サンタ・フェにて、一四九二年四月十七日

かくしてコロンブスの宿願がいよいよ成就せらるべき秋《とき》が来た。イサベルは彼に対する特別の眷顧《けんこ》として、その子ディエゴを皇太子フアンの小姓に任じた。遠征の準備はパロスにおいて行なわれ、そこから出帆することとなり、コロンブスは勇躍して五月十二日、パロスに向かった。けれどもコロンブスはパロスに来りて、その遠征のために船員を得ることの至難なるを見た。何人もかくの如き航海を敢えてする勇気はなかった。人々は彼の計画を聞いて、ただ狂気の沙汰と考えた。彼はわずかに僧院長の熱心なる説得と、この地の有力なる船主ピンソン一家の斡旋とによって、ようやく所要の水夫を集め、一切の準備を完了して、一四九二年八月四日朝、三隻の船が西方に向かってパロスの港を出た。

彼の目指せるものは、恐らくマルコ・ポーロによって西欧に伝えられたる偉大なるフビライ汗の国であった。その最初の目標は、黄金国日本であったろう。而して前後四回の航海を通じ

て、彼はその発見せる国土を新しき世界とは考えず、あくまでもアジア東辺の島々と信じて疑わなかった。彼は国王並びに女王に提示すべき航海日記のはしがきにおいて、まず一四九二年は、グラナダ陥落して国王の旗高くアルハンブラの塔上に翻りし年なること、この年に彼が国王並びに女王に向かって、インドの国々並びに大汗と呼ばるる君主について物語れること、その大汗が正しき信仰を求めて宣教師の派遣をローマに求めたるも、法王がこれに応ぜざりしこと、大なる町々がその民の邪《よこし》まなる信仰のために亡びつつありし事実を物語れることを回想したるのち、さらに下の如く述べている――「カトリック信者にして君主たり、キリスト教の愛慕者にして弘布者たり、回教の敵にして且つ一切の偶像教並びに異教の敵たる両陸下は、予クリストファー・コロンブスをば、叙上の君主、町々、国々、及びそれらの性状並びにそれらに関する一切の事情を究め、彼らを吾が神聖なる信仰に入らしむべき道を尋ねんために遣わし給えり」。かくの如く彼が君主の動機として述べたることは、取りも直さず彼自身の動機であった。

この偽りなき宗教的動機とともに、彼はまたアジアの富に対する強烈なる欲望をも抱いていた。最初の航海の日記には、実に黄金という文字がほとんど各頁に散らばっており、近処《あたり》に多量の黄金があるという土人の彼に向かっていえること以外は、何も念頭に入れなかったと思われるほどである。イサベル女王は、最初に陸地を目撃せる遠征隊員に、一万マラベディの年金を約束した。この年金は当然ピンタ号（＊遠征船隊三隻のうちの一隻）の見張り人トリアナに帰すべきものなるにかかわらず、彼は最初に（＊前夜に）陸上の火を認めたという理由の下に、これをも己のものとした。かくの如き強欲または利己主義が、この後コロンブスとその部下との間に幾多の衝突を惹起した。吾らは彼の性格が甚だ複雑なるものなりしことを記憶しておかねばならぬ。

コロンブスはアーヴィング以下の諸伝記作者によって、ほとんど完全無欠の人格者として描かれてきたが、その後新しき資料の発見により、その心術の必ずしも純正ならざりしこと、その言葉の必ずしも真実ならざりしことが立証されて以来、従前の賛美に対する反動として、苛酷なる非難の矢面に立たねばならなかった。なるほど、彼は真個の天才の特徴たる広汎なる視野と透徹せる洞察とを欠いていた。けれども彼は、山をも動かすべき金剛の意志、何者も屈し得ざる堅忍不抜、尽くることを知らざる無限の精力を具えていた。彼は時として虚言を吐き、強欲でもあり、また酷薄でもあった。けれども彼の心はよく偉大なる理想を抱くに堪え、その魂は高貴なる想像を描くに足り、逆境悲運に際して後世の同情と尊敬とを博すべき剛毅と威厳とを示した。彼は彼以前の人も、彼以後の人も、成し得ざりし大業を成就せるものである。その功業は絶倫であり、何事をもってしてもこれを破壊し損傷することができない。彼はこの功業によって、不朽なる偉人の間に伍せしめられたのである。彼は歴史家の批評を恐れる必要がない。

六 コロンブスの航海

さてコロンブスの一行は、カナリア群島ゴメラに寄港して船舶を修繕したるのち、九月六日、この島を出帆した。あるいは彼に反抗せんとし、あるいは自暴自棄に陥らんとする水夫等を、叱咤し慰撫し奨励しつつ、ついに十月十二日未明、彼はバハマ群島中の一島、恐らく今日のワットリングに着いた。土人はこの島をグアナハニと呼んでいたが、彼はこれにサンサルバドルの名を与えた。彼は群島を巡航すること十日、海上に散在するこれらの諸島をもって、マルコ・ポーロがその見聞記に述べたる、またトスカネリの地図に描かれたるアジア海岸のそれ（＊インディアス）であると考えた。次いで十月二十七日、彼はキューバを発見し、これこそ日本なるべしと考えたが、海岸に近づきてそのマルコ・ポーロの記述と相違するを見、これをもってシナ大陸なるべしと推察し、二人のスペイン人を上陸せしめ、スペインの国書を国王に呈し、且つ香料を探求せしめんとした。もとより国王もなく、香料もなく、あるものはただ貧しきインディアンの村落と、その田園とだけであった。彼らはこのとき初めて土人の喫煙に驚異の目を瞠《みひら》いたが、その煙草《たばこ》がやがて香料にも優る商品たるに至るべきことには、もちろん想到すべくもなかった。

十一月十四日、彼は南東に黄金に富む大島ありと聞き、これに向かって航行した。途中マルティン・アロンソ・ピンソン（＊船長）の船ピンタ号は、密かに一行を脱して行方不明となった。コロンブスは十二月四日、ハイチに到着し、これこそ日本国なるべしと思い、これにエスパニョーラ（＊現在のドミニカとハイチ）の名を与え、トルトゥガ島と相対する海岸に巨大なる十字架を立て、厳粛にこれをカスティーリャの領土と宣言した。彼は土人が黄金の装身具を着けたるを見て、この島に黄金多かるべしと推《すい》し、しばらくここに滞在するに決した。然るに一水夫の怠慢によって、コロンブスの乗船座洲し、ついにこれを棄てねばならなかった。よって、その船の破片をもってこの地に一堡を築き、キリスト降誕祭を記念してこれをラ・ナビダードと名付け、四十名を堡内に留めて、一四九三年一月四日、この地を発して東に向かった。

彼は航行二日にして、端なくもピンソンの船と邂逅《かいこう》した。ピンソンは、その軽快なる船をもって、コロンブスを離れて自ら黄金を探求しつつあったのである。コロンブスは、この不信なる船長が、彼に先んじてスペインに帰り、その功を奪わんことを恐れ、ともに帰国の途に就いた。途上恐るべき風波の難に遭ったが、彼自身の言葉によれば「世界における最大の奇跡」によって沈没を免れ、三月十日、めでたくパロスに帰着するを得た。君主及び国民は、如何なる凱旋将軍もいまだかつて知らざる歓迎を彼に与えた。このことについて史家ヘレラの言葉は、意味深長である。彼はいう――「コロンブスは今や最大の誉れを得た。その誉れは成功のためにあらず、実に容易に理解し得ぬあること（＊掠奪）、人をして幾度もこれについて考えざるを得ざらしむるあることを成就したるためである」と。このときよりこの年九月二十五日、第二次航海の途に上るまでの半年間だけが、コロンブスの生涯における華やかなる月日であった。

コロンブスの計画が、当初は如何に無視されたか、また既に君主の賛成を得たるあとでさえ、如何に識者に閑却されたかは、当時カスティーリャ宮廷の寵臣にして、その倦むことを知らぬおびただしき通信によって、貴重なる史料を後世に遺せるイタリア人マルティレが、当然このことを知っていたにかかわらず、毫もこれに関する書簡を遺しておらぬことによっても、想像し得る。従って、彼の発見は、以前に無視されたと同じ程度に、深刻至極の感激を与えた。わけてもヨーロッパの学者たちは、この偉大なる発見を目撃し得たる幸福を慶賀し合った。而して、かのマルティレも、このたびはその通信のうちに、あらゆる賛辞をこの大業の成就に対して献げている。

けれどもコロンブスの発見によって、最も深甚なる衝動を与えられたのは、実にポルトガルであった。その発見せられたる国土は、アジアの東部すなわち「インド」と信ぜられたるが故に、ポルトガルはこれをもって自国がかつてローマ法王の教書によって獲得せる権利の侵害なりとし、武力に訴えてもスペインの西航を阻止せんとした。ただしこの緊張せる事件は、法王アレクサンデル二世の教書を基礎とし、トルデシリャス協約によって一応の解決を見た。かくてスペイン君主は、この年五月二十八日、改めてコロンブスを海外経営の指揮者に任じ、且つのちにバダホスの司教となり、またスペイン植民政策の指導者となれるフォンセカを王室代表者として、船舶の艤装その他の事務を鞅掌《おうしょう》せしめた。フォンセカは極めて有為なる人物であったが、心術公明を欠き、他人の偉大を嫉視する傾きあり、コロンブスも、またのちにメキシコ征服者コルテスも、彼の敵意ある処置に苦しめられた。コロンブスとの間には、既に第二次航海の準備中に紛争確執を生じた。

さて、第一次航海の場合とは事変わり、このたびは渡航志願者の多さに苦しんだ。コロンブスは、その発見せる島々を、天国楽土なるかの如く物語ったので、渡航者のほとんど全ては気候温和・風光明媚の黄金国に、一獲千金の夢を抱いて船出した。かくて総勢千五百人、馬その他の家畜、植物並びに種子、数々の農具などを分載せる十七隻の船舶が九月二十五日、カディスを出帆し、十一月二十七日、無事エスパニョーラのラ・ナビダードに到着した。然るに先に築ける堡塁は跡形もなく、四十名の同勢は姿も影も見せなかった。蓋し彼らは、コロンブス帰航ののち、無残に土人を劫掠《ごうりやく》してその憤激を買い、彼らのために鏖殺《おうさつ》されたのである。従って土人のスペイン人に対する態度も、また第一次航海当時の親愛を示さなかった。それ故にコロンブスは、去ってハイチ岬の東方約四十マイル、両河川の注ぐ一小湾を選び、女王の名にちなんでこの地をイサベルと名付け、桟橋を架し、家屋を建築して、新しき根拠地の建設に着手した。けれどもかくの如きは、渡航者の抱き来れる夢と相距ること遠きものであった。長き船旅の疲労も癒えぬ前に、彼らの多数には不慣れの仕事を課せられた上、炎暑に悩まされて病人が続出した。而して一徹なる吾がジェノア人は、厳罰をもって威圧しながら、スペイン貴族等にも容赦なく労働を強いた。これは彼らにとりて甚だしき「屈辱」であり、その長く忘れ得ぬところであった。かかる間にシバオ金山の発見あり、やや植民者の元気を引き立てた。よってコロンブスは、一四九四年三月、この地に聖トマス堡を築き、彼らをして採金に従事させた。けれども金採掘は、決して渡航者等の想像せる如き容易なる仕事でなかった。彼らの描ける夢は今やことごとく破れ、ようやくコロンブスを恨み始めた。

かかる状態を見たるコロンブスは、新しき発見によって人心を転換せしむべく、また既に発見せる地域に関する知識を豊富ならしむべく、草創未成の二植民地イサベル及び聖トマスを同行せる弟ディエゴに委ね、一四九四年四月二十四日、イサベルを発して航海の途に上った。彼は、この航海においてジャマイカを発見し、次いでキューバに航し、その大陸なるか島なるかを確かめんとしたが、群島の間を縫いつつ進む危険なる航行に、心身の疲労甚だしく、ついに人事不省に陥ったので、船員等は驚いて船を回し、九月二十九日、イサベルに帰着した。イサベルに帰れるコロンブスは、その弟バルトロメのスペインより来りて彼を待ちつつありしに会し、非常なる歓びを感じた。ただし彼が留守せる五カ月間に、植民地の状態は乱脈を極めていた。土人はスペイン人に向かって干戈を執って抵抗していた。有力なる宣教師ブィル並びに彼が出帆に際して重要なる任務を託したるマルガリート及びその他の有力者等が、バルトロメが来航したる船に乗り、無断に島を去りてスペインに帰国していた。

コロンブスは、有為なる弟バルトロメの助力により、直ちに植民地の秩序回復及び土人討伐に着手した。土人は大規模なる計画の下に、スペイン人の殲滅を企てていたが、未然に謀《はかりごと》洩れて鎮圧された。而してコロンブスは植民地統治の経費を得るために、十四歳以上の土人に対し、三カ月ごとに鉱山地方においては一定量の黄金を、他地方においては一定量の綿花を納付せしむることとした。納税の受領証として、一個の銅牌が与えられた。土人は労役または納税を果たせることを立証するために、いつでも請求に応じてこれをスペイン人に示さねばならぬ。コロンブスは、この制度を峻酷に励行した。納税を免れんとせる土人は、捕らえられて罰された上に、苦役を強いられた。たびたびの戦争に捕虜となれる土人は、奴隷として酷使せられ、またスペイン本国にも送られた。かかる間に、先に無断帰国せるブィル、マルガリート等は、スペイン宮廷においてコロンブスが、その発見せる国土の富を誇張して、君主と国民とを欺けることを攻撃した。また貴賤の別なく労働を強制し、圧制を逞しくすることを非難した。スペイン君主は彼らの言に動かされ、一四九五年四月九日、実情調査のためにアガドをエスパニョーラに派遣するに至った。アガドはこの年十月、エスパニョーラに到着した。コロンブスは、事態の非なるを看取し、一行とともに帰国して、自ら反対者の非難を論駁するに決し、一四九六年三月十日、イサベルを出帆し、六月十一日、カディスに到着した。このときコロンブスに伴いて、二百余名の渡航者が帰国した。カディス港の人々は、彼らの見る影もなく落ちぶれたる姿を見て、まず意外の感に打たれた。而して帰還者の物語は、全て疫病と貧窮と絶望と悲惨の話だけであった。かくてコロンブスは、今や憎むべき詐欺師として人々の指弾を受くるに至った。ただしブルゴスにおいて彼を引見せる国王並びに女王は、彼の予想に反して丁重に彼を待遇し、好意をもって彼の言に聞き、彼の請願を容れて第三次発見航海のために船舶を艤装すべきことを約束した。しかしながらこの約束は、その実行を見るまでに、前後二年の日月を要した。而してこの二年の間に、大西洋の彼岸では、種々なる出来事が続出した。

まずエスパニョーラにおいては、コロンブス帰国の直前、島の南部ハイナ、オサマ両河の近くに、一金鉱が発見された。コロンブスは、エスパニョーラが日本にはあらで、往古ソロモン王が黄金を求めしオフィル国なるべしと考えた。而してイサベル出帆に際し、根拠地を南方に移すべきことをバルトロメに命じた。バルトロメはこの命令に従い、一四九六年夏、オサマ河口にサントドミンゴを建設した。彼はまたスペインに服従せざる土人の討伐または懐柔に努めた。けれどもバルトロメの精励恪勤《かっきん》は、彼の下に働けるスペイン人の不平を招き、中にもコロンブスが首席判事に任じて島に留めたるロルダンは、彼をもってスペイン人を圧制する外国人なりとし、自らをその解放者と唱えて、多数の不平植民者を糾合し、バルトロメと対峙して相降らざるに至った。而してかかる内訌が、不利なる印象を土人に与え、彼らの反抗を煽ったことはいうまでもない。

既にして本国においては第三次航海の準備ようやくなり、一四九八年五月三十日、コロンブスは六隻よりなる船隊を率いてサンルカル港を出帆し、カナリア島において植民地の必要品を積み込みたる三隻をまずエスパニョーラに直航せしめたが、この三隻は不幸にも叛徒ロルダンの掌裡に落ちた。コロンブスは自余の三隻を率いて針路を西南に取り、七月三十一日、三山並び聳ゆる一島を発見してこれをトリニダードと名付けた。トリニダードは三位一体の意味である。次いでこの島の南岸を航して、南方にオリノコ河下流の低地を認め、初めこれをガルシア島と命名したが、のちにその大陸（＊ベネズエラ）なるを知った。かくて彼は八月三十日、エスパニョーラに到着し、サントドミンゴに上陸して、初めてロルダンの反乱を知った。時にロルダンは、もはやコロンブスの武力をもっては抑え得ぬほどの味方を擁し、島の一角に拠りてあくまでも彼に対抗せんとした。長期にわたる折衝ののち、ついにコロンブスの完全なる譲歩によって紛糾が解決し、ロルダンは啻に叛徒として罰せられざるのみならず、再び最高判事に任命された。而して彼の徒党は、一定面積の土地と、その耕作に従うべき土人とを与えられた。これすなわち「分配（Repartimient）」と呼ばるる制度の嚆矢《こうし》である。而して島に留まることを欲せざる者には、スペインに連行して奴隷として売却すべき土人を与えた。

この妥協は、コロンブスにとりて屈辱的なりしとはいえこれによってロルダン問題は一応解決し、その他の小問題もまた解決した。今や土人もおおむね帰服した。金鉱の採掘も緒に就いた。王室を喜ばすべき収入の目算も立った。然るに植民地の基礎がかくの如くにしてわずかに置かれ始めたとき、新しき禍が彼の上に降りかかった。蓋しスペイン本国におけるコロンブスの評判は、嫉妬、誤解、失望その他の理由から、甚だ面白くなかった。彼に対する間断なき誹謗が、恐らくスペイン君主の心を、多少は動かしたであろう。わけても植民地における乱脈なる状態が伝えられるに及んで、当初よりコロンブスに対して大なる好意を有せず、サンタ・フェの協約によって、過大なる権利を彼に賦与せしことを後悔していたフェルナンドは、彼に対して何らか適宜の処置を取らねばならぬと考えたことであろう。あたかもかかるときに当たり、ロルダンの一味が三百名の土人を連行してスペインに帰還し、コロンブスの土人に対する処置を物語った。その上、不運なりしことには、コロンブスはスペイン君主に向かって、若干年間、土人奴隷を継続することが、植民地繁栄のために有利なる旨を進言した。このことが、土人に対して最も優しき心づかいを抱けるイサベル女王を憤らしめた。女王は「如何なる権利によって、提督は吾が臣民を自由に処分するか」と叫んで、啻に彼らが連行せる土人のみならず、かつてコロンブスが送り来れる土人をも、直ちに探し求めてことごとくエスパニョーラに送還すべしと厳命した。而して特使を派遣してコロンブスの行動を取り調ぶるに決し、使者としてボバディラを選んだ。

ボバディラは、一五〇〇年八月二十三日、エスパニョーラに到着し、直ちにコロンブス及びその両弟ディエゴ及びバルトロメを逮捕し、これを鉄鎖に繋いでスペインに送還した。船は十二月、カディスに着いた。けれどもコロンブス兄弟が鉄鎖に繋がれて帰国したと聞いたとき、彼らに対する同情、彼に加えられし忘恩の処置に対する憤激が、期せずしてスペイン上下の間に昂《たか》まった。国王並びに女王は、直ちにコロンブス兄弟の釈放を命じ、彼をグラナダに招いた。十二月十七日、コロンブスが君主の前に出たとき、国王並びに女王は慇懃《いんぎん》を尽くして彼を遇し、ボバディラの無礼に対して深く遺憾の意を表し、且つ直ちに彼を罷免すべきことを約束した。それにもかかわらずスペイン君主は、直ちにコロンブスをエスパニョーラに帰任せしめんとはしなかった。イサベル女王は彼に向かい、彼の反対者が甚だしく彼に対して激昂しているので、その冷めるを待たねばならぬと告げた。而してオバンドをエスパニョーラ知事に任命した。

オバンドは、一五〇二年二月十五日、その率いたる船隊は三十二隻よりなり、二千五百人の植民者を乗せたる空前に大規模なるものであった。オバンドをして植民地統治の恒久的基礎を築かしめんとしたのである。蓋し国王並びに女王は、コロンブスの政治的手腕に信頼し得なかったのであろう。それのみならず、将来発見せらるべき国土の甚だ広大なるべきことが知られるに及んで、少なくともフェルナンドは、この広大なる国土に彼を副王とし、莫大なる利益を彼に与えることを欲せざるに至った。かくて国王は、アーヴィングの言葉を借り来れば、コロンブスの新しき発見ごとに、彼に対する感謝の念を増す代わりに、彼の報奨《ほうしょう》の過大を悔やむ心を強くした。加うるにコロンブスは、もはや国王にとりて無用の人となった。新しき世界への途を拓ける者はコロンブスである。けれども今や有為なる航海者は、容易にこの途を歩みて西方に達し得るのである。現に政府は、コロンブスに与えたる権利を蹂躙し、多くの船乗りに探検航海を許可した。コロンブスはかくいう——「西方に国土あり——予は見事にこの提言を立証した。予は門を開いた。他人はほしいままに入り得るであろう。現に彼らは入りつつある。しかも彼らは、単に予の轍《わだち》を辿るのみなれば、その権利なきにかかわらず発見者の名さえも僭称する」と。

さてこの頃に至り、ヴァスコ・ダ・ガマは喜望峰を回りてインドに達し、次いでカブラルは高価なる貨物を積んでポルトガルに帰り、インドの富が万人の口に上るようになった。コロンブスは、その発見せる世界をアジアの一部と信じて疑わざりしをもって、ヴァスコ・ダ・ガマの航路よりも、一層容易にして且つ短距離なる航路を発見し得べしと信じた。すなわちコロンブスは、大西洋よりインド洋に通ずる海峡の存在を確信し、これを発見せんとしたのである。而していつもながらの熱心をもって、またスペイン君主を説得し、海峡発見を唯一の目的とし、決してエスパニョーラに寄港せぬ条件の下に、一五〇二年五月九日、弟バルトロメ及び当時十五歳に達せる第二子フェルナンドを伴い、四隻よりなる船隊を率いてカディスを出帆した。

コロンブスは、六月十四日、マルティニーク島に着し、それよりジャマイカに向かわんとしたが、船舶に故障を生じ、且つ台風襲来の兆しありしをもって、エスパニョーラのサントドミンゴに避難しようとしたが、オバンドが固くこれを拒んだので入港し得なかった。台風はやがて襲来したが、コロンブスの船隊は辛うじて沈没を免れ、七月三十日、ホンジュラスの海岸を距る遠からぬ一島に到着した。もしこのときコロンブスが、さらに西北に向かって船を進めたならば、一両日ならずしてユカタンに達し、メキシコを発見すべきであった。ただ彼は海峡発見に熱中していたので、ホンジュラス海岸に沿いて東行し、さらにモスキート海岸を南下して、十月五日、コスタリカに達した。この地の土人は、純金の装身具をもって飾っていたが、パナマ地峡のベラグアスに進むに従って、黄金は一層豊富なるが如く思われた。彼はなお海岸に沿うて東行したが、十二月五日に至り、船首を回《かえ》して西に向かい、暴風と戦いて再びベラグアスに到着し、ここに植民地を建設して金鉱採掘に従わんとしたが、土人の猛烈なる反抗に遭いて果たさなかった。

一五〇三年四月末、彼はベラグアスを出帆したが、船舶は破損し、水夫は疲労し、糧食は欠乏したので、とりあえずエスパニョーラに向かった。けれども途上暴風に遭い、六月二十四日、ようやくジャマイカに着いたときは、船は全然航行に堪えぬほどになったので、陸上に乗り揚げて甲板上に小屋をかけ、船員の住家とした。彼は急をエスパニョーラに報じてオバンドの救援を求めた。オバンドはこれを承諾したが、実際船をジャマイカに派したのは、実に八カ月ののちであり、その間コロンブスは言語に絶したる辛苦を嘗《な》めた。かくてジャマイカ滞留一年ののち、一五〇四年六月二十八日、この島を去ったが、逆風のため船進まず、八月十三日、ようやくサントドミンゴに着し、九月十二日、この地を出帆し、十一月七日、セビリアに帰着した。

彼はインドまたはアジアの大汗国（＊蒙古帝国）に通ずる海峡を発見し得ず、黄金の話だけはもたらしたが実際は一金塊をも持ち帰らず、空しく老い且つ病みてスペインに帰ったのである。彼は病躯旅行に堪えなかったので、その子ディエゴを宮中に遣わし、彼の権利について請願し且つ商議せしめた。彼にとりて最も不幸なりしは、彼の真実の同情者イサベル女王が、彼の帰国のときに既に危篤の病人であり、やがて十一月二十六日、ついに五十五歳をもって長逝せることであった。この年の冬、及び翌一五〇五年の春をセビリアに過ごせるコロンブスは、五月に至り、病を押してセゴビアに赴き、当時この地に行在せるフェルナンドに拝謁し、太守並びに総督としての地位の復旧について請願するところあったが、フェルナンドの態度は冷淡を極め、拒絶もせずまた承諾をも与えず、ただコロンブスを焦慮せしめるだけであった。かくして彼は翌一五〇六年五月二十日、全く世に忘れ去られて、バリャドリッドに客死した。一三三三年より一五三九年にわたるバリャドリッド年史が、今日に残存している。この年史には、市内に起これる取るに足らぬ出来事まで記入されているが、コロンブスの死については何らの記事もない。それほどまでコロンブスは世に忘れられ、世に棄てられたのである。

第三章　オランダ

一　オランダの独立

西葡（＊スペインとポルトガル）両国の海外発展が、ヨーロッパ諸国に深甚なる刺激を与えたことはいうまでもない。西葡両国は、ローマ法王の権威により、いまだキリスト教国に属せざるヨーロッパ以外の全世界に対する領有権を主張した。さりながらかかる主張は、仮にローマ法王の権威が宗教改革によって打撃を受けなかったとしても、到底永く維持せらるべきものでなかった。フランスのフランソワ一世は、熱心なる天主教徒でありながら、なおかつ単純なる宣言によって国土の併合を行なうことに抗議し、もし西葡両国があくまでかくの如き権利を主張するならば、その権利の基礎たるべき「アダムの遺言状」を提示せよといった。而してイギリスのエリザベス女王は、一五八〇年において、領有権は実際に国土を占取することによって生ずるという国際法の根本原則を提唱した。

けれどもエリザベス女王の提唱を待つまでもなく、諸国は早くよりこの原則に従って行動していた。彼らはアメリカ発見の直後から、既に西葡両国の競争者であり、その独占政策に対する挑戦者であった。順序よりいえば、全ての点においてスペインと競争の地位に立てるフランスが、第一に起って角逐を試むべきはずであったが、初めはイギリス及びイタリアとの戦争により、のちには国内における信仰上の戦争により、存分にその力を海外発展に用いる余裕なく、その努力は常に中断されてきた。かくてフランスの植民的活動は、その宗教的内乱が終局を告げるまで待たねばならなかった。而してイギリスの海上における活躍も、コロンブスの第一次航海後幾ばくもなくして開始されたが、最初の百年間は多く得るところなかった。第十六世紀中葉以前のイギリスは、いまだスペインまたはフランスに対して世界的覇権を争うほどの強国にあらず、その政治的野心はなお遥かに低かった。イギリスの植民政策が重大なる意義を帯び来りて、ついに植民史の新時代を画するに至りしは、これまた第十七世紀入りてよりのちのことである。最初に西葡両国に対してその貿易独占を脅し、もって植民戦争の主動者となりしは、西葡両国と最も密接なる政治的並びに経済的関係を有せるオランダであった。

今日のオランダ、ベルギー及び北フランスの一部を含む北海沿岸の低地一帯は、ネザーランドと呼ばれた。それは「低き国々」の意味である。住民の多数を占むるオランダ人及びフランドル人はドイツ語に近き言語を、南部のワルーン人はフランス語より出でたる地方語を話した。そは十七州に分かれ、初めは好戦勇武なる封建諸侯が割拠して相争ったが、第十二・十三・十四世紀と進むうち、若干の富強なる都市が勃興して、その君主等より特権を獲得し、半ば封建君主に属しながら、事実においては独立せる共和国たるに至った。第十四世紀末葉より第十五世紀にかけて、東部フランスのブルゴーニュ公国を領有し来れるブルゴーニュ諸公は、結婚・買収・術数・強要等の手段により、ついにネザーランド十七州をその治下に置いた。第十五世紀後半に至り、突進王と呼ばれしブルゴーニュ公シャルルは独仏両国の間に強大なる一国家を建設せんとしたが、フランス王ルイ十一世に妨げられて果たさなかった。一四七七年シャルル死するや、ルイ十一世はブルゴーニュを攻めてフランスの東境を広めたが、ネザーランドの公国領は、公女マリーがこれを相続した。然るにマリーは、オーストリアのマクシミリアン（*神聖ローマ帝国皇帝）と結婚したので、爾来ネザーランドは永くハプスブルグ家の支配の下に立つこととなった。けれども叙上の政治的変遷を通じて、ネザーランド諸市はおおむね従前の特権を保持し、その繁栄は弥増《いやま》した。ネザーランドは、実にヨーロッパの最も富みたる国土となり、ブルゴーニュ公家の豪華は肩を比べるものなかった。

さてスペイン国王にして同時に神聖ローマ帝国皇帝に選ばれたるカール五世は、一五一九年祖父マクシミリアン皇帝の死とともに、その遺せる領土を相続し、ネザーランドに君臨することとなった。カール五世は一五〇〇年ネザーランドのガン（*ヘント、現在はベルギー領）に生まれ、且つこの地で育った。従ってカール五世は、その生まれと育ちからいえばネザーランド人である。それ故に彼はよくこの国民を理解し且つ同情していた。彼はスペインにおいては不評判なりしその性格（*お人好し）のために、ネザーランド人からは喜ばれた。彼はこの国をもって彼の帝国の大切なる一部となし、その利益は帝国の利益に対してのみ次位に置かるべきものとした。その新教に対する断乎たる弾圧にかかわらず、ネザーランドは彼の皇帝在位時代には、決して離反的傾向を示さなかった。

さてカール五世は一五五六年に隠退し、一五五八年に逝去した。このとき以来ハプスブルグ家はオーストリア・ハプスブルグ家とスペイン・ハプスブルグ家の二つに分かれた。すなわちカール五世の弟フェルディナントは、オーストリアとその属領、ボヘミア、ハンガリー、及び神聖ローマ帝国皇帝の称号を継ぎ、カール五世の子フェリペ二世は、スペイン、ネザーランド、フランシュ・コンテ（＊フランス東部）、両シチリア（＊ナポリ王国とシチリア王国）、ミラン（＊ミラノ公国）、及びアメリカ植民地を継いだ。然るにネザーランドのこの新しき君主は、その父と異なりて純乎たるスペイン人であった。而してその父とは反対に、スペイン人に喜ばれしその性質（＊不寛容主義）のためにネザーランド人の反感を買った。彼は父帝の命令によって、一青年としてなせる短期のネザーランド巡遊において、既に悪しき印象を彼らに残していた。彼は政治的には、中央集権確立のために、ネザーランドの都市及び貴族より、高圧的に伝来の特権を奪った。彼は一五五九年以後、一たびも自らこの国を訪えることなく、その統治をこの国の有力者に委ねずスペイン人に委ねた。彼は財政的には、既に過重なりしカール五世の租税を一層重くし、且つこれをしばしばスペイン領土の他部分の経費に充てた。且つ彼がスペインの利益を目的として、この国の商業に課したる制限は、その繁栄の根源を脅した。最後に彼は徹底してカトリック教信者であった。彼は独り自己の領土においてのみならず、イギリス・フランス・ポーランド・スカンディナヴィアの諸国においてさえも、カトリックの勝利のために骨折った。既にカール五世の時代において、一五二五年以来、カルヴィン教徒に対する迫害は組織的に行なわれたが、フェリペ二世が父の後を継いでより、異端者に君臨するよりは全く君臨せざるに如かずと称え、全臣民にカトリックの信仰を強要し、新教徒に対する迫害を一層苛酷にした。かくの如くにしてネザーランド人の彼に対する潜める敵意が、やがて顕わなる反抗となり、反抗はついに独立運動に移行した。

ネザーランドの反対は、最初は主として宗教審判及びスペイン軍隊の都市駐屯に対して向けられた。執政マルゲリータ（＊フェリペ二世の姉）は、若干の譲歩によって不平を鎮めんとした。然るに一五六六年、貴族の一部と市民とが相結んで、請願書をマルゲリータに提出し、反乱勃発のおそれあるにより特使をスペインに急派して、宗教審判及びその他の圧迫を除かれんことを求めた。マルゲリータは初め請願者等に圧迫されたが、左右の一人が「何事ぞ、妃殿下はこの乞食どもを恐れ給うか」と叫んだのでようやく勇気を回復した。爾来ネザーランドの国王反対者等は、自ら「乞食党」と呼び、托鉢僧の用いる頭陀袋《ずだぶくろ》と椀とをもって旗印とした。この「乞食ども」の請願により、特使がスペインに派遣せられ、フェリペ二世はついに宗教審判の廃止を約束したが、直ちにこれを後悔した。何となれば乞食党よりも一層過激なる熱狂的カルヴィン教徒が、その敵の残酷なる迫害に報復するため、敢然武器を取って起ち、アントワープの本山をはじめとし、フランドルだけでも四百のカトリック礼拝堂を荒らし回ったからである。

かくてフェリペ二世は一五六七年、名高きアルバ公爵をネザーランドに派遣し、武力をもって最も容赦なき弾圧を遂行せしめた。アルバ公爵のネザーランド駐在六年の間に、死刑に処せられし者八千、財産を没収せられし者三万、国外に亡命せる者十万に及んだ。その上アルバは、一切の売買に対して従価一割の租税を課してフランドルの産業を脅威するに至ったので、カトリック信者たる南部ネザーランドの市民さえ、北部諸州の新教徒と呼応して、スペインに反抗するに至った。ヒューム曰く「フランドル人を激怒せしめ、これをゼーランドの新教徒と相結ぶに至らしめたのは、宗教にもあらず愛国心にもあらず、フェリペ二世の金庫を悩ましたる『永遠の無一文』であった。一割の売買税は、宗教や愛国心さえも成し得ぬことを成した。そはネザーランドの全ての商工業者を一体ならしめた。アルバは『万人皆吾に刃向かう』と長嘆した」。

当時ネザーランドにおける最も有力なる貴族は、ドイツ人オラニエ公ウィレムであった。アルバがネザーランドに着任せるとき、彼はホランド、ゼーランド両州の知事であったが、アルバの術策に陥ることを避けてドイツに去った。然るに幾ばくもなくしてスペイン支配に対する反乱の勃発を見たので、彼は再び来りて独立運動に号令し、その人格と才幹とによって、やがて全ネザーランド人の敬愛を博した。ウィレムの武力は、到底アルバの敵でなかった。ただ一五六九年以来、ウィレムが海賊並びに私掠船をしてスペイン船舶の攻撃掠奪を行なわしむるに至り、アルバは大いに苦しまざるを得なかった。而してこのことは啻に甚大なる損害をスペインに与えしのみならず、同時にオランダ海上権の基礎をも置いた。これに加えてウィレムの陸上武力もまた次第に強くなった。

かくの如くにしてアルバの高圧政策は全然失敗に終わり、一五七三年、レケセンスこれに代わったが、何ら功績を挙げ得ずして、一五七六年に死去した。而してネザーランド駐屯のスペイン軍隊は、俸給衣食を与えられずに放置されたので、ついに一斉に諸都市の掠奪を始め、アントワープの被害、なかんずく激しかった。これを「スペイン狂乱」という。ここにおいて十七州の代表者ガンに会し、フェリペ二世が宗教審判を廃止し、往時の自由をネザーランドに与えるまでは、断乎としてスペインと抗争すべきことを盟《ちか》った。これをガン和睦という。

フェリペ二世は、トルコ海軍をレバント湾に破りて勇名を全欧に馳せたるドン・フアン（＊フェリペ二世の弟）をネザーランドの新総督に任じ、妥協政策を行なわんとしたが、時既に遅く、ドン・フアンは為すところなくして一五七八年に死んだ。ただしこれを継げるパルマ公アレッサンドロ・ファルネーゼ（マルゲリータの子にしてフェリペ二世の甥）は、一五七八年より一五九二年まで在任して、縦横に辣腕を振るった。彼の外交的手腕は、見事にネザーランドを南北に分裂せしめた。彼はカルヴィン教徒にして商業的なる北部七州と、カトリック信者にして工業的なる南部十州とを反目せしめた。一五七九年、後者はアラスに会して同盟を結び、カトリック教の擁護及びスペインとの妥協を標榜した。而して北部七州は同年ユトレヒトに会し、あくまでもスペインの圧制に抗し、信仰の自由のために戦うべきことを約した。かくて一五七六年のガン和睦は破れ、ネザーランドは永く両部に分かれることとなった。すなわち南部はその後約二百年の間、ハプスブルグ家の領土として残り、スペイン領ネザーランドと呼ばれ、ほぼ今日のベルギーに相当する。而して北部は独立してオランダ国となった。

一五八一年、フェリペ二世はウィレムの権利剝奪を宣告し、賞をかけてこれを生け捕りまた

オラニエ公ウィレム

は殺害せしめんとした。ウィレムは直ちに名高き「弁解状（＊民衆に対して自身の功績を列挙し、フェリペ二世の廃位を要求）」をもってこれに応じ、且つ「誓絶条例」を発布して、北部七州の代表者をハーグに召集し、スペインよりの分離を宣言した。この条例はオランダの独立宣言として見らるべきものである。やがてウィレムは暗殺せられ、スペインの迫害は続行されたが、一六〇八年に至り、フェリペ三世は、ハーグ国会との間に十二カ年の休戦条約を結んだ。この平和は三十年戦争（一六一八―一六四八年）によって破れたが、一六四八年のウェストファリア条約において、オランダの独立が正式に承認された。

オランダの成功には幾多の原因がある。第一にはその地勢が大軍の行動を不可能ならしめた。第二はその私掠船がスペイン商船に甚大なる損害を与えた。第三に彼らが外国傭兵をもって戦ったので、多年にわたる戦争にかかわらず、彼ら自身は平和の仕事に従事し、よく富と繁栄を増すことを得た。第四にはウィレムの戦略宜しきを得た。第五にはドイツ、イギリス、フランスの新教徒から同情と援助とを得た。第六にはフェリペ二世が事をイギリスと構えたので、ネザーランド経略にもっぱらなるを得なかった。

二　オランダの政治的特徴

次に吾らは、かくして生まれたるオランダの政治的特徴を一瞥するであろう。もとネザーランドの十七州は、同一君主に属していたとはいえ、決して一国を形成していたのではなく、また連邦を組織していたのでもない。フェリペ二世は国王として十七州全体に君臨したのでなく、あるいは伯爵、あるいは侯爵、あるいは公爵を代理として、個々の州を統治したのである。ブルゴーニュ諸公及びカール五世の中央集権的努力にかかわらず、フェリペ二世の即位の当時、諸州間の政治的関係は極めて薄弱であった。一五七九年、北部七州がユトレヒトに会して同盟を結び、ついに一個の共和国を組織し、国会をもって最高機関としたるのちも、各州は皆自己の権利に固執し、その自治権を侵されまじと努めたるが故に、国民的感情は容易に発達しなかった。オランダの歴史家ブロークは、一七九五年以前においては、ネザーランド人は「祖市」の観念を有したるも「祖国」の観念を有しなかったといっている。従って国会は、たとえ共和国における最高権力を形成していたとはいえ、実際においては種々なる制限を受け、ほとんど有効なる政務の遂行を不可能ならしめられた。

共和国がある程度の統一を与えられたのは、時としてはホランド州が、時としてはオラニエ公爵家が、その優越せる勢力をもって国会を指導し得たからである。ホランド州の勢力は、その巨富と、人口の多数と、政治家の才幹とに負うた。第十六世紀末葉における七州の人口は、ブロークによれば約百二十万にして、ホランド州のそれは六十万、而して自余六州を合わせたる以上の租税を負担していた。共和国の著名なる人士は、おおむねこの州に生まれ、またはこの州に住んでいた。加うるにこの州は、独立戦争の初めよりスペイン反抗の中心であった。それは共和国内において、もっぱら商業に従事する都市貴族階級を代表した。然るにオラニエ家は、これと対立する勢力を代表した。それは共和国における最高の家門として、また独立戦争に際して「沈黙のウィレム」が勤めたる光栄ある役割の故をもって、特別なる威信を有していた。民衆は公爵家をもって彼らを陸海軍の総督に任じ、最も有力なる諸州の知事とした。共和国における知事は、一の地方官たるに過ぎなくなったが、それでもなお往時の権能の大部分を保持し、オラニエ公の如き有力なる人士がこれを行使する場合には、一個の絶大なる勢力となり得た。かくて陸海の武力を握り、若干州の統治権を握れる彼らのある者は、まさにオランダ国王たるの観があった。けれどもオラニエ党と、ホランド州を中心とする国会党とは、常に対立して抗争し、時としては鮮血さえ流した。

各州の割拠によって国会が政務の統一を困難にされたように、州会もまた一層小さき地方的自治体の対立によって統一を欠いた。けれどもかくの如き地方分権は、言論の自由と政党の活動とを促した。国内至る所で公共の問題が議論せられ、しかもそれが個人によってにあらず団体によって指導せられたるが故に、敵も味方も自己の主張を関係者に知らすために、好んで印刷物を用いた。されば当時世界のいずれの国においても、オランダにおける如く政治問題に関する文書のおびただしく刊行せられたるはない。ただしこの分権はいうまでもなく政務を渋滞せしめた。和戦の問題、軍隊の徴募、租税の改廃等の重大問題については、全会一致を必要とし、しかも常に議論百出するが故に、オラニエ公または国会より派遣せる委員たちは、全国を馳駆して執拗なる反対者の説得に努めねばならなかった。

かくて北部ネザーランドが植民的活動を開始せる当時は、なおいまだオランダ国民と呼ばるべきものなく、地方的利害が常に全般的利害よりも優位を占めていた。多数の都市、町村、貴族領地は、スペインに対抗するために相結んで共和国を組織したとはいえ、真個の一致団結はなおいまだ実現されなかった。ただこのことによって、国民的発展の礎だけは既に置かれ、やがて真個の国家を形成すべき準備はでき上がったといい得る。

三　オランダの経済的状態

さて第十六世紀末のオランダは、政治的に不統一なりし如く、その経済的方面においても、また州によって甚だしく事情を異にしていた。すなわちヘルダーラント、オーファーアイセル、ドレンテ、フローニンゲン、フリースラントの五州は、ほとんどもっぱら農業及び牧畜に従事し、工業はいまだ発達せず、鉱物としては多量の泥炭《でいたん》を産するのみであった。ただしこれら諸州の若干都市は、かつては活発なる貿易海運の中心であり、ハンザ同盟に加入してスカンディナヴィア及びバルト沿海地方と通商していた。然るに第十六世紀初頭より、ワッデン海及びゾイデル海の東部が漸次遠浅となりて船舶の出入を妨げ、第十六世紀末葉にはアイセル河口のカンペン、及びラウエルス海に通ずるフローニンゲンの両港のみが、わずかに余喘を保つこととなった。しかもハンザ同盟の衰微とホランド州諸市の勃興とは、これら両港の価値を失わしめた。カンペンの若干商人は、リスボンに商館を設け、香料貿易に従事することによって、この変遷に善処せんとした。然るに一五八〇年、フェリペ二世がポルトガル国王を兼ねるに及び、この貿易も行ない難くなった。そはフローニンゲンとともに、漁猟と沿岸貿易のための港となった。

これに反してホランド及びゼーランドの二州は、もっぱら貿易及び海運に従事し、第十七世紀初頭におけるその船舶数は、英仏両国のそれを合わせたるものを遥かに凌駕していた。これらの多数の船舶は、同時に漁業と貿易のために使用された。一四一六年、ウィレム・ブーケルス（＊オランダ人漁師）が塩漬けによるニシンの貯蔵法を発見して以来、ニシン漁はホランド及びゼーランドの最も重要なる富源となった。既に一五六二年、フランドルは百隻、ゼーランドは二百隻、ホランドは四百隻の漁船を有していた。第十七世紀初頭にはニシン漁夫二万人、これに使用する船舶の乗組員四万人に達した。一五六〇年にこの国を旅行せるフローレンス人グイチャルディーニは、ホランド一州だけの商船数を八百ないし一千、乗組員を約三万と数えているが、そは当時のイギリスが所有せる船舶の二倍以上である。これらの商船は、一方バルト海諸港、殊にダンツィヒと、他方フランス・ポルトガル・スペイン諸港との間を往復した。そはバルト沿海諸国においては、その積み来れる塩・香料・及びホランド産の食料品を、小麦・木材・紡績材料・金属と交易した。スペイン及びポルトガルには、バルト沿海諸国の小麦、ノルウェーの木材、ホランドの食料品（主としてチーズ及びニシン）を運び、これを塩・オリーブ油・羊毛・葡萄酒・果実・香料と交易した。彼らはイギリス及びノルウェーとも往復した。イギリスにては小麦を売りて毛織物を買い、ノルウェーにては船舶建造に必要なる木材を求めた。

もとネザーランドのうち最も栄えたるは南方フランドル及びブラバントにして、わけてもフランドルでは織物業が著しく発達した。実にこの州だけで、全盛時代のスペイン全繊維工業と角逐することができた。貿易もまた早くより発達した。蓋しネザーランドは、地理的並びに地文（＊地形）的に、貿易発展に最も有利なる条件を具えていた。そは中欧及び北欧の出口であり、また南欧より来る貨物の門戸に位した。そはライン・マース・スヘルデの三大河によって貫流せらるるが故に、奥地との交通が至便であった。そは海上を航すること数時間にしてイギリス・フランスの諸港に達し、五日または六日にしてノルウェー及びデンマークに達し、六日ないし十日にしてスペイン・ポルトガル両国の諸港に達した。オランダの商業はかくの如くにして目覚ましき発展を遂げ、後来の競争者は「オランダを打ち負かすこと」を最高の、けれどもほとんど望みなき目標として奮励した。而してフランドル及びブラバントは、第十二世紀より第十四世紀にかけては、遥かに他州を凌いでいた。

ハンザ同盟は、最初にブリュージュに出張所を置いたので、この地が一切の河川貿易の集散地となった。リューベックないしハンブルクは、ブリュージュを通じてイタリアと貿易関係を結んだ。フランスの葡萄酒、フランス及びバルト諸国の穀物、ロシアの毛皮、スカンディナヴィアの木材、スペインの鉄、イタリアの絹が、皆この地に集まり、この地から散った。然るに第十五世紀に入りてより、砂洲堆積のため船舶の出入困難となるに及び、アントワープがブリュージュに取って代わるに至った。爾来アントワープの発達は真に目覚ましく、第十六世紀中葉において既にヨーロッパの最も富裕なる都市となり、定着人口十万、浮動人口五万、日々出入する船舶五百隻、時としては大小二千五百隻の船舶が同時にスヘルデ河上に浮かんでいた。五千人の商人が毎日ここで取引に忙しく、一年の貿易額は約六億ドルと称せられた。

けれどもフランドル及びブラバントの隆盛は、やがて傾き始めた。相互の嫉視・反目・内訌、イギリスとの角逐、競争者の活躍による原料入手の困難は、相俟って南部諸州の発展を阻止し、同時に北部における商業の勃興を促進した。ブリュージュ及びアントワープは、単にハンザ同盟の出張所たるに過ぎなかったが、ホランド及びゼーランドは自ら同盟に加入し、啻にブローカーたるに止まらず、進んで貨物を南北に運んだ。やがて彼らは、地中海とバルト海との偉大なる通商者となり、あるときは北氷洋に、あるときは遠くヴェルデ岬諸島にまでも航行した。加うるに独立戦争始まりてよりは、南部諸州はしばしばその戦場となり、且つ一五七六年のいわゆるスペイン狂乱の際の掠奪は、アントワープを叩きのめした。このアントワープの衰微は、啻に北部諸市の競争者（＊南部のブローカーたち）を取り除きたるのみならず、富みて経験ある多くの商人を北部に移住せしめた。新教徒の北部移住は、一五八五年以前においても行なわれたが、ファルネーゼの経略によって南北分裂し、南部諸州がスペイン治下に残留するに及び、移住者の数は益々多く、アントワープ商人の移住もまた多きを加えた。而してこれらの移住巨商が北部諸州貿易発展の最大要素となった。第十六世紀末年にはユダヤ人もまたアントワープから移住した。これらのユダヤ人は、アントワープの盛時には、ポルトガルを経由するインド物産の販売を北欧において独占していたので、巨富を擁したる上に、香料貿易に精通していた。加うるに幾多の有為なる人物が同じく南方より移住して、オランダの海外発展の重要なる指導者となった。例えばバルタザール・ドゥ・ムーシュロン、イサーク・ル・メール、ジャック・ル・メール、ウィルレム・ウセリンクス、ルイ・ドゥ・イェールの如き、皆フランドルに生まれ、またはフランドルにおいて教育せられし人々である。

かくの如くにして今やアムステルダムがアントワープに代わることとなった。その莫大なる穀物取引のために、この港は「ヨーロッパの穀倉」と呼ばれた。グイチャルディーニによれば、一五六〇年の頃には、穀物を満載せる二百ないし三百の船舶が、定期的にアムステルダムに入港した。これらの船舶の大部分は、ホランド州のものであった。アムステルダムは、商業と海運業とを兼ねることによって、一層栄えたのである。ホランド州の南部には、マース河畔諸市と呼ばるる若干の都市があった。デルフト、ドルドレヒト、ロッテルダムをその主たるものとする。アントワープ陥落（＊一五八五年スペイン軍が占領、結果ベルギー領となる）後、若干の豪商が亡命し来りてより、ロッテルダムがマース河畔諸市の首位を占むるに至った。ゼーランドは多数の船舶を所有していたが商業都市は少なく、第十六世紀中葉においては、主としてイギリス・フランス・アントワープ間の沿岸貿易に従事していた。その第一の都市ミッデルブルグは、形勝の地位を占むる良港にして、一五八二年にはロンドンの「冒険商人（Merchant Adventurers）組合」（＊毛織物の独占業者）の有力なる出張所が置かれ、一五八四年・一五八五年・一五八六年、アントワープより多数の移住者を見るに及びて、ここもまた共和国中屈指の都市となった。その他にフェーレ及びアルネムイデンの二港があったが、砂洲堆積のために衰え、ただフリシンゲンが、商業的にはミッデルブルグに依拠しつつ、ゼーランド州第一の要港となった。

　ホランド・ゼーランド両州は、かくの如く海運並びに貿易上に活躍せる上に、自余のオランダ諸州と同じく、豊富なる牧畜産品を有していた。両州の湿潤にして肥沃なる土地は、無比の牧場となって多くの牛馬を養い、バター及びチーズの製造が盛んであった。長く貯蔵に耐ゆるこれらの食料品は、当時にありては海上活動者にとりて甚だ貴重なるものであった。最後に工業もまたホランド州に集中されるようになった。スカンディナヴィア及びバルト諸国の木材・鉄・麻縄を使用する製造所が、多くこの州に設けられた。第十五世紀にライデン、ハーレム、アムステルダムにおいて盛んなりし羅紗《ラシャ》製造業は、ライデンでは第十六世紀末年においてもなお盛大であった。デルフト及びハーレムでは、麦酒《ビール》醸造業が既に地方的産業の域を脱していた。ただし植民的発展の初期において、工業はなおいまだオランダの繁栄に第二次的貢献をしていたに過ぎない。当時のホランド人は、おおむね工業に従事するを好まず、現にアムステルダム市の役人が、飾緒《しよくちよ》（＊軍服用の飾り紐）・手袋・繻子《しゆす》（＊高級服地）製造の如き有利なる事業を起こさんとしたが、職人に応募する者なかったので、ついにその計画を放棄せねばならなかった。

また独立戦争は諸州間の富の懸隔を大にした。農業諸州は戦場となりしため、人馬のために田園を蹂躙されたが、ホランド・ゼーランド両州は、水のために護られてその災厄を免れた。彼らは海上貿易並びにスペイン領ネザーランドとの密貿易によって、その負担せる戦費を補いて余りある利益を収めた。従って戦争は、啻に彼らの繁栄を損なわざりしのみならず、かえってこれを助長した。そは偉大なる事業を企てるに適わしき、新しき活力を彼らに鼓吹した。

四　オランダの国民性

さて北欧の国民は一般に堅実沈着であるが、オランダ人はその湿潤なる気候の影響によって、この特質が一層顕著であった。堤防をもってその侵入を防ぐ海洋の荒波と不断に戦い来れる海国民として、彼らは勇気もあり根気強くもあった。ただし危険に迫られるか、または稀に激情によって動かされる場合の他、彼らの行動は緩慢であった。彼らは想像力に乏しく、その理想はあくまでも現実的にして、いったん事を決すれば堅くこれに執着した。彼らは容易に意見を定めないが、一たび抱ける理想は執拗に固持した。彼らが一個の理想、または信念によって熱狂的となる如きことは、むしろ異例とすべきであった。

かくの如き性格は、彼らをして保守主義的たらしめ、伝来の風俗習慣に愛着せしめ、伝統を尊重せしめた。家族制度は極めて強固にして、家庭を愛する心強く、一家団欒を楽しみて外出を嫌った。されば彼らをしてその故土を去りて他に移住せしめるためには、極めて強力なる原因を必要とした。而して境遇が彼らを駆りて、止むなく移民または植民せしめたる場合も、彼らはスペイン・ポルトガル両国民と異なり、容易に異種族と混血するを欲せず、また親密に交際せんとさえもしなかった。

彼らの生活は質素であった。飲酒の風は盛んであったが、祝祭の日を除けばその食卓は簡単であった。富豪の生活も多く他と異なるところなかった。この国を知らぬ旅行者は、往々にして彼らを吝嗇《りんしょく》と呼んだが、そは決して然《しか》く呼ばるべきものでなく、粗食に慣れたる自然の性情より来れるものであった。彼らは実利を追求したけれど、虚礼を重んじなかった。一般人民もまた質素単純を愛し、傲然《ごうぜん》たる態度によって威儀を示そうとするブルジョアに反感を抱いた。従ってブルジョアも、容態や教育を誇示することなかった。南部諸州わけてもブラバント州よりの亡命者は、スペイン風に染みて態度横柄であったので、彼らはこれを「スペイン風ブラバント人」と呼んで嘲笑の的とした。

一切の束縛を厭うオランダ人の気質は、必然彼らをして兵役を厭わしめた。下層の人民も陸上において兵士たるを欲せず、またこれを水兵たらしむることができても、厳格なる訓練を与えることは困難であった。ブルジョア階級はもとより軍事を好まなかった。わずかにヘルダーラントの貧しき貴族が進んで軍隊に入れるを除けば、海軍将校の志願者さえもほとんどなかった。第十七世紀初頭において、オランダの軍艦の数は少なく、必要の場合に商船を雇い入れ、これに大砲を搭載して戦った。また艦隊には恒久的なる幹部または幕僚なく、海軍士官はその欲するままに、時としては商船に、時としては軍艦に勤務した。

商売の繁盛には、正直を最大条件とするが故に、オランダ人はこの性質を馴致し、彼らの正直は外国人の間にも鳴り響いた。ただしこの正直は、主として商取引の範囲に限られた。彼らは公職を利用して自己の家族を富まし、また縁故者に役得多き地位を与えて、怪しむところなかった。「租税を誤魔化すこと、商業並びに工業上の秘密を外国人に売ること、敵国に貨物を供給すること」、総じてこれらの行為が、自由の名の下に許されていた。

宗教はオランダ人の生活において重要なる地位を占めた。談話中に聖書の章句を引用し、全ての場合に神の加護を求めることは、めでたき心根として尊敬された。ただし多数の国民は信仰の上でも冷静であり、熱烈なるカルヴィン宗徒は、ゼーランド州以外にその数少なかった。而して彼らの熱狂をもってしても、オランダの宗教史はほとんど流血の惨を知らなかった。而して表面は宗教的闘争の如く見ゆるものでも、実は政治的・経済的のものが多かった。官憲は宗教上のある種の儀礼を禁じたけれど、それは公の場所でこれを行なうことを禁じたので、彼らの信仰をまで棄てさせようとはしなかった。宗教に関する法律の適用は、自治体に委ねられ、地方によって寛厳の程度を異にした。商業都市においては、外国人の逃避を防ぐため、宗教的には最も寛容であった。従ってオランダでは、伝道宣教の精神が強くなかった。それ故に彼らの海外発展には、毫も宗教的動機がない。

かくてオランダは、国は富み、自由は尊ばれ、且つ当時の如何なる国よりも宗教的に寛容なりしため、迫害または困窮のために故国を去らねばならぬ人々にとりて、実に約束の地であった。そのためにユダヤ人、フランドル人、ブラバント人、イギリスの清教徒、フランスのユグノーが相次いでこの国に移住したが、それらのいずれもオランダの国民性に影響を与えるほど多数でなく、かえって彼らがオランダ人に感化された。しかもオランダは彼らの移住によって利するところ多かった。わけても南部ネザーランドよりの移住者が、オランダ歴史の上に勤めたる役割は、最も活発且つ重要であった。蓋し初めてスペインに反抗して蹶起せる頃、ネザーランドの北部諸州は、知識的には遥かに南部諸州に劣っていた。その海員は遠洋航海に必要なる知識を欠いていた。指導階級の教育程度もまた低く、一五八三年以前には、北部諸州において簿記に関する一冊の書物さえ出版されていない。製図・天文学・数学等もほとんど研究されていなかった。然るに南部諸州よりの亡命者が、彼らに欠如せる知識をもたらしてきた。わけても航海術は、北方の経験に加うるに南方の学問をもってしたるが故に、長足の進歩を遂げた。

オランダの最初の遠洋航海において、最も重要なる水先案内の役を勤めたるプランシウス及びステヴィンは、ともに南部よりの亡命者であった。

イギリスよりの移住者も、またホランド及びゼーランドにおいて、幾多の地理学上の知識と、遠洋航海に対する趣味とを鼓吹した。オランダ共和国成立当時、既にドレークやホーキンスが、しばしばスペイン植民地を劫掠し、彼らの功名談は、第十六世紀の特徴なる誇張せる語法をもって喧伝《けんでん》されていた。彼らは絹布の帆を張り、黄金を船倉に満載して帰ったと噂された。一五五〇年以来、多くの旅行者がその航海日記を出版した。これらの紀行は、一五九二年に出版せられたるワーヘナールの名高き『航海宝鑑』によってオランダ人に親しきものとなったが、この書の出づる前に、彼らは既にイギリス水兵の物語によって多くを知っていたに相違ない。またジョン・デイヴィス、ヘンリー・ハドソンその他高名のイギリス船長が、オランダの探検航海に多大の貢献ありしことは明らかである（＊デイヴィスはオランダのインドネシア探検に水先案内人として加わり日本人海賊と戦い、死亡。ハドソンはマンハッタンにオランダ領ニューアムステルダムすなわち現在のニューヨークの礎を築くも、遭難）。しかもオランダ人は、いったん刺激を与えらるるや、驚くべき熱心をもって知識の獲得に努めた。その成立当時には、インド航路を導くべき一人の水先案内を有せざりしこの国が、やがて啻に航海及び商業に関する学問においてのみならず、その他一切の科学においてヨーロッパ諸国を凌駕するに至り、ライデン大学は実にヨーロッパ最高の学府たるに至った。

第四章　イギリス

一　イギリス世界制覇の基礎

イギリスの世界制覇が、甚だ多くをその地理的特徴、すなわち大西洋上における大英群島の位置、並びにその島国性に負えることは、何人も異存なきところである。さりながらかくの如き地理的特徴が、イギリス発展の条件として利用されるようになったのは、中世紀末葉以後のことに属する。第十六世紀以前のイギリスは、ヨーロッパの辺端《はずれ》に位する僻陬《へきすう》の群島として、経済的並びに文化的に大陸諸国の後塵を拝し、政治的には群島内部の統一とフランス侵略とをその国是としていた。然るにアメリカ大陸並びに東インド航路の発見は、英国歴史の最も重大なる転回点となり、一面群島内部の国家的統一を強化するとともに、他面大陸侵略政策を一擲《いってき》して、その国是を海洋並びに海外諸国への発展に向くるに及び、イギリスの地理的特徴は、俄然としてその意義を発揮するに至った。すなわちイギリスの島国性は、四面環海の故をもって他国と直接の軋轢を防ぎ、大陸諸国が至大の犠牲を払える国境戦争の紛糾を免れ、これによって節約せられたる国力を、挙げて海上の活動に用いるを得せしめた。而してその位置は、ヨーロッパ大陸と大西洋との通過点に位し、その著しく発達せる海岸線は、国民のために無数の良好なる港湾を形成するが故に、先にはヨーロッパ西北の一歩哨に過ぎざりし小島国が、今やヨーロッパ大陸の運命を海上に展開する自然の開拓者たるに至った。

かくの如くにしてイギリスの地理的特徴は、イギリスに与うるに世界的舞台に活動すべき絶好の条件をもってした。故にイギリスは、自余の大陸諸国が、なおヨーロッパ政策に没頭しつつありしときにおいて、既に夙く世界的発展を企図し、全世界の制海権を掌裡に収めて、覇を世界経済に称《しょう》するに努め、且つ領土を海外に獲得する目的をもってその世界的活動を持続し、拮据奮闘三百年にして、ついにユニオンジャックの翻るところ、日没を見ざる勢力を確立するに至った。而してイギリスの世界制覇は、今日イギリス人が好んで主張する如く、経済的活動によって平和の間に確立されたものでない。そは保護関税・航海条例の如き商業政策、並びに直接間接に用いられたる武力によって奪取されたものである。蓋し世界的覇権樹立の雄図は、独りイギリスがこれを抱けるのみならず、他のヨーロッパ諸国もまた同一目的を描いていた。従ってイギリスは、ただ彼らと死活の戦《いくさ》を戦うことによってその目的を遂げ得たのである。けれどもイギリスの戦争は、海上または海外においてよりは、一層多くヨーロッパ大陸において戦われ、且つイギリスのために戦えるものは、イギリス自身の軍隊よりは、むしろ戦費をイギリスに仰げる同盟国の軍隊であった。而してイギリスがその敵国として戦ったのは、当時海上並びに海外における最も強力なる競争者であり、微力なる競争者に対しては原則として親善なる態度を取り、もって攻撃の全力を最も恐るべき敵手の上に加えるを常とした。けれどもいったんこれを撃破してもはや危険を感ぜざるに至れば、努めてこれと親善友好を回復する策に出で、来るべき機会においてさらに新興競争国と戦うに際し、かえってこれを自国の同盟者たらしめんとした。大英帝国主義の熱烈なる宣伝者シーリーが、その著『英国膨張史』に述べるところによれば、一六八八年より一八一五年に至る百二十六年のうち、実に六十四年間は戦争をもって終始しており、世界のいずれの国民といえども、イギリスの如く頻々たる戦争に参加せるはない。而してそれらの戦争は、歴史の上にてはヨーロッパの戦争として記述されているけれど、実にスペイン王位継承戦争をはじめとし、オーストリア王位継承戦争、七年戦争、ないしナポレオン戦争に至るまで、ことごとくヨーロッパ並びに海外植民地における英仏争覇戦の反映であり、ナポレオンの最後の敗衄とともに、世界的覇権はついにイギリスの掌裡に帰した。

かくて第十九世紀の英国史は、もはや覇権獲得の歴史にあらず、その維持の歴史となった。従ってイギリスは第一次世界戦に至るまで、一たびも決定的戦争を行なう必要がなかった。しかしながらイギリスの政策そのものは、第十九世紀に至っても決して変更されたのでなく、いやしくも新興国の嶄然《ざんぜん》として頭角を抽んでんとするものあれば、あるいは直ちに一撃をこれに加え、あるいはこれを威嚇強迫して、その野心を放棄せしめずば止まなかった。クリミア戦争及び日露戦争におけるロシア、ファショダ事件以後におけるフランスの如き、皆この政策の槍玉に挙げられている。而して近代ドイツの勃興が、いわゆるヨーロッパの勢力均衡を脅し、イギリスの世界的覇権に対する競争者たるに及んで、ついに英独争覇戦の勃発を見るに至ったのである。ジョン・ミルトン曰く「汝ら偉大にして好戦なる国民よ！」と。

今日のイギリス人が、しきりに平和を高調し、平和の愛好者をもって誇称するにかかわらず、イギリスの強大は、好戦勤勉なる国民性と、大胆巧妙なる外交と、比類なき地理的特徴とに負えるものに外ならぬ。

二　第十六世紀初頭のイギリス

イギリスの発展は、上節に略叙せる如く、中世紀末におけるスペインとポルトガル両国の探検植民政策が、地中海をして商業貿易の中心たる資格を失わしめたときに始まる。地中海がなおいまだ商業交通の中心であり、ヨーロッパの商権がイタリア諸市並びにハンザ同盟の掌裡にありし頃のイギリスは、政治的にも経済的にも、一小国たるに過ぎなかった。試みに一五〇〇年のこの国を見よ。それは既に二百年来ウェールズを併合していたが、スコットランドはなお一個の独立王国であり、アイルランドもダブリン英領以外はイギリスの権威は決して確実でなかった。海峡の彼岸、ヨーロッパ大陸においては、ウィリアム一世（＊征服王）以来、英仏争奪の的たりし富裕なるフランス諸州のうち、一四五三年に終結せる百年戦争以後、イギリスの保持し来れるはただカレーの町一つであった。

百年戦争は、イギリス人の精神に国民的自覚と愛国心とを鼓吹したるのみならず、国王をしてその権力をブリテン群島に確立するために全力を注ぐを得せしめた。而してフランスとの平和締結ののちも、多年にわたりて薔薇戦争と呼ばるる王位争奪戦が行なわれたが、一四八五年、テューダー王朝の祖ヘンリー七世の即位によって、英国史の新しき時代が開展されることとなった。

ヘンリー七世の志せるところは「強力なる君主国」の創建にあった。イギリスの王権は、伝統的に上下両院よりなる議会によって掣肘されてきたが、上院の勢力は遥かに下院のそれを凌いでいたので、実際にイギリスの政権を左右せるものは、国王と上院議員すなわち土地貴族並びに教会の高位者であった。然るに薔薇戦争は二つの点において国王に有利なる結果を招いた。すなわち第一にこの戦争は、その本質において対立せる両派（＊ランカスター家とヨーク家）の貴族の勢力争奪に外ならなかったので、多数の貴族はこの争闘の間に亡び、その土地は国王に没収された。それは大領主を絶滅はしなかったが、著しくその数を減じた。アングロ・ノルマン貴族は、互いに相戦うことによってその勢力を失い、その権力は、国王の手に移行した。第二に薔薇戦争は、イギリスの平民すなわち郷士・小地主・商人を含む中産階級をして、永年にわたる封建的無政府状態を耐え難く感ぜしめ、且つ平和の回復と治安の維持とは、貴族を抑えて王権を強化することによってのみ可能なりとの信念を抱かしめるに至った。ヘンリー七世はかくの如き形勢に乗じて、君主専制をイギリスに確立した。この専制は、テューダー家の他の四王を通じて継続せられ、第十七世紀における人民革命のときまで及んだ。

ヘンリー七世は容赦なき弾圧によって騒乱を鎮定した。王は非常裁判所を創設し、従来通常の法廷において取り扱うことを敢えて得ざりし貴族に関する事件を審判させた。この裁判所は、裁判の行なわれし広間の装飾にちなんで「星之間法院（Court of Star Chamber）」と呼ばれた。

王はまた財政に留意した。王室田園の耕作改善、有効なる徴収、献金の奨励によって歳入は増し、経費節約と対外平和政策とによって歳出は減った。王の忠実なる財務官は、もし一人がつつましき生活を送っていれば、貯蓄があるに相違ないからといって献金を勧め、もし他人が奢《おご》れる生活を送っていれば、それほど富裕ならば献金せよと迫った。封建社会が崩壊し、金銭が新しき表徴《ひょうちょう》となれる時代において、王はよく二百万ポンドに近き財産を残し得たほど理財の道に巧みであった。かくてヘンリー七世は、財源捻出のために議会に頼るの要なく、従って議会の勢力は衰えた。二十四年にわたる彼の治世を通して、議会は前後ただ五回、しかも最後の十二年間はわずかに一回召集されただけであった。

王は努めて外国との戦争を避け、他の方法によってイギリスの国際的地位を有利ならしめんとした。王はイギリス商人が外国において有利に商売し得るために、数々の条約を結んだ。それらの通商条約のうち最も有名なるは、イギリス商品のネザーランド輸入をブルゴーニュ公が許可せる一四九六年のそれである。王はイギリスの将来は海洋に懸かっていることを早くも看取したらしく、航海と商業とにできるだけの支持を与えた。そはなおいまだ農業的・牧歌的なりしイギリスにおいて、異常の先見といわねばならぬ。王は自ら大船を建造してこれを商人に貸した。当時地中海においては、戦艦と商船とは別種のものであったが、実利的なるイギリス人は早くより両者を混一し、平時には艦隊全部を商用に供し得るようにしていた。王は船に大砲を据え付けさせた。ポーツマスに造兵廠を建設させた。外国船によるボルドー酒の輸入を航海条例によって禁止した。のちに詳述すべきカボット父子の遠征にも援助を与えた。王のかくの如き航海並びに商業に対する熱心が、諸都市の公民、わけてもロンドン市民を彼の味方とした。

王はまた政略結婚によってその勢威を高めんとした。王は皇太子アーサーをして、スペイン君主フェルナンド及びイサベルの長女キャサリンと結婚せしめた。アーサーは挙式後数月にして死んだけれど、キャサリンをイギリスに留め置き、のちにヘンリー八世となれる第二王子の妃たらしめた。而して五女マーガレットはスコットランド王ジェームズ四世の王后となった。

かくの如くイギリスは、第十六世紀初頭、テューダー王朝の下にようやく民族国家として興隆の途を歩み始めたが、なおいまだスペイン・ポルトガル両国の敵にあらず、その政治的野心は甚だ低かった。ヘンリー八世がその兄の寡婦キャサリンと結婚したのは、決して彼女を愛したからではなく、彼女がスペイン国王にして神聖ローマ皇帝たるカール五世の叔母なりし故である。スペインの如き強国と相結ぶことは、第二流国たるイギリスにとりて名誉でもあり、保障でもあった。キャサリンはヘンリー八世のために一女メアリーを生んだ。もしカール五世がポルトガルの幼き王女を選ばず、メアリーを妃としたならば、恐らくヘンリー八世はキャサリンを離婚せず、ローマとも断絶しなかったであろう。イギリス・スペイン両国はこのことのために不和になったが、のちにメアリーが王位に即き、天主教に復帰するに及んで、カール五世はその相続者フェリペ二世の手を彼女に与えた（＊結婚）ので、少なくも両国の王室は再び親善となった。けれども一五五八年メアリーが子無くして長逝し、その妹（＊異母妹）エリザベス王位を継ぐに及び、両国王室の関係は一変するに至った。

エリザベスは聡明と精力とを兼備し、心からの愛国者であった。縦横に権謀を弄するので、時のフランス国王は「キリスト教国の最大の嘘吐《つ》き」と罵り、スペイン大使は「イギリスは悪魔の娘である一婦人の手に落ちた」と嘆いたが、イギリス人からは「Good Queen Bess（＊良き女王ベス、ベスは女王の愛称）」として信頼と尊敬とを博した。メアリーを失えるフェリペ二世は、妹エリザベスに結婚を申し出たが、彼女は自己及びイギリスを、かくの如き主人に委ねることを肯んじなかった。それのみならずエリザベスは、信仰の上では新教を奉ずることを宣言し、フェリペ二世の如何なる政策にも協力する意図なきことを声明した。イギリス・スペイン両国の激しき反目が始まった。フェリペ二世は一切の手段を講じてエリザベスを倒さんとした。天主教僧侶殊にエスイタ派を使嗾して女王に反抗させ、しきりに反乱を扇動した。エリザベスの暗殺をさえ企てた。而してそれらの一切の陰謀が、不運なる前スコットランド女王にして、エリザベスのために幽閉の身なりしメアリー・ステュアートと結び付けられた。エリザベス顛覆のための計画は、皆メアリー・ステュアート擁立を標榜し、而してその背後には必ずスペイン国王の手先と黄金とがあった。かくてイギリス国民は、エリザベスの運命は新教並びにイギリスの独立隆興と相結び、メアリー・ステュアートの勝利は天主教の復興、スペインの政治的優越、イギリスの経済的破滅を招くと考えるようになった。幽囚二十年ののち、一五八七年二月八日、メアリー・ステュアートはついに刑場に斬首された。

今やフェリペ二世に残されたる唯一の手段は武力である。フェリペ二世はメアリー・ステュアートの死に復仇し、イギリスを政治的、経済的、宗教的に屈服せしむるため、無敵艦隊を用いるに決した。一五八八年、キリスト教国空前の強大なる艦隊が、舳艫相銜《じくろあいふく》んでタグス河口を出帆し、海洋を覆いてイギリスに向かった。そは実に百三十隻の大船よりなり、水夫八千名、スペイン武士の華たりし一万九千の勇者を乗せていた。その上ネザーランドのパルマ公は、三万の兵士よりなる上陸部隊と、これをイギリスに輸送するための船舶の用意を命ぜられた。恐らくフェリペ二世は、一挙にしてこの小島国を蹂躙し得ると信じて疑わなかったであろう。ただしスペイン王は、最も重大なる一点においてその敵を見誤っていた。王はこの攻撃によって、イギリスは新旧両教徒の分裂を招き、旧教徒は必ず彼に内応するであろうと予期してきた。然るにスペインのイギリス襲来は、その本質において宗教的といわんよりは国民的なりしが故に、彼の予期は完全に裏切られ、イギリス旧教徒はエリザベス擁護のために競って新教徒と協力した。スペインの敵は、決して分裂せる国家にあらず、実に堅固に団結せる国家であった。三十五隻の軍艦と五十隻の商船とよりなるイギリスの艦隊は、スペイン無敵艦隊をプリマスの前面に迎え、軽快なる行動によって鈍重なる敵艦隊を困惑せしめた。而して敵艦隊がネザーランドのスペイン軍と接近するため、決戦を避けて海峡を通過し、カレー沖に投錨するや、火船を放ってこれを攻撃した。スペイン側はこの危険を脱するため、綱を絶ちて北海に向けて出帆した。あ

無敵艦隊

たかもこのとき、猛烈なる風雨の襲来あり、敵艦は次から次へと北スコットランドの岩礁に吹き付けられ、無残に破船し去った。八日前までは海洋を圧せる無敵艦隊も、その三分の二の船を失い、本国に帰り得たるはわずかに五十隻にも満たず、一万の兵士が波間に死んだ。

フェリペ二世の偉大なる計画は、かくの如くにして失敗した。けれどもスペインはなおイギリス屈服の意図を棄てず、その後もあるいはアイルランド旧教徒を扇動して反乱を起こさしめ、国力を尽くして第二・第三の無敵艦隊建設に苦心した。けれども今や強弱所を代え、かえってイギリス艦隊がスペインを攻めてカディスを劫掠するに至った。イギリスとの戦争は、ついにスペインの海軍と商業との破滅を招いた。イギリス・スペイン両国の第十六世紀後半における多年の衝突は、従来その宗教的動機のみが高調されたけれど、主なる原因は実に経済的であった。エリザベス即位以来、イギリスの海上の猛者《もうざ》は、スペイン船舶を容赦なく掠奪してきた。金銀を満載して新世界よりカディスに向かえるスペイン船の多数は、イギリス人の手に落ちた。約三十年の間、フェリペ二世はイギリス人が自国の船舶を拿捕《だほ》し、植民地を劫掠し、オランダの叛徒を助けるのを忍んできた。それが忍び難きに及んで無敵艦隊の派遣となった。而してこの遠征の失敗によって、オランダは解放せられ、海洋並びに新世界におけるスペインの独占権は亡び、イギリスのために偉大なる活躍の天地が開かれた。

三　エリザベス女王時代の経済状態

さてエリザベス女王即位当時のイギリスは、経済的にはなお一個の弱小国であった。イギリスを脅威する危険は然《しか》く大であり、その国防は然く不十分で、非常の努力によらずば政治的独立の維持さえも困難に思われた。イギリスが武器にも欠乏せるときに当たり、女王の信頼を得て難局打開の任に当たり、よくこれを果たしたのはウィリアム・セシルである。吾らはカニンガムの研究によって、当時のイギリスの経済的状態を述べるであろう。

まずイギリスは火薬の原料たる硝石及び硫黄《いおう》、砲熕《ほうこう》鋳造に必要なる金属類を、偉大なる旧教国によって支配される諸港から仰いでいたが、エリザベスが新教信奉を宣言するに及んで、その入手が困難になった。国内の鉱業はいまだ発達せず、海外よりの銅及び鉄の購入は、容易に防遏《ぼうあつ》せらるるおそれがあった。その卓越せる牧羊業に伴いて、毛織物工業は長足の進歩を遂げ、手織物は最も重要なる輸出品であったが、染色並びに仕上げに用いる明礬《みようばん》は、イタリア国チヴィタヴェッキアに近きトルファ鉱山から買わねばならなかった。金銀を積んで非常時に備える如きは、当時のイギリスは及びもつかぬ政治的贅沢であった。王室の財源は、ことごとくこれを直接国力の増進に資する産業の助長に費やさねばならなかった。けれども避け難かりしスペインとの衝突がついに来れるとき、イギリスは既に敵の無敵艦隊を迎えるだけの準備ができていた。

イギリスはまたスペインと異なり、莫大の金銀を積んで外国よりの傭兵に支払う資力がなかった。それ故にイギリスは陸海軍の兵士を自国の男子に求める外なかった。セシルは当時既にイギリスの伝統となれる政策を固持し、過不及《かふきゅう》なく分布せる強壮なる人口を得るに苦心した。而して最も国民を健全ならしむる産業は耕作なるが故に、経済的並びに軍事的見地から農業を奨励した。同様の見地から多数の国民が海上の仕事に従うように努力した。漁業は経済的にもイギリスの重要資源であったが、海員の養成所として、並びに直ちに海戦に従い得る水兵の訓練所として一層重視された。かくて漁業は極力奨励せられ、国民は毎週三日魚類を食うべしという法律さえ発布された。

イギリスもまたスペインと同じく、当時ヨーロッパ金融界に偉大なる地位を占めたるアウグスブルク資本家団の助力を仰いだ。しかしながらイギリスは、新計画を実行するための資本よりも、むしろ彼らの技術と経営能力とを借りた。すなわち資本を国内にて募集せる会社に特権を与え、その経営だけをホフシュテッターその他のドイツ事業家に委ねた。かくて真鍮鋳造、針金製造等の事業が興り、有用金属の採掘が盛んになった。わけても大なる貢献ありしはドイツ技師の熟練にして、そのポンプによる排水作業は、従来全く不可能なりし採鉱を可能ならしめた。

セシルは一切の有用なる工業の外国よりの移植を歓迎した。わけても外国製品の輸入を防ぐ工業を喜んだ。而してその好んで用いたる奨励法は、各種の事業に対する排他的特権を与えて外国事業を誘致することであった。そは国王は何らの負担を荷《にな》わしめずして、よく彼らをして全力を尽くさしめた。かくして硝子《ガラス》・紙・澱粉・石鹸その他の日用品製造業が見事に発達した。而して事情もまたイギリスに有利であった。イギリスはネザーランドにおける戦争に追い出されたる多数の技術家の避難所となった。ギリシア、イタリア、スペインの如き遠国からも多数の熟練職工がイギリスに移住した。彼らのある者は資本を有していたし、ある者はイギリスに欠如せる優秀なる技術を有していた。

　工業の発達は農業の進歩の上に良好なる影響を与えた。エリザベス女王即位当時の農村状態は、甚だ悲しむべき状態にあった。イギリスの羊毛並びに毛織物が、その品質優秀の故をもって大陸諸国に歓迎せられ、最も有利にして重要なる輸出品となるに及んで、広き地面が耕地より牧場に変えられた。穀物の価格は比較的低く、食料供給の不足を招く危険さえ感ぜられた。政府は穀物の値上げに苦心し、国内における穀物の輸送を容易にし、また国外輸出の手続きをも簡便にした。また農業労働の補給に努力し、農業に有利なる工業の発達を奨励した。恐らく当時のヨーロッパ諸国のうち、農業に対してかくの如き関心を払えるはない。かくて都市工業人口の増加とともに食料に対する需要も増加し、海運業の発達に伴いて海外市場への進出も容易となるに及び、農業に従事する者はこれによって利益を収めることができた。加うるに農業の復興は、多く牧場を縮小することなくして行なわれた。イギリスにおける農民と牧羊者との対立は、決してスペインにおけるが如く峻烈でなかった。交代耕作法の採用によって、同一面積よりの収穫は増加した。古来よりの共有地は廃せられ、農民は各自の土地を所有し、その力の許す限り己の土地を善用し得るに至った。

工業及び農耕の改善は、イギリスの商業に甚だ良好なる結果を及ぼした。年々海外に輸出すべき余剰生産が増してきた。第十五世紀初頭においてはイギリス商品のほとんど全部が、第十六世紀初頭においては毛織物の半額及びその他商品の三分の一が、外国船舶によって運搬されていたが、エリザベス女王の末年には、イギリス商品のほとんど全部が自国船舶によって輸出されるに至った。時至りて海外に植民地を築けるとき、イギリスは何ら国内に圧迫を加うることなしに、植民地当面の需要に応ずるを得た。この過渡期において、国王も国民も一時貧困に苦しんだが、それは実際よりもむしろ表面だけで、一部分は不良貨幣に基づけるものであった。従ってその改鋳とともに事情は好転した。女王の末年においてイギリスは極めて繁栄し、往年の貧困は跡を絶った。

事情かくの如くなるにかかわらず、多くの植民史研究者は、イギリスの植民的発展の動機を、国内における経済的窮迫に帰している。すなわち土地兼併及びこれに伴える牧羊業の拡張に伴い、小農は土地を逐われ、穀物収穫は減少し、ために多数の家なき流民を生じ、その捌け口を必要とするに至ったので、土地欠乏すなわち人口過剰が、取りも直さずイギリス植民の動機であり、従って当初よりイギリス植民地は金銀のみを求めたるスペイン植民地よりも、遥かに堅実なる基礎の上に置かれたとするのである。その最も有力なる主張者はヴィルヘルム・ロッシャーにして、実に下の如く述べている――「スペインの植民は、母国が最も光輝あり、最も有力なりしときに遂行されたが、イギリスの植民は窮迫の間に生まれし児、内部の軋轢と不平との間に生まれし児である。そは母国がなおいまだヨーロッパ列強の間にほとんど何らの役割をも勤めざりし時代の活動であった。実にそのためにスペインの植民的勢力は、その最初の発展ののちに停頓しまたは衰微した。これに反してイギリスのそれは、ある点において今なお輝かしき発展を続けている」。而してルロア・ボーリューもこの説明に満腔の賛意を表して、ロッシャーの「犀利《さいり》なる眼光」を賞讃している。

かくの如き主張は、決して根拠なきものではない。第十六世紀後半より第十七世紀前半にかけて、実にイギリスの有識者そのものが、自国の人口は稠密に過ぎる故に、過剰人口を処理するために新領土を必要とすると考えていた。第十七世紀初頭の経済学者ジェラル・ド・マリーンズは、「世界の三大災厄、すなわち戦争・飢饉・疫病が人口を掃蕩するにあらずば、一切の国々は人口過多となり、人々は安穏《あんのん》にまたは危険なしに住み得ぬに至るであろう」と唱えて、トマス・マルサスに先駆している。彼は疑いもなくイギリスの実際の人口を過大に考えたのであるが、そは当時一般の傾向であった。思想において最も彼と相容れざりしエドワード・ミッセルデンも、この点では彼と同意であり、イギリスの産業状態を悲観して「貧民は仕事がないので路頭に餓死する」と嘆いている。かくて当時の海外発展に関心を有せる人々は、植民によってイギリスの充血状態を治療し、同時にこれより来る経済的並びに社会的害悪を除去し得るであろうと考えた。一五七六年、東洋への北西航路に関する論文の中に、サー・ハンフリー・ギルバートは下の如くいう――「かくて吾らはこれらの国々の一部に人口を移し得べく、また今日国家に累《るい》し、その窮乏のために犯罪を余儀なくせられおる貧民をここに植民するを得る」。而してギルバートと密接なる関係ありしサー・ジョージ・ペックハムも、植民はイギリスの貿易を増進し、従って「現在国家全体の共同の厄介ものたる無為徒食の徒」に職を与え得べしとした。植民運動の他の先駆者クリストファー・カーレールも、一五八三年に全然同一の意見を発表した。而して翌年リチャード・ハクルートは、イギリスに多数の失業者並びに浮浪漢あることを指摘し、戦争もなく疫病も流行せぬため人口は未曾有に増加し、そのために激しき生存競争を招き、犯罪と懶惰《らんだ》とを生むに至ったと述べている。

しかしながら叙上の思想は、決して実際と相即してはいない。既に述べたる如く、テューダー王朝治下のイギリスは、窮乏の国にあらずして繁栄の国であった。ベーコン及び当時の駐英ヴェニス大使は、イギリスには飢饉があり得ないといっており、その人口は国土の生産能力以上に過剰ではなかった。エリザベス女王時代において、一般に国富が増大せることは、都鄙《とひ》を通じて盛んなりし建築、全ての都市における服装の華美、購買力の増大を前提とする製糖業・硝子工業・製紙業等の発達がこれを立証している。ただしかくの如き繁栄は、取りも直さずある階級の経済的窮迫を意味する。文明は進むに従って複雑となり、経済的進歩は、一面において富の絶対的増加を招きながら、他面においてはその分配が不公平となり、貧富の懸隔を甚だしくする。イギリスはエリザベス女王の末年において、経済的革命にも等しき、かくの如き進歩が始まった。富は著しく増加したが、貧困が恒久的禍悪ともなった。この新しき現象は、当時の識者によって十分に理解されなかった。かくて結局イギリスの人口は過剰とせられ、植民はその対策の一つとされた。然るにイギリス最初の海外渡航者は、第十九世紀における北米合衆国への欧州移民の如き経済的性質を帯びていない。故国を去りて新英蘭（＊ニューイングランド）に移れるイギリス人の大半は、宗教的並びに政治的理由からであった。北米の他国の植民地においては、移住の動機は一層物質的であった。多くの人々は冒険的精神から、他の人々は迅速に巨富を掴むためにアメリカに渡った。それは母国における経済的圧迫から家郷を去ったのではない。その危険と、その好望との故をもって、アメリカは無為安穏に甘んぜざるイギリス人を惹き付けたのである。かくてイギリスの植民的発展は、窮乏の結果にあらず、充実せる力の横溢である。

四　植民的活動の先駆

ツィムママンは、イギリス植民の先駆者は商人にあらず探検家にあらず、実に漁夫であるとした。イギリス漁夫は既に第十五世紀において、大西洋北部の広き範囲に活動していた。イギリスにおける乾魚の主要市場たりしブリストルは、早くこの国の著名の港となり、南欧諸国に多量の乾鱈を供給していた。かくて大望を抱く諸国の船乗りが、四方からこの港に集まってきた。例えばコロンブスは、ヘンリー七世を説得するために、一四八八年、その弟バルトロメをこの港に送ったが、英国王は荒誕無稽の空想としてこれを斥けたといわれる。而してジョン・カボットも、またその運命をブリストルにおいて試みたる異国の船乗りの一人である。

カボットはジェノアに生まれ、のちにヴェニスの市民となり、一四九〇年、家族を伴いてイギリスに来り、居をブリストルに構えたるイタリア人である。一四九六年三月五日、彼はヘンリー七世から特許状を賦与されて、探検航海を試みることとなった。かつて空想として斥けしコロンブスの計画が見事に実現されたので、今や国王も心動いたのであろう。その特許状は下の如き内容である——「カボット及びその三子、その相続者またはその代理者は、自己の費用によって艤装せる五隻の船舶にイギリス国旗を掲げて、東方・西方・北方の海洋に航し、従前キリスト教国民によって知られざりし島嶼または国土を求め、これを征服占領し、国王の代官としてこれを統治する権利を有する。そのイギリスに帰還するときは必ずブリストルに入港すべく、その獲得せる一切の貨物・収入・所得・利益の五分の一を国王に納付すべく、ただし新国土よりの貨物輸入を無税とする。而して何人も彼らの許可なくしては彼らの発見せる国土に赴くことを得ない」。

かくの如き特許状の下にカボットは、恐らくその子セバスチャンを伴い、一四九七年五月、わずかに五十トンの小船を艤装して西航の途に上り、六月二十四日、北米（＊カナダ）の海岸に到達した。その地点はニューファンドランド島のボナヴィスタ岬であろうとされるが、カボット自身はシナすなわち「大汗国（＊蒙古帝国）」の一角と考え、七月末にブリストルに帰着した。倹約なるヘンリー七世は、その功に酬いるため十ポンドの賞与と二十ポンドの年金を彼に与えた。当時ロンドンに滞在せるヴェニス人ロレンゾ・パスカリゴは下の如き書簡を故郷に送っている――「カボットは栄誉に包まれている。彼は大提督と呼ばれ、絹布の衣服をまとい、イギリス人は狂気の如く彼の後を追いかける」。カボットは再びこの「大汗国」に航し、それより南下して富裕無比なる「日本国」に至らんとし、翌一四九八年四月、五隻または六隻よりなる船隊を率いてブリストルを出帆した。然るにその中の一隻が見る影もなく破損してアイルランドの一港に避難せることだけは知られているが、その他の船舶及びカボットその人の消息は、爾来全くその跡を絶った。

カボットの発見は、直接イギリスの植民的活動に貢献せず、また彼の跡を継ぐ探検航海者もなかったが、ニューファンドランド一帯の海洋における魚類の豊富は、イギリスの遠洋漁業並びに航海業の発展を促進した。当時漁業は最も利益多き事業の一つで、よく八十トンの船一隻をもって二万マルクの利益を挙げ得るといわれた。而して利益の三分の二は船主に、三分の一は漁夫の手に帰することになっていた。

スウェイツ曰く「もしヘンリー七世がカトリック信者にあらず、従って新世界をスペインに与えたるローマ法王の教書を無視し得たならば、イギリスは一層熱心にカボットの北米発見の跡を蹤《したが》うたであろう。けれども王の人民はニューファンドランドの霧深き海岸において莫大の漁獲をなし、一五〇二年には若干のアメリカ土人をロンドンに携行して王の叡覧に供した。ヘンリー八世も、当初は同じく慎重であったが、一五三三年、王妃キャサリンを離婚してスペインと絶つに及び、王はイギリスを海洋国たらしめんと努め、数々の計画のうち、たとえ得るところなかりしとはいえ、北西航路の探検が王の心を捉えた」。

まず一五二七年、多年セビリアに住してスペイン冒険家の事業を知悉せるブリストルの巨商ロバート・ソーンが、北西航路によって香料群島（＊インドネシア北東部のモルッカ諸島）に到達し得べく、しかもこの航路は喜望峰を迂回するよりも近く、且つスペイン・ポルトガル両国の強力なる艦隊の襲撃を免れ得ることを力説したので、この年五月二十日、国王はジョン・ラットをして、北洋航路探検の途に就かしめた。彼は北緯五十三度まで北行したが、氷山に囲まれて南下を余儀なくせられ、ニューファンドランドのレース岬及びセント・ジョン湾に到達しただけで空しく帰国した。一五三六年、ロンドンの地理学者ホアが企てたる同上の探検もまた失敗に終わり、一行はニューファンドランドで危うく餓死を免れた。けれども政府はなお失望せず、ジョン・カボットの子にして、先にイギリスを去りてスペイン国王に仕えたるセバスチャン・カボットを招致し、エドワード四世は彼をイギリスの航海指南者に任命した。而して彼の意見に基づき、一五五三年、北米航路によって東洋に到達する目的をもって、三隻よりなる探検船隊がウィロビー及びチャンセラーの指揮の下に派遣せられた。一行はラブラドルの北角を回りて富有なるシナに到着せんとしたのであるが、海上風波に遭い、ウィロビーはラブラドルの一港に避難したが、極寒のために彼及び船員ことごとく凍死した。チャンセラーは幸いにしてアルハンゲリス港に入り、ここより上陸してモスクワに赴き、ロシアを「発見」し、露帝と通商条約を結んで帰った。この東洋に至る北東航路の発見及び途上諸国に対する貿易を目的として「イギリス人がいまだ知らず且つ往来せざる国土島嶼等の発見を目的とする商人冒険者団」という長き名称の一会社創立せられ、一五五四年、メアリー女王から特許状を賦与せられた。この会社はのちにロシア貿易を主とするようになったので、その名称も「ロシア会社」と改められた。

さてスペイン王フェリペ二世は、メアリー女王との結婚によって、イギリスをスペインの下に置こうと考えていたが、実際はかえってイギリス人の海外発展熱を煽った。フェリペ王がロンドンに乗り込めるときの目もあやなる行列は、甚《いた》くイギリス人の心を動かし、スペインの豪華及びその由来を羨望せしめた。両国君主の結合によって、スペイン語及びスペイン文学がイギリスに親しまれ、海外におけるスペインの偉業に関する知識がとみに豊富になった。かくて海上にその志を伸べんとするイギリス人がいよいよ多きを加えるに至った。而してこの傾向は、フェリペ王の手を斥けたるエリザベス女王の

エリザベス1世

即位とともに一層旺盛になった。女王はスペインとの衝突を避けながら、海軍を強化し、武器庫を充実せしめ、造船を奨励し、北はロシア、南はアフリカに活躍せんとする冒険者を庇護した。前世紀このかた音に聞こえていたイギリスの海賊は、いよいよ海上を横行した。数門の大砲を備えたイギリス船は、今やインド帰りのポルトガル船掠奪を公然の職業とし、スペインのアメリカ植民地の劫掠に出かけた。

初めてスペイン植民地と正規の交易を試みたイギリス人はジョン・ホーキンスであるといわれる。ただしその正規の交易とは、海賊や掠奪よりも不名誉とせねばならぬ奴隷商売であった。プリマス生まれのこの船長は、一五六二年、三隻の船を率いてシエラレオネに赴き、二百名の黒人を捕獲してエスパニョーラに至り、これを生姜《しようが》及び砂糖と交換して帰国し、プリマス第一の富豪となった。一五六四年には西アフリカの黒人をベネズエラに輸入して巨利を博し、一躍イギリス第一の富豪といわれるに至った。一五六七年にはさらに六隻の船隊を率い、その一船の船長としてフランシス・ドレークを伴い、まずシエラレオネで財貨を満載せるポルトガル船舶を劫掠し、五百名の黒人を積んで南米に至り、これをスペイン植民地に売却したるのち、食料補給のためメキシコのベラクルスに入港した。そのときたまたま入港せるスペイン艦隊との間に紛糾を生じ、紛糾はついに戦闘となり、ホーキンスは財貨の大部分を失い、わずかに二隻の船をもって辛うじてイギリスに帰った。ホーキンスが、合法的なる、ただし非人道的なる取引をスペイン植民地と行ないつつありし間に、ドレークは端的に南米北岸における諸スペイン植民地を襲いて遠慮なく財貨を掠奪した。パナマ地峡ではペルーより金を運び来れる騾馬《らば》の一隊を襲い、ことごとくこれを強奪し、イギリス人としては最初に太平洋を目睹して帰った。

かかる間にサー・ハンフリー・ギルバートが、アメリカ北方の海洋を航して「シナ」に達し得べしと主張し始めた。女王の寵臣にして地理学者たる彼の言は、また朝野の人心を動かし、名高き航海者マーティン・フロビッシャーをして、北西航路発見の途に上らしめるに至った。一五七六年、フロビッシャーは、グリーンランドを右にして西航を続け、今日彼の名を留むるフロビッシャーベイ（＊カナダ北東部）の一湾に入り、これをもって東洋に通ずる海峡なりと考え、金鉱と誤認せる石塊を積みて、いったんイギリスに帰った。その鉱石は若干の金を含んではいたが、到底収支相償うものでなかった。それにもかかわらず北方に黄金国ありとの報道は、甚くイギリス人を昂奮せしめ、太平洋に達する北西航路の探検はしばらくこれを措き、もっぱら黄金発見のために、一五七七年及び一五七八年、両回にわたりてフロビッシャーを北米の極地に派遣した。その得るところなくして終わったことはいうまでもない。

フロビッシャーがアメリカの北東海岸に富と名誉とを求めつつありし間に、フランシス・ドレークは、一船隊を率いて世界一周を企て、一五七七年末、イギリス人として最初にマゼラン海峡を通りて太平洋に出たが、ドレークの乗船は僚船と別れて南方に吹き流され、のちにオランダの航海者によってホーン岬と名付けられたる海角を望み、南米の南方に大陸ありとせる当時の推測の誤謬なることを確かめてのち、また針路を北方に取り、一五七九年春、南米海岸に遊弋せるスペイン艦隊を襲い、メキシコの海岸に掠奪をほしいままにしながら、この年六月、北緯四十二度までアメリカの西岸を北上し、太平洋より大西洋に通ずる海峡を探らんとした。けれども北地の酷烈なる寒気は、熱帯地方より来れる一行にとって耐え難く感ぜられたので、目的を放棄して再び南下し、今のサンフランシスコに近き一湾に投錨してしばらく休養せるのち、この地にニュー・アルビオンの名を与え、次いで太平洋を西航して香料群島を通過し、インド洋を横切りて喜望峰を回り、一五八〇年九月二十六日、イギリス最初の世界一周者としてプリマスに帰着した。そのもたらせる掠奪品は、実に三十二万六千五百八十ポンドに値した。エリザベス女王は少なからぬ分け前を得て喜んだ。スペイン政府が海賊としての処罰を女王に要求せるとき、女王はかえって彼にナイトの爵位を授与した。

ドレークの莫大なる分捕り品は、大なる衝動をイギリスに与え、とみに東洋貿易熱を煽った。かくて北東航路（＊北極海航路）によってシナに至り得べしとのセバスチャン・カボットの意見が、たびたびの失敗を忘れられて再び勢力を得来り、一五八〇年、この目的のために一会社の創立を見、探検隊を派遣するに至ったが、もとより成功するはずはなかった。次いで企てられたのが、陸路による東洋貿易にして、一五八一年「トルコ会社」の創立を見た。而して一五八三年、該会社の社員フィッチ、ニューベリ、エルドレッド、リーズ、及びストーリの五名は、織物・錫その他若干の貨物を携えてトリポリスを発し、アレッポを経てユーフラテス河畔に達し、河を下りてペルシア湾頭に出で、エルドレッドを除く他の四名は、さらにオルムスに赴いた。当時オルムスはポルトガルの一根拠地なりしをもって、一行は捕らえられて獄に投ぜられたが、幾ばくもなく釈放せられ、ストーリを除く他の三名は進んでインドに入り、ゴアに到着した。而してニューベリはゴアに留まり、リーズはインドの王都アーグラに至ってモーガル政府に仕えたが、独りフィッチはその旅を続け、セイロン、ベンガルよりビルマ、マレー半島を歴訪して初めて帰途に就き、往路とほとんど同一路を経てトリポリスに至り、それより自社の船に乗じて一五九一年四月、ロンドンに帰着した。フィッチのもたらせる東洋諸国の豊富なる報告が、イギリスの企業的精神を煽ったことはいうまでもない。

今やイギリスは、ようやく自己の国力に対する自信を生じてきた。従来はスペインとの国交断絶を恐れ、常に消極的態度を持し来れるエリザベス女王も、一五八五年に至り、ドレークの建言を容れて、スペインの通商並びに植民地に対し、武力をもって積極的攻撃を開始するに決し、同時に北大西洋に栄えたるバスク人及びポルトガル人の漁業に徹底的打撃を与えた。かくして一五八八年、スペイン無敵艦隊の遠征となったが、イギリス海峡におけるイギリス艦隊の奮戦と暴風の天佑とによって、無残なる敗北を見たることは前述の如くである。けれどもスペイン海軍は、その後もなおイギリスの発展を海上に脅威する余力を存していたので、イギリスはその徹底的打倒を企て、一五九五年、ドレークは中米に、一五九六年、ウッドは東インドに、同年エセックスはスペイン本国に向かい、それぞれ強大なる艦隊を率いて進撃した。ウッドは途上暴風雨に遭いて遠征の目的を遂げなかった。ドレークも西インド諸島において大なる成功を収め得なかった。独りエセックスは、啻にカディス碇泊中のスペイン大艦隊を撃滅せるのみならず、存分にこの富める都を掠奪した。彼は翌年もアソーレス群島にスペイン人を襲い、銀を満載せる船舶数隻を拿捕した。今やスペインは和をイギリスに請うに至った。エリザベスは、莫大の戦費に苦しみながらも、イギリスの海上権が完全に確立されるまで、戦争を続行した。この目的は女王長逝前後にまさしく遂げられ、ジェームズ一世の即位とともにスペインとの和議が成立した。

第五章　フランス

一　フランス国家の成立と発展

西紀九八七年、ユーグ・カペーが選ばれて王位に即ける当時のフランスは、わずかにパリの周囲を版図とせる一小国に過ぎなかった。フランスが幾多の小さき封建的対立を統一して、強大なる中央集権国家を建設するまでには、実に五百年の歳月を要した。而してその国歩は多難にして遅々たるものであった。

まず一〇六六年、フランス国王の藩臣たるノルマンディ公ウィリアムが、イングランドを征服してその王位に登り、これを子孫に伝えてより、英仏両国の政治的関係が錯綜紛糾を極めるに至った。イギリス国王となれるウィリアムは、その君主たるフランス国王よりも強大となり、彼の後継者は好運なる同盟によって、次第にフランスにおける領土を拡張し、一時この国の大西洋岸はことごとく彼らの所領となった。

最初イギリス国王とフランス国王との戦争は、同国人であり且つ同一言語を話す君臣間の封建的軋轢に過ぎなかった。然るに第十四世紀初頭に至り、カペー王朝の直系断絶するに及び、イギリス国王エドワード三世と、ヴァロワ家のフィリップ六世との間に、フランス王冠の争奪戦が始まった。この戦争もまたその初期においては、国民と国民との対抗にあらず、また民族精神と民族精神との戦争でもなかった。ただそれが百年戦争と呼ばれるほど継続し、遷延し、従って戦場となれるフランスの悲劇の度が加わるに及んで、フランス人はようやくイギリスを憎む感情を強くし、次第に国民的自覚を鮮明にした。わけても敗北によって限りなき国民的屈辱を感ずるに及んで、彼らの魂に新しくして強き愛国心が生まれ、それがついにジャンヌ・ダルクの魂において最も見事に花開いた。実にオルレアンの少女の奇跡によって、イギリス人はフランスより逐われ、この国に領土を持たんとするイギリス君主永年の夢は破られた。今や英仏両国が截然分かれて二個の国家となり、ここに初めてフランス及びイギリスが、イギリス海峡を南北に相隔てて、ほぼ現在の如き姿で確立するに至った。

フランスの王権は、窮乏と廃頽とを伴える長き戦争の間に次第に強化せられ、中央集権制度が深くその根を下ろしていった。戦争は貴族を零落せしめ、都市を疲弊せしめ、王権に対するあらゆる抵抗力を麻痺せしめた。順次フランスに併合せられし諸国には、なお幾多の地方的制度や習慣が残存してはいたが、今や国王は、東はフランドルより西はスペインまで、ないしロ一ヌ河より大西洋までの広大なる国土における法律と正義と秩序との源頭と認めらるるに至った。国王の指揮下に常備軍が置かれ、その貨幣は全国に通用した。代々の国王が敢然として封建主義の分裂的傾向と戦えるとき、平民すなわち中産階級は国王に味方した。かくてフランスの独裁政治を完成させたものは、取りも直さず戦争であった。

国内において権力と版図とが確立するや、フランスは第十六世紀初頭より、力をイタリア経略に注ぐに至った。かつてローマ帝国の首座たりしイタリアは、中世に至りてヨーロッパにおける最も激しき分裂割拠の国となり、侵略の余地ある唯一の地域として、列強争覇の舞台となった。中世初期以来、有為なる帝王は皆世界統一の理想に駆られ、余力あれば必ずイタリアに武を用い、古代ローマ帝国の再興を夢見るを常とした。かくて中世における有為なるドイツ皇帝は皆この大志を抱いたが、今やフランスもまたドイツの先蹤を踏み、代々相継いでイタリア経略を企てた。而してイタリア争覇におけるフランスの敵手は、いうまでもなくドイツであり、その抗争はフランソワ一世とカール五世との前後四回、二十四年の長きにわたれる戦争においてその絶頂に達した。この争覇はハプスブルグ家の世界統一運動を挫折せしめたけれど、フランスもまたその目的を遂ぐるを得ず、わけてもその経済的損失は甚だしく、これがために国力の伸展を阻害した。

一方イタリアを舞台として、独仏争覇の戦争が繰り返されつつありし間に、ルター（＊ドイツ人）によって起こされたる宗教改革運動は、フランス内部にも波及した、ルターと相並ぶフランスの改革者ジャン・カルヴァンは、逐われてスイスに出奔したが、国外からフランスの新教徒と呼応した。フランスの新教徒はユグノーと呼ばれた。

もとフランスは、キリスト教の花開き果実る最も良き葡萄園であった。十字軍の提唱者たるローマ法王ウルバヌス二世はフランス人であり、信仰の烈火を燃え立たせたアミアンの修道僧ペトロもフランス人であり、十字軍の中堅が常にフランス国民なりしこと、並びに多くのヨーロッパ諸国において新教の勝利を見たるにかかわらず、今日に至るまでフランスが依然カトリック教会に忠誠を守り来れることは、この国と旧教との因縁深甚なるを物語る。中世末期以来、政権と教権との衝突が諸国に起こり、フランスもまたその例に洩れなかったが、それは国王と法王との政治的対抗であり、信仰の上の問題ではなかった。さればフランスは、その外交政策の必要から、新教徒とも結び、時には回教徒とさえも結んだが、国内においては終始新教弾圧の方針を取った。フランソワ一世もアンリ二世も、ともに外はハプスブルグ家と戦い、内は新教を抑圧することをもって国是とした。アンリ二世はカトリックの家元ともいうべきフローレンスの名家メディチ家のカトリーヌを容れて王妃としたが、アンリ二世（一五五九―六〇）、シャルル九世（一五六〇―七四年）、アンリ三世（一五七四―八九）の治世を通じて、母后（＊カトリーヌ）がフランスの政治を指導した。彼女は醜き大女であったが、陰険にして権謀に富み、目的のために手段を択ばぬ性格であった。彼女はフランスの王権が、第一には新教徒により、第二には大貴族により、第三にはスペイン国王フェリペ二世によって脅威せらるるを見た。

フランスの新教はフランソワ一世及びアンリ二世の弾圧にかかわらず、第十六世紀前半においてとみに勃興し、全国民の十二分の一ないし十三分の一がこれに帰依した。しかもこれらの新教徒は、富みて知識ある中産階級に多かったので、その数に比べて勢力は甚だ大であった。彼らは啻に信教の自由を求めたるのみならず、国会の召集、国民代表による財政管理をも要求したので、王室は宗教的並びに政治的意味において彼らを敵視した。かくてフランスにおいて、一五六二年より一五九三年まで、惨憺たる宗教戦争が繰り返さるることとなった。

多くの場合において然る如く、この宗教戦争は同時に貴族の勢力争奪と相結んだ。当時のフランスにおいて最も勢力ありし貴族は、ブルボン、ギーズ両家であったが、この相争える両家のいずれに勝利が帰しても、カトリーヌの子供たちにとりては等しく危険であった。ブルボン家は、第十三世紀にフランスに君臨せるルイ聖王の裔であり、また当時の仏王たるアンリ三世に男子がなかったので、男系相続のフランス国法により、当然王位継承者たるべきものであった。然るに時のブルボン家首長アントワーヌは、ナバラ国女王と結婚してナバラ王となり、その弟コンデ公ルイは、忠誠勇武をもって名を馳せていたが、両者とも熱心なる新教徒であった。一方ギーズ家は、フランソワ一世に仕えしロレーヌ公爵家の裔であるが、当主は熱心なるカトリック信者であり、しばしば外征に功勲を樹て、アンリ二世時代には特に大なる勢力を振るい、王に勧めて新教徒を迫害せしめた。しかもその勢力の余りに大なるに及んで、ギーズ家は啻にブルボン家及び新教徒を敵とせるのみならず、またカトリーヌの嫉視をも買うに至った。

カトリーヌはギーズ家の野心を恐れると同時に、新教徒による国内の分裂的傾向を恐れた。かくてギーズ、ブルボン両家及び新旧両教徒の間に、複雑を極めた戦争が繰り返され、カトリーヌは時として此《これ》に、時として彼《かれ》にその力を貸した。この戦争はユグノー戦争と呼ばれ、前後八回、三十七年の長きに及んだが、両党互いに外国の援助を求め、イギリスは新教徒を、スペインは旧教徒を助けた。一五七〇年、サン・ジェルマンの平和条約により、新教徒は信仰の自由及び旧教徒と対等の公民権を与えられて、いったん和議が結ばれたが、シャルル九世が新教徒の首領コリニー提督を重用するに及び、カトリーヌは権勢の彼に移らんことを恐れ、ギーズ家

虐殺を見分するカトリーヌ

と相結んで新教徒鏖殺を企て、一五七二年八月二十四日午前二時、名高きサン・バルテルミ虐殺を敢行し、コリニー以下三千名の新教徒をパリにおいて殺戮した。新教徒鏖殺の命令は全国に向かって発せられたので、虐殺は地方においても行なわれ、全国を通じて死者の数は恐らく十万に上った。

けれどもこの虐殺は、決してフランスの新教徒を絶滅し得ず、また新教徒首領等の闘志を挫折し得なかった。かくてこの虐殺は、いたずらに新教徒を憤激せしめたるのみならず、他面において旧教徒内に両党分立の種を蒔いた。すなわちギーズ党はこの虐殺をもってなお不徹底なりとせるに対し、「政治派（Politiques）」と呼ばれし穏健なる旧教徒の一群は、かくの如き虐殺をもって許し難き罪悪とした。彼らはカトリックの信仰を守ると同時に、宗教上の事柄において武力または暴力を用うるを非とし、且つその純乎たる愛国の至情からギーズ党の信仰迫害並びに宗教戦争の非を鳴らすに至った。

かくてフランスの混沌乱離は、いつ果つべくも見えなかったが、やがてカトリーヌの諸子が男子を挙げる可能性なきことが明白になり、国法に従って王位はブルボン家のアントワーヌの子、ナバラ王にして新教徒たるアンリに帰すこととなった。かくの如き事態は、ギーズ家及びスペイン王フェリペ二世の忍び得ぬところであった。一五八五年、ギーズ公アンリは、フェリペ二世と同盟を結び、後者は武力をもって前者の仏王即位を援助すべきことを約束した。もしこのことが実現するならば、スペインはフランスの政治を左右し得べく、従ってネザーランドの弾圧及びイギリスの征服のために最も有利なる足場を得るであろう。かくてこの同盟は、直ちに三人のアンリの戦争を激発した。三人のアンリとは、第一はカトリーヌの子にして現にフランス国王たるアンリ三世、第二はナバラ国王にして王位継承者たるブルボン家のアンリ、第三はスペインの援助によって王位に登らんとするギーズ家のアンリである。而してギーズ家のアンリは頑固なるカトリック教徒を代表し、ブルボンのアンリは新教徒を代表し、国王アンリは穏和なるカトリックすなわち「政治派」を代表していた。後《あと》の両者はスペイン勢力の浸潤に対してフランスの独立を擁護するために相結んだ。スペインのフェリペ二世は、種々なる事情のため全力を挙げてギーズ公アンリを援助し得ざりしに対し、ナバラ王アンリは「政治派」を味方とせる上、イギリスのエリザベス女王の援助をも得たので、その立場は次第に有利になった。而して一五八八年、ギーズ公アンリは暗殺せられ、翌一五八九年、アンリ三世もまた凶刃に斃れたので、ヴァロワ王統はついに断絶し、ここにナバラ王アンリがブルボン家最初のフランス王として即位し、アンリ四世となった。

フランスの内乱はその後も四年間続いた。そはギーズ党が、スペイン国王及びローマ法王の援助を得て、アンリ四世に反対したからである。けれどもスペイン兵の国内侵入は、フランスの国民的敵愾心を激昂せしめ、内乱を鎮定して外敵に当たらんと願わしむるに至ったので、アンリ四世は民心の趨《おもむ》くところを察し、速やかに国家の統一を図るため、一五九三年、新教を棄てて旧教に改宗した。ここにおいて旧教徒も、彼の正当なる相続権と人格とに対しては、かねてより敬意を抱いていたので、直ちに彼の国王たることを承認し、平和は初めて回復した。而してアンリ四世は、一五九八年四月、ナント勅令を発して新教の信仰を公認したので、新教徒もこれによって満足し、ここに多年にわたる宗教戦争は一応鎮定するに至った。

二 フランスの経済状態

第十六世紀末葉のフランスは、目も当てられぬ惨状を呈していた。多年にわたる内乱と外寇とのため、国家は破産に瀕し、田園は荒蕪《こうぶ》に帰し、都市は焦土と化し、道路は壊れ、橋梁は落ちた。除隊兵はおおむね強盗となり、民家を襲い旅人を脅かした。商業は衰え果て、都会の職人には仕事がなかった。その上貴族が戦乱に乗じてその権力を伸べ、ややもすれば王命に服せず、フランス王家は第十五世紀に確立せる権力を、またもや覆されんばかりに見えた。それが一転して王権の隆興を見るに至れるは、実にアンリ四世の力であり、リシュリュー、マザランの両宰相がその遺業を受けて王権の拡張に努め、ついにルイ十四世の壮麗雄大なるフランス王国の出現となったのである。

一国が迅速に戦争の荒廃から回復し得ることは、しばしば指摘されるところであるが、アンリ四世の即位とともに始まれるフランスの驚くべき物質的発展こそは、その絶好の適例である。それは障礙《しょうがい》を除ける故に自然に回復したというよりは、アンリ四世及びその助言者等の堅確なる覚悟、及び適切なる政策に負えるものである。王は有能なる宰相シュリーに補佐せられ、且つそれぞれ工業及び農業に精通せるラフマ及びオリヴィエの助言を得た。加うるに王は租税によって大なる収入を有していたので、その賛成せる計画を実行すべき実力を具えていた。かくてフランスの復興は、国王の発意により、国王の官吏の力により、且つ必要なる資本の大部分を王室に仰いで成就せられしものである。これをウィリアム・セシルがイギリス発展のために苦心せる当時のイギリス王家の地位と対照せよ。エリザベス女王は甚だ貧しかりし上、議会を召集して租税を賦課することを嫌った。女王は、政府に対して間接の利益をもたらすに過ぎざる農工業の発達を奨励するために費やすべき金を、ほとんど持ち合わせていなかった。然るにフランス国王は、税制整理によって多額の恒久的収入を有し、進んでその一部を直接利益をもたらさざる事業にも投ずることができた。而してこのことによる国民の富の増加は、王室の収入を増す最善の方法であった。

一五九八年、シュリーが初めて理財総監に就任せるとき、多年の戦争による政府の負債は、実に三億四千八百万リーブルの巨額に上っていた。そは国王の私有地を抵当とし、租税収入の大部分を担保とせるものであった。彼は租税徴収制度の改善、財政の根本的改革を断行し、次第に政府の負債を減じ、のちには啻に王室費を豊かにせるのみならず、緊急なる土木事業に要する経費をも得た。

土木事業のうち最も重要なりしは、国内商業を容易ならしめるため、フランスの各地を結ぶ内水路の改善であった。ホランドにおいて多年の経験を積めるハンフリー・ブラッドリーが主任技師として招聘された。彼の計画監督の下に、あるいは河を開いて荷揚《にあげ》舟を通じ、あるいは河川を結ぶ運河が開鑿《かいさく》された。ビスケー湾と地中海とを結ぶために、ガロンヌ、オード両河を結ぶ大運河の計画さえ立てられた。ロワール、セーヌ両河を結ぶ運河の開鑿は、実際に着手された。あるいは堤防を築き、あるいは干拓を行ないて、広面積の荒蕪地を耕地とした。道路橋梁の修築によって、陸上の交通も容易になった。政府は主要道路の修築のために、毎年百万リーブル内外の経費を投じたといわれる。

アンリ四世の採用せる工業政策については、賛否の議論一定しない。ただしそれが成功であったことだけは事実として認めねばならぬ。当時フランスは既に豊かに生活必需品を産出し、且つ有用なる諸技術においても相当の進歩をなしていた。ただしフランスは年々巨額の奢侈《しゃし》品を輸入していたので、アンリ四世は、もし絹布その他の工芸品をも国内で製造し、これによって正貨の国外流出を防ぎ、啻に生活必需品のみならず、奢侈品をも自給自足することができるならば、それはフランスにとって最も有利であると考えた。然るにシュリーは国王のこの政策について疑問を抱き、むしろ節倹令を発布して国民の奢侈を禁じ、フランス生産品を原料とする工業の発達を図ることを望んだ。シュリーの反対は全然国王の計画を放棄させ得なかったけれど、彼の意見に基づきて、絹布の原料を国内で生産するため、フランスに養蚕を発達させるために多大の努力を払うこととなった。それは当初は巨額の補助を必要としたが、その結果より見れば国王がヴェニス及びフローレンスの例に倣いて養蚕を奨励することは賢明であったといい得る。かくて第十七世紀後半に至り、絹織業は著しく繁盛し、絹布類は最も貴重なる輸出品となり、巨額の正貨を獲得するに至った。

硝子及び精巧陶器の製造場も、またアンリ四世の時代に、特権を賦与せられたる人々によって、フランスの諸地方に建てられた。綴織《つづれおり》を奨励するために、国王は十万リーブルの補助を与え、また精巧織物工場の建設を計画せるルーアンの二商人に、十五万リーブルを貸与してこれを実現させた。

一方かくの如く新規の事業を奨励すると同時に、他方政府は弊害に満ちたるギルド（*同業者組合）の改組に細心の注意を払った。フランスのギルドの弊は、互いに相頼り相助くべき各種の職業を孤立せしめ、互いに排擠《はいせい》を事とせる点にある。例えばアミアンにては、羊毛製造業のみにて九個の異なれる組合を組織し、互いに他の組合が自己の組合の特権を侵害することなきかを注視し、争議の絶えることなかった。また靴工組合と靴修繕人組合との間に、古着屋組合と裁縫師組合との間に、懐中時計師と柱時計師との間に、常に紛議争論を生じ、いたずらに金銭と精力と時間とを消費した。甚だしきに至りては、ボタンの製造販売がいずれの組合に属すべきかが一大問題となり、法廷において論争されたことさえあった。シュリーの改革はこれらの弊害を一掃するまでには至らなかったけれど、その甚だしきものは除かれた。

かくの如くにしてフランス政府は、見事に国民的統一を強化した。個々のまたは地方的の利害も考慮されたけれど、それは常に国家全体の利害の次位に置かれた。全体としてアンリ四世の識見は極めて賢明であり、フランス繁栄の急速なる回復が、王の政策の適切なりしことを立証する。ただしこの利益のためにフランスは高き代価を払った。すなわちフランス国民の経済的生活は、もっぱら王室の創意とその監督とに依存することとなった。かくて次の時代において、フランスの産業は、余りにも微に入り細にわたる政府の干渉のために苦しんだ。而してその商業的並びに植民的発展は、個人企業が自由に驥足《きそく》を展ばし得たる国々のそれの如き、溌剌たる生命力を欠いていた。

三　海外発展の先駆

ヴォルテールはその著『ルイ十四世の世紀』の序文に、フランス人はポルトガル人及びスペイン人が、東西において、新世界の発見征服に従いつつありしとき、空しく闘戯に耽《ふけ》っていたと慨嘆している。さりながらバスク及びノルマンの海員は、もと漁猟及び海上貿易に従事せる勇敢なる航海者であり、恐らくコロンブスの発見以前に、既にアメリカ大陸を知っていた。ただ彼らは、外国の船乗りまたはフランスの他地方の船乗りとの競争を避けるため、彼らの遠征の目的を厳秘に付し、彼らの死とともにその航海に関する事実も湮滅《いんめつ》に帰したのであろう。

フランス人はまた既に第十四世紀後半すなわちシャルル五世時代において、西アフリカとも往復していた。デュヴァルによれば、一三六四年、ディエップ（＊北フランスの港町）の船乗りが、各百トンの船舶二隻を艤装してまずカナリア群島に向かい、それよりヴェルデ岬（＊アフリカ西海岸）のノエルに達し、次いで一港湾に碇泊してこれをフランス湾と名付け、さらにシエラレオネ海岸に沿いて一港に入り、これを小ディエップと名付け、土人と金塊、象牙、胡椒を貿易し、巨利を博して帰国した。翌一三六五年、ルーアンの商人がディエップの船乗りと協力し、四隻の商船に乗りて西アフリカの一地点に達し、これをパリと名付け、グラン・セストルよりマラゲットの海岸に沿いて黄金海岸に達した。爾来ノルマンディと西アフリカ沿海地方との交通は次第に頻繁となり、ついに幾多の商館を建て、土人は至るところ善くフランス人の趣味に同化し、エルミナ、コルメンティン、アクラ等が皆、貿易上必要なる寄港地となった。一四〇二年にはシャルル六世の廷臣ジャン・ド・ベタンクールが、カナリア群島に航して植民地を建設した。シャルル六世晩年の国内紛糾、次いでイギリスとの戦争、これに伴う国力の疲弊は、一時フランスの海外発展を停頓させた。而してルイ十一世のときに、平和と繁栄とが回復されたときには、スペイン、ポルトガル両国が、既に西アフリカにおけるフランス人の根拠地を奪い去っていた。

けれどもノルマンディの船乗りは、その勇敢なる海上の活動を続けた。ディエップのジャン・

クーザンは一四八八年、西アフリカの海岸を航行中、暴風のために南米ブラジルに吹き寄せられたといわれる。このことは極めて可能ではあるが、これを証明すべき文献がないので、ヘンリー・ハリスはこれを「黙殺」するを可とした。一五〇四年、ポールミエ・ド・ゴンヌヴィルは、彼が「鸚鵡国」と名付けたる国土に航し、土人酋長の一子を拉して帰来した。この国は恐らくブラジルであろうといわれる。オンフルールのジャン・ドゥニ、ルーアンのガマール、ディエップのトーマ・オーベル等も、相次いでブラジルに航し、バイーア湾頭に根拠地を築いた。加うるにこの頃多くのフランス船舶が、主としてバイヨンヌから、ニューファンドランド及びカナダ海岸に航して漁猟に従事していた。

かくの如きフランスの進出は、ローマ法王の承認の下にヨーロッパ以外の世界を分割していたスペイン、ポルトガル両国との衝突を免れなかった。両国はフランスの船舶を拿捕し、且つフランソワ一世に向かって抗議を提出した。けれどもフランソワ一世はカール五世に一書を送りて、人祖アダムはスペイン、ポルトガル両国を相続人と定めたるか、果たして然らば宜しくその遺言状を提示せよ、然らざる限り予は自由に行動すべしと答えた。かくてフランソワ一世は、ディエップの豪商ジャン・アンゴを援助し、フランス人のブラジル進出を阻止せんとするポルトガル王に挑戦せしめ、リスボンを封鎖せしめんとさえした。またフローレンス人ジョヴァンニ・ダ・ヴェラッツァーノが、北洋を航してシナに至る計画を樹て、その援助を乞えるときも、王は四隻の船舶を彼に与えた。その一隻は一五二四年、大西洋を横切りて北米に達し、北カロライナのフィア岬より北上して、ハドソン河に至る海岸を探検した。一五二九年にはディエップのパルマンティエ兄弟が、スマトラ及びモルッカ群島を訪い、多量の香料を積んでマダガスカルを経て帰国した。

かかる間にもディエップその他のノルマンディ諸港から、ブラジルへの航海が続行された。ポルトガルはついに武力に訴えてフランスの進出を阻止するに決し、一五一六年、一艦隊をブラジルに派遣し、ことごとくフランスの根拠地を破壊し、フランス船を撃沈しまたは遁走せしめた。フランス人はこの打撃にも懲りなかったので、ポルトガルは一五二二年、使節をパリに派遣して抗議した。フランソワ一世はいったんブラジル航海を禁止したけれど、勇敢なるフランスの船乗りは依然として南米に航し、ポルトガル船舶を掠奪した。

ここにおいてポルトガル王ジョアン三世は、一五二六年、さらに一艦隊を派遣して、南米海上における多数のフランス船舶を拿捕し、その捕虜とせるフランス人をば、肩まで地中に埋めて銃殺した。この惨虐は甚くフランス人を憤激せしめ、フランソワ一世は使節をリスボンに派遣して六十万エキュの償金を要求した。而してこの交渉が遷延しおる間に、フランスの船乗りは一五三〇年、ペルナンブーコを襲いて完全にこれを劫掠し、且つポルトガル船舶を捕獲し去った。けれども当時の国際政局は、フランソワ一世をしてポルトガルと相結んでカール五世に当たるを有利なりと信ぜしめたので、王は一五三一年、ブラジル及び西アフリカに対するフランスの要求権を放棄し、且つ一五三七年及び一五三八年、フランス船舶に対してポルトガル植民地との通商を禁止した。しかしながらフランスの商人及び船乗りは、極力この政策に反対し、依然南米への航行を継続したので、一五四一年、ポルトガルはまたまた抗議を提出したが、結局無効であった。

フランソワ一世は、ポルトガルの感情を全然無視して、恒久的植民地を南米に建設する意図はなかった。かくの如き目的のために、王は北米を選んだ。一五三四年、ジャック・カルティエは、当時諸国の船乗りの心を捉えたるインドへの北西航路発見の目的をもって、サン・マロ港を出帆してセント・ローレンス湾に至り、ガスペ湾の一角に十字架を樹ててこれをフランス領土と宣言し、いったん帰仏ののち、翌一五三五年、再びこの地に航し、セント・ローレンス河を発見し、これを遡りてイロコイ族インディアンの一村落に達し、これをモン・ロワイヤルと名付けて（＊現モントリオール）はこの名に由来）帰国した。彼はこの河をもって恐らく東洋に通じる水路と考えた。しかも土人が「カナダ（＊イロコイ語で村）」と呼べるこの河の美しき流域は、ヨーロッパ人にとりて最適の植民地と思われたので、帰来カルティエは熱心にこれを提議した。この主張は種々なる反対のため容易に実現されなかったが、一五四〇年に至りフランソワ一世はついにカナダ植民地の建設を決意し、ピカルディの貴族ロベルヴァルを総督に任じ、カルティエを提督に任じてその実行に当たらしめることとした。かくて翌一五四一年、カルティエは先発してカナダに至り、地を今日のケベック付近に選び、翌一五四二年、ロベルヴアルが二百人の移民を率いて来着した。けれどもこの地の冬期の酷寒と食料の不足とが、まず彼らの意気を沮喪させた。金銀を求めても得なかった。東洋への水路も発見し得なかった。かくて一五四四年、ロベルヴァルが国王の召還により、出征のために帰国の途に就いたとき、生残せる移民全部が彼とともにカナダを引き上げた。かくしてカナダ植民の最初の試みは全然失敗に終わった。

革命以前のフランス植民政策は全体において他国のそれと異なるところなかった。フランスもまたポルトガル、スペイン、イギリス、オランダと全然同一の手段を用いた。ただしフランスは他国ほど幸運に恵まれなかった。殊にフランス政府が植民地経営のために創設せる幾多の会社は、一つとして目的に沿えるものなかった。母国を外交上の紛糾より免れしめ、国庫の負担を軽からしめる代わりに、これらの会社は常に母国を紛糾に巻き込み、負担を重くした。個人の企業的精神並びに活動が啻にこれらの会社によりて促進せられなかったのみでなくかえって抑圧せられ、最悪の後見制度ができ上がった。而してついに政府はその賦与せる特権を高価に買い戻しその上会社の損失を賠償してやらねばならなかった。イギリスの東インド会社並びにハドソン湾会社、オランダの東インド会社に比すべきは一つもなく、フランスの植民会社は全て官僚政治に伴う欠点を累せられ、且つ小商人の短見狭量と投機師の軽率とを伴うていた。

ただしフランス人は全く植民地建設の能力を欠くが如くいうは誤りである。今日でさえその失える植民地がなお完全にフランスの特色を保持している。カナダ、ルイジアナ、モーリシャス、ハイチにおいてはフランス語が話されフランス風が保持されている。フランス人はその領土に特色をつける特殊の才能を有している。ただにこの特長が他の欠点と相殺された。フランス領ではイギリス領におけると異なり何処でも白人人口が増さず、従って商業も思うように急速に発達しなかった。けれども境遇がその欠点を封じ去れる場合、フランス人が優秀なる植民国民なることはケープ植民地に逃避せるフランス新教徒を見ればわかる。第十八世紀後半、フランスの海外領土が悲惨なる終局を見るに至ったのは、フランス植民政策の欠陥が誘致したものであるとはいえ、その直接の原因は主として海上権の微弱にあった。イギリスが容易にフランスの重大植民地を奪い、迅速に海洋の覇権を確立し得たのは実にそのためである。最も大切な関ヶ原においてフランスには十分なる軍艦なく商船もなく、加うるに優秀なる海上の指揮者もなかった。ナポレオンも陸戦の天才を見出せるようには海戦の勇者を得なかった。海軍将校の養成選抜においてイギリスは比較にならぬほどフランスに優っていた。イギリスの世界制覇は何よりもまず海上の勇者の天才に負う。今日（＊第二次世界大戦前）のフランス植民帝国はルイ十四世時代のそれと異なり、重点はアフリカ及び東亜にある。往昔の後見政策は次第に廃せられ、イギリスの先例による自治制度が採用されつつある。往昔の欠点はほとんど除かれた。今日といえどもなおいろいろ批評は加えられているが、全体として植民地は順調に発達しつつあり、その貿易額はそれ自体において、並びに対母国関係において増加を示している。

（了）

〈引用文献〉

大川周明『大東亜秩序建設』第一書房
大川周明『近世欧羅巴植民史』慶応書房
大川周明『大川周明全集』岩崎書店
関岡英之『大川周明の大アジア主義』講談社

本文DTP・デザイン／長久雅行

大川周明「世界史」――『亜細亜・欧羅巴・日本』及び『近世欧羅巴植民史』(抄)

第一刷発行――二〇一九年一月一四日
第三刷発行――二〇一九年一月三一日

著者――大川周明
編集人――祖山大
発行人――松藤竹二郎
発行所――株式会社 毎日ワンズ
〒一〇一―〇〇六一
東京都千代田区神田三崎町三―一〇―二一
電話 〇三―五二一一―〇〇八九
FAX 〇三―六六九一―六六八四
http://mainichiwanz.com

印刷製本――株式会社 シナノ

ISBN 978-4-909447-04-3